LINA MALLON

schnell.
liebig

LINA MALLON

schnell.
liebig

DAS HERZ WILL WIEDER
RISKIERT WERDEN

Eden BOOKS

Impressum

Lina Mallon
Schnell.liebig
Das Herz will wieder riskiert werden
ISBN: 978-3-95910-253-7

Eden Books
Ein Verlag der Edel Germany GmbH

www.edenbooks.de | www.edel.com
2. Auflage 2020

Projektkoordination: Nina Schumacher und Julia Gommel-Baharov
Lektorat: Lotti Mischke
Umschlaggestaltung nach einer Idee von Magdalena Fuez und
Lina Mallon: Katja Vogt
Autorinnenfoto: © Magdalena Fuez
Covermotiv: © Lina Mallon
Layout und Satz: Datagrafix GSP GmbH, Berlin | www.datagrafix.com
Druck und Bindung: GGP Media GmbH, Pößneck

Printed in Germany

Dieses Buch ist auch als E-Book erhältlich.

Um die kulturelle Vielfalt zu erhalten, gibt es in Deutschland und in Österreich die gesetzliche Buchpreisbindung. Für Sie, liebe*r Leser*in, bedeutet dies, dass Ihr verlagsneues Buch überall dasselbe kostet, egal ob Sie Ihre Bücher gern im Internet, in einer großen Buchfiliale oder der kleinen Buchhandlung um die Ecke kaufen.

EDEL
FAMILY MEMBER

FSC
www.fsc.org
MIX
Papier aus verantwortungsvollen Quellen
FSC® C014496

Inhalt

Für Anika

weil du immer an dieses Buch, an meine Geschichten, Entscheidungen und an mich geglaubt hast. Immer, immer.

Vorwort

»Schnell.liebig basiert auf meinen persönlichen Erlebnissen und Erfahrungen aus sieben Jahren als Single.

Ich erzähle davon, was ich erlebt, wen ich getroffen, gedatet, geliebt und wieder verlassen habe. Und was ich daraus für mich mitgenommen habe.

Viele Geschehnisse wurden gekürzt, umstrukturiert oder zusammenfassend erzählt, manchmal auch an einem neuen Schauplatz.

Im Buch spielen Gespräche mit wichtigen Personen in meinem Leben eine große Rolle und unterstreichen und kommentieren meine Erlebnisse.

Ich habe mir große Mühe gegeben, meine eigene Geschichte so offen, so authentisch und so ehrlich wie möglich zu schreiben. Die Orte und engsten Freunde, die in diesem Buch vorkommen, sind alle real. Mit Rücksicht auf die Privatsphäre aller anderen Personen in diesem Buch, habe ich Namen und Charakterzüge verändert. Ähnlichkeiten mit real existierenden Personen sind demnach rein zufällig und unbeabsichtigt.«

Die Mitte des Bettes

Vier Jahre waren wir zusammen, am Schluss trennen wir uns in einer *direct message*. Wobei ich mir bis heute nicht sicher bin, ob er weiß, dass ich mich wirklich trenne, als ich auf sein »Weißt du was, ich hab keinen Bock mehr auf das alles« mit »o. k.« antworte. Es ist nicht das erste Mal, dass einer von uns dem anderen das Ende an den Kopf wirft, es ist nur das erste Mal, dass zumindest ich es auch so meine.

Unsere gemeinsamen Freunde glauben an einen üblen Streit, als er am Abend nicht an meiner Seite in der Bar auftaucht, einige sprechen von einer Phase, andere von dem »Mist«, den Dominik vermutlich »mal wieder« gebaut hat. »Das wird schon wieder«, finden sie und nicken mir zu wie eine sich gegenseitig zustimmende Herde, die sich aneinander anpasst, um bloß nicht einzeln konfrontiert zu werden. Wir sind das Paar, bei dem man schon lange aufgehört hat, sich einzumischen, vielleicht, weil wir am Ende doch fast immer gemeinsam nach Hause gegangen sind, obwohl es unübersehbar ist, dass wir ohne den anderen viel unterhaltsamer sind. Dass wir zusammengehören, findet also zum Glück niemand mehr, dem müsste ich sonst die unbequeme Wahrheit überbringen, dass der einzige Grund dafür, dass Dominik und ich noch immer in der gleichen Wohnung lebten und die Festtage miteinander verbrachten, der war, dass ich bisher noch keinen Grund dagegen gefunden hatte. Zumindest keinen, der gut genug war.

Sicher, es hätte eigentlich reichen sollen, dass ich meinen Freund schon seit Monaten nicht mehr außerhalb unseres Wohnzimmers und ohne seine Jogginghose gesehen hatte – dass wir uns mit unserer Beziehung nur noch so viel Mühe gaben wie Gruner + Jahr beim Text der jährlichen Weihnachtskarte, hätte ein Zeichen sein sollen. Dass er seine Wochenenden immer öfter ohne mich und gut zweihundert Kilometer entfernt verbrachte, oder dass ich mich längst in einen anderen verknallt hatte, in einen, der nicht viel mehr Qualitäten brauchte, als zu bemerken, dass ich mir einen Pony geschnitten hatte. Das allein reichte für mich schon zum trennenden Unterschied.

Für Dominik war ich wie ein Möbelstück geworden, das da irgendwo am immer gleichen Fleck des Augenwinkels stand, manchmal redete, aber neuerdings immer länger schwieg, wenn er sich nach einem Tag in der Uni, nach einem Abend mit den Jungs oder einem Wochenendtrip an die Nordsee wieder aufs Sofa neben mich fallen ließ. Dass ich irgendwann nicht mehr da war, bemerkte er viel zu spät. Er bemerkte es erst, als ich eine Woche lang nicht mehr in unsere gemeinsame Wohnung zurückkehrte, vielleicht aber auch nur, weil er eines Abends auf meinem zurückgelassenen Laptop den Beweis dafür fand, dass ich gerade neben einem anderen Mann lag. Am nächsten Morgen wussten es dann auch alle anderen.

Solange es nicht auf sozialen Netzwerken steht, ist es eh nicht passiert, beschreibt das Trennungsgefühl unserer Generation. Im Jahr 2019 erfährst du nicht mehr gemütlich bei einer Tasse Kaffee, dass deine gute Bekannte ihre Verlobung gelöst hat, du erfährst es, weil sie am Tag nach der Trennung um 07.02 Uhr auf Instagram und in einem hektisch getippten *story-slide* nach einer »1–2-Zimmer-Wohnung, gerne mit Balkon, aber kein Muss, in Altona, Eimsbüttel oder der Schanze, bis siebenhundert Euro warm«, sucht. Du erfährst von der Trennung deines guten Freundes Jonas, der seit dem Abiball 2014 sein Profilbild nicht mehr aktualisiert hat, weil er es gerade durch ein Selfie und mit nachdenklichen Lyrics ersetzt hat.

Du weißt, dass deine Kollegin Laura wieder Single ist, weil sie sich in den letzten drei Postings, die ungewöhnlich dicht aufeinanderfolgten, jeweils in unterschiedlichen Bars möglichst wirksam verlinkt, markiert und sich für das unsortierte Gruppenfoto gut positioniert hat, während noch vor gut drei Wochen ihr monatliches Posting-Highlight das Sonntagsfrühstück im Bett war. Wir müssen unseren Beziehungsstatus nicht mehr ändern. Unser wiederentdecktes Sozialleben übernimmt die Verkündung ganz allein! Je höher die Selfie-Quote, desto düsterer steht es um die Langzeitbeziehung. Ich behaupte, dass ich heute in vier von fünf Fällen nur anhand eines Social-Media-Auftritts den Zustand einer Beziehung erkennen kann, vor allem dann, wenn sie gescheitert ist. (Ich wünschte, dieses Talent wäre finanziell nutzbar.)

Um unser Ende zu erkennen, brauchte es keine Fähigkeiten, keinen Blick zwischen die Zeilen. In fetten, öffentlichen Lettern hatte Dominik auf seiner Pinnwand nicht nur detailliert seine Entdeckung geteilt, sondern ebenfalls seinen verständlichen Ärger darüber, dass er bis gestern noch an meine Rückkehr geglaubt hatte, während ich 120 Kilometer entfernt und mit 14 verpassten Anrufen auf dem Sperrbildschirm in einem Paar Armen aufwachte, das nicht ihm gehörte.

»Ich weiß nicht, was du willst, du hattest doch Schluss gemacht«, war mein einziger, trotziger Kommentar, als wir uns schließlich persönlich und unversöhnlich gegenüberstanden. Ich hatte nicht vor, mich mit unserer Trennung auseinanderzusetzen, ich war froh und erleichtert, sie endlich hinter mir zu haben. Das klingt so viel abgeklärter, als ich es eigentlich bin. Ich glaube, ich hatte mich in meinem Inneren so oft von Dominik getrennt, so oft wegen ihm geweint, so viel um ihn gekämpft und dann doch gegen sein wechselhaftes Ego oder eine unbekannte Frau verloren, meine Wunden waren in dieser Beziehung so tief eingebrannt, dass es am Ende gar nicht mehr um Liebe, sondern nur noch um Bequemlichkeit, um unsere gemeinsam eingerichtete Wohnung, um bisher geteilte Kosten, um ausschließlich Materielles, um ein paar letzte Wenn und Abers ging. Es war ungefähr so, als würde man Ware bei H&M

zurückgeben, deren Rückgabefrist längst verstrichen war. Man scheut sich davor, man hätte es gern hinter sich, man muss ein bisschen diskutieren, sich stur stellen, und schließlich verlässt man das Geschäft ein bisschen beschämt über die gespielte, aber nötige Arroganz der Situation und in der Hoffnung, die Kassiererin so schnell nicht wiederzusehen.

Eine Woche lang versuchte Dominik, mich zurückzugewinnen, vier Wochen später hatte er eine neue Freundin, Mitte März zog er aus und unsere gemeinsamen Möbel bei ihr ein – erst im April sehe ich ihn wieder.

»Ich kann nicht glauben, dass er die Mustertapete von der Wand gelöst und die IKEA-Gläser aufgeteilt hat, aber fast seine gesamten Winterklamotten hierlässt.« Anika schmeißt Schals, Mützen und einen schweren Parka in eine der leeren Umzugskisten, die Dominik in unserem alten Wohnzimmer, in meinem neuen leeren Raum zurückgelassen hat.

»Du weißt erst, dass es wirklich vorbei ist, wenn er das Pokal-Sortiment ausräumt. Und wenn er sogar die Melitta-Filter mitnimmt, dann kannst du sicher sein, dass er auch nicht mehr zurückkommt«, sage ich.

»Und das ist okay?«

»Ja. Sehr sogar.«

»Lügst du?«

»Nein, ich mein es wirklich. Ich bin froh, dass er weg ist, dass das jetzt alles wieder meins ist. Dass ich mich nicht jedes Mal schuldig fühlen muss, wenn ich ...«

Mein letzter, unbeendeter Satz hallt über die Dielen bis zur gegenüberliegenden Wand. Und erst jetzt fällt es mir auf. Bis vor ein paar Wochen hatten vier weiße Holzbuchstaben auf der kleinen Zierleiste über unserer Frühstücksecke gestanden. Ein H, ein O, ein M und ein E.

Seit Dominiks Auszug fehlte einer. Das M.

Irgendwie clever. Wir verkleben die Kiste und tragen sie in den Flur und bis vor die Tür. Seinen Schlüssel will er heute Abend abgeben, schreibt er. Und außerdem auch noch kurz mit mir reden.

»Hi«, sagen wir beide, und niemand fragt: »Wie geht's dir?« Wir stehen einfach unbequem im Hausflur, jeder auf seiner Seite der Schwelle, dort, wo es zumindest sicher wirkt. Ich schiebe die Kiste mit meinem Fuß ein bisschen dichter auf ihn zu.

»Hier, das hast du noch im Schrank vergessen. Wintersachen und so.«

Er zieht die Sachen zu sich und einen Brief aus seiner Jackentasche.

»Kannst du das hier unterschreiben?«

»Was ist das?«

»Nur 'ne Erklärung, damit ich aus dem Mietvertrag kann. Weil – ich wohn ja nicht mehr hier.« Ich falte die Papiere auseinander, als ich bemerke, dass sein Blick auf mein Klingelschild fällt.

»Du konntest es offenbar kaum erwarten«, er zeigt mit dem Finger auf meinen Namen, unter dem seiner nicht mehr steht – und schüttelt den Kopf.

»... sagt der Mann, der heute Morgen das Frühstück nicht nur seiner neuen Freundin, sondern halb Instagram auf unseren gemeinsamen Möbeln serviert hat.« Ich blättere bemüht unbeeindruckt weiter durch den Aufhebungsvertrag und meine verletzten Gefühle, als er auf einmal laut wird.

»Willst du mich verarschen? Hast du jetzt echt geglaubt, ich heul dir ewig hinterher? Du hast aus dem Nichts beschlossen, dass ich dir nicht mehr gut genug bin. Was willst du eigentlich von mir? Du hast mich aus meiner eigenen Wohnung geschm...«

»Du bist freiwillig ausgezogen, Dominik. Und du sitzt freiwillig wieder in einer neuen Beziehung, in einem neuen Wohnzimmer.«

»Ja, weil ich wusste, dass ich nicht gewinne. Dass ich diese Wohnung nicht gewinne. Dass du mich nicht gewinnen lässt, so wie du niemanden gegen dich gewinnen lässt, wenn du dich erst mal für einen Kampf entschieden hast.«

»Ich kämpf doch gar nicht gegen dich.«

»Stimmt, du hast ja auch längst gewonnen, dich entschieden. Von heute auf morgen.«

»Unsere Trennung war kein kalter Entzug, das war keine Überraschung, du kannst doch nicht wirklich finden, dass sie einfach so über uns hereingebrochen ist?«

Er zuckt mit den Schultern und fixiert die Türschwelle. Ein paar Sekunden lang warte ich noch auf seine Antwort, dann gebe ich sie und ihn viel zu schnell auf, so wie ich es im letzten Jahr eigentlich ständig tat. Ich hatte mein Tempo, Dominik hatte ein anderes, und wir liefen auch noch in zwei verschiedene Richtungen. Es war, als hätte jede geschwiegene, verstrichene Sekunde, jede nicht beantwortete Nachfrage, jede fehlende Reaktion sich mit der jeweils letzten verkettet, und alles zusammen würde wie ein schwerer Knoten aus Frust in meinem Magen liegen, an den ich mich so lange gewöhnt hatte, dass ich ihn nur bemerkte, mich nur dann an ihm störte, wenn er wieder wuchs.

»Ist auch egal ...«, antworte ich mir selbst, um die Stille zu zerschneiden und strecke die Hand nach einem Stift aus. Ich unterschreibe, übernehme also die Wohnung, aus der er längst ausgezogen ist, in die ich ihn nicht hereingebeten habe, weil er längst wie ein Fremder vor mir steht. Er nickt, steckt die Papiere weg und greift nach dem Karton.

»Ich habe echt nicht gewusst, dass ich das alles noch hier hatte.«

Bessere Abschiedsworte hätte er nicht finden können, unser Ende kaum treffender beschreiben können. Irgendwann waren wir wie vergessene Outfits im gemeinsamen Schrank geworden, die man gar nicht mehr vermisst, irgendwann nach hinten geschoben hatte, bis der nächste Winter gekommen wäre und wir nach den gemütlichen Sachen gekramt hätten, die uns schon seit Jahren warmhielten.

»Wann hast du es eigentlich gewusst?«

»Was meinst du?«

»Dass du mich nicht mehr liebst.«

Er steht schon auf der dritten Stufe, lehnt sich an das Geländer. Ich muss nicht überlegen. Und brauche trotzdem Zeit für meine Antwort. Es ist vermutlich hart genug, dass ich es so genau beantworten kann, es braucht kein Tempo für die Lösung, es gibt schließlich nichts zu gewinnen.

»Valentinstag. Im letzten Monat. Wir hatten uns gestritten, ein paar Tage kein Wort miteinander gesprochen, sind uns aus dem Weg gegangen wie zwei Mitbewohner, die nur noch zwangsweise zusammenwohnen. Am nächsten Morgen haben wir versucht, uns zu vertragen. Ich hab dir gesagt, dass ich nicht glaube, dass du überhaupt noch gern Zeit mit mir verbringst und du hast gesagt, dass ich übertreibe. Und dann habe ich dich gefragt, ob du dich erinnern kannst, wann wir unser letztes Date hatten. Und du konntest es nicht.«

»Und deswegen liebst du mich nicht mehr? Weil ich nicht mehr ganz genau wusste, wann unser letztes Date war?«

»Nein – weil ich es noch wusste. Es war am Valentinstag. Im letzten Jahr.«

»Komm …«

»Dominik. Es ist über ein Jahr her, dass wir zu zweit etwas unternommen haben. Und selbst dafür haben wir einen Anlass gebraucht. Und weißt du, was das Schlimmste ist? Dass ich dir jetzt dabei zusehen kann, wie es vorher war – bei uns.«

»Du hast Schluss gemacht, Lina. Du wolltest nicht mehr. Du, nicht ich. Ich war bloß wütend, aber du hast es ernst gemeint.«

»Und hättest du mich am Ende nur zehn Prozent so sehr gewollt, wie du sie jetzt willst, mir nur zehn Prozent der Zuneigung gegeben, die du ihr jetzt gibst, so wie du es vor vier Jahren noch getan hast – glaub mir, es gäbe uns noch.«

Als sein Auto die Straße herunterrollt, weiß ich, dass es das letzte Mal für eine lange Zeit sein wird, dass ich ihn sehe. Aber es kommt mir nicht wie etwas vor, an das ich mich gewöhnen müsste, und der einzige Grund, warum ich an diesem Fenster stehe, ihm hinterhersehe, als würde ich ihn jetzt schon vermissen, ist der, dass ich Angst habe, irgendwann zu bereuen, dass ich es nicht getan habe. So wie ich weiß, dass ich bestimmt noch bereuen werde, dass ich nicht um ihn geweint habe. Und ich habe es versucht. Habe versucht, mich an alles zu erinnern, was ich mal für ihn gefühlt habe. Die Nähe, die Intimität, die geringste Distanz zwischen zwei Menschen, die Euphorie darüber, dass sich zum gleichen Zeitpunkt dieser eine, großartige, gefühlt perfekte Mensch in dich verliebt, während du dich längst an ihm betrunken hast, bis dir der Kopf und das Herz schwirrt. Aber es ging nicht. Wie sehr ich mich auch erinnerte, konzentrierte, wie fest ich die Augen zumachte. Die Liebe war raus. Und wenn das passiert, ist es völlig egal, ob du noch festhalten oder schon längst loslassen willst, ob du bereit bist oder noch Zweifel hast. Die eigene Liebe, die eigenen Gefühle für jemanden, sind das, was ihn für uns so besonders, so vollkommen oder so anziehend macht. Und wenn die weg sind, wenn wir die abziehen oder einfach nicht festhalten können – wird aus dem einen – nur noch irgendwer. Leider. Oder auch zum Glück.

Denn das heißt auch: Wir müssen niemanden für immer lieben, wenn wir es nicht wollen. Vielleicht sind diese besonderen Funken, mit denen uns ein Mensch einfangen kann, nämlich eigentlich unsere eigenen. Wir bestimmen, wann sie fliegen – und wann verglühen.

***

Ich habe nie wieder einen Freund so leicht, so endgültig losgelassen wie Dominik. Da war kein einziger Moment der Unsicherheit. Keine

Anrufe nach zwei Uhr, kein Tequila, der Schuld an einem letzten Gespräch, an übersprudelnden Emotionen gewesen sein könnte. Ein paar Tage hatte ich mein angeknackstes Ego zu pflegen, aber das war auch schon alles.

Dominik und ich – wir hatten uns getrennt, entliebt und losgelassen – bevor überhaupt Schluss war. So einfach, so leicht, so zweifelsfrei.

Es war nicht schwer, mich daran zu gewöhnen, dass ich jetzt ohne ihn war – es war nur komisch, jetzt auf einmal ganz mit mir allein zu sein. Ich war bis zu diesem Zeitpunkt in zwei langen Beziehungen gewesen, meine gesamte Erfahrung mit der Liebe beschränkte sich auf ein paar unglückliche Schwärmereien, eine erste Beziehung zu meinem Sitznachbarn im Deutschkurs und schließlich Dominik. Keine meiner Freundinnen oder ich hatte sich bisher »einfach so« getrennt. Man blieb mit seinem Partner zusammen, bis man einen anderen fand. Und dann hoffte man, den Übergang so schmerzlos wie möglich zu gestalten. Natürlich funktionierte das nie. Aber einfach so trennen? Ohne eine Alternative? Ohne andere Optionen, für die sich die Ungebundenheit lohnen würde? Um allein zu sein? Im März?

Single, Substantiv, Singular
Wunschversion:
Ein zeitlich begrenzter Beziehungsstatus (18 Wochen maximal!) in den Sommermonaten, der von zahlreichen sozialen Aktivitäten, spätnächtlichen Feierlichkeiten und romantischen Optionen begleitet wird.

Auch ich hatte einen Katalysator gebraucht, den guten Grund, den neuen Mann, der so interessant war, dass ich das, was ich kannte, meine *comfort zone*, verlassen wollte, um etwas Neues zu wagen. Die vermeintliche Beziehung zu diesem neuen Mann war nach nur acht Wochen ausgebrannt. Aber sie hatte lange genug gehalten, um mir zu zeigen, dass das, was da noch sein könnte, mich schon so viel glücklicher machte, als das, was ich vier Jahre lang sicher gehabt hatte.

Jetzt war ich also zum ersten Mal in meinem Leben wirklich Single, kein Teenager mehr, in meiner eigenen Wohnung, mit der Freiheit, mein eigenes Leben zu gestalten, nach ganz neuer Liebe zu suchen: Und ich hatte keine Ahnung, wie das ging. Hinter meinem Beziehungsstatus stand ein riesiges Fragezeichen.

Ich schlief noch immer auf der linken Seite unseres Bettes, das jetzt eigentlich meins war, ich hatte noch keine Verwendung für seine leeren Schubfächer gefunden, das Wohnzimmer, ohne Couch und Tisch, nur noch der Sessel und eine vergessene Umzugskiste standen dort, benutzte ich kaum noch, stellte dort lediglich panisch den vergessenen Papiermüll unter, wann immer ich unerwarteten Besuch bekam. Ich wollte nicht allein leben, aber auch nicht in eine WG investieren, die nicht von Dauer gewesen wäre. Meine Wohnung und ich, wir warteten auf Dominiks Nachfolger, waren sicher, dass hier, genau wie beim letzten Mal, binnen ein paar Wochen ein neuer Mann einziehen würde. Damit stellte ich mich selbst, ohne dass es mir bewusst war, in eine ewige Warteschleife, ich kam nicht in meinem neuen Beziehungsstatus »Single« an, ich wartete nur seine Dauer ab.

Ich kaufte noch immer die gleichen Lebensmittel, die Dominik und ich sonst jeden Donnerstag gemeinsam in den Wagen geschmissen hatten, lief auf der gleichen Lebensroutine, ging zur Uni, lernte und verbrachte meine Abende wieder auf der Couch, jetzt zwar nicht an einen Mann gelehnt, aber ans Telefon gefesselt, um mit Freundinnen über mögliche Nachfolger zu sprechen. Ich kannte es nicht anders, ich kannte generell nichts anderes, als in einer Beziehung zu sein, mich zwischen der alten und der neuen kurz auszutoben, um dann wieder auf eine Beziehung zu warten, die sich zum Glück längst ankündigte.

Erst jetzt, als ich nicht nach gängigem Schimpansenprinzip den einen Ast greifen und dann den anderen loslassen konnte, sondern auf einmal ins Nichts strauchelte, ohne Aussicht auf eine neue Beziehung, ohne den Wunsch, die alte wiederzubeleben, begriff ich also, dass ich wirklich – singular – war. Zum ersten Mal in meinem Leben nicht in einem Prozess der Beziehungserneuerung oder des fließenden Partnerwechsels, zum ersten Mal ohne ein Und hinter meinem Namen, aber dafür mit Ausrufezeichen.

Das war an dem Morgen, an dem ich meine Matratze in den Vorgarten warf. Rückblickend betrachtet verdankte ich diese Aufbruchsstimmung einem Erfolgserlebnis am Vorabend: Ich hatte den Lampenschirm schon vor Monaten auf einem Flohmarkt entdeckt, zwölf U-Bahn-Stationen und bis nach Hause geschleppt und ihn dann nie angebracht. Ich hatte gedacht, allein könnte ich es nicht, und Dominik hatte nie Zeit gehabt. Irgendwann hatten wir den Schirm in unserem Schrank verstaut und ihn vergessen. Jetzt, wo der Schrank leerer war, übersah ich ihn nicht mehr. Es war Freitagabend gewesen, zwanzig Uhr, und ohne Pläne für das Wochenende packte mich nicht nur der Frust, sondern auch der Wunsch, irgendetwas zu verändern. Ich wollte niemanden fragen, nicht meinen Vater anrufen, ich wollte mich nicht mehr halb fertig, unvollständig oder angewiesen fühlen.

Mein Couchtisch diente als Leiter, ein YouTube-Tutorial als Anleitung und mein durch einen Gin Tonic verstärkter Wille, mir jetzt sofort etwas beweisen zu müssen, vervollständigte dieses zweifelhafte Erfolgsteam. Als dreißig Minuten später das Licht unter dem Samtschirm brannte, lief ich barfuß und jubelnd durch die Wohnung und war kurz davor, meinen ehemaligen Physiklehrer anzurufen, um ihm von dem »hoffnungslosen Fall« zu erzählen, der gerade die Lehre der Elektrik gemeistert hatte (zumindest empfand ich das in diesem Moment so).

»Und wofür genau brauche ich eigentlich unbedingt eine Beziehung?«, fragte ich mein Spiegelbild. Und dann mich selbst. Es war das erste Mal, dass ich hinterfragte, was genau ich mir von einer Beziehung wünschte. Und ich begriff, dass wünschen nicht brauchen bedeutete. Ich wünschte mir zwar, mich zu verlieben, mich mit Anlauf und ohne Handbremse in jemanden Neues zu verknallen. Aber ich brauchte – in diesem Moment – vielleicht gar nichts? Ich hatte gerade auf eigenen Beinen gestanden, zwar auf einer unsicheren Konstruktion, aber mit genug Biss, um sie auszubalancieren. Für euch mag die Metapher ein bisschen überzogen klingen, immerhin war es nur ein Lampenschirm gewesen und keine Herz-OP. Aber mir bedeutete dieser kleine Sieg über meine eingeschränkte *comfort zone* alles. Und dann hatte ich also die Matratze, die für meine Gewohnheit, meine Einschränkung, stand, gepackt, das Laken abgezogen und in die Waschmaschine gesteckt, es in einen 95-Grad-Celsius-Waschgang gezwungen, mir war egal gewesen, wie viel von meiner Bettwäsche übrig blieb. Eine Ecke umklammernd hatte ich danach barfuß den schweren Schaumstoff über die Dielen geschleift, mich im Flur verkeilt und es irgendwie schwer atmend ins Wohnzimmer geschafft. Der Rauswurf der letzten gut 1.200 Tage gemeinsamen Schlafes wurde zu meiner persönlichen Katharsis. Ich wollte ihn loswerden, Dominik und den Schaumstoff. Und erst als 140 × 200 Zentimeter endlich auf der Rasenfläche lagen, atmete ich durch. Ich verbrachte die Nacht auf einer Isomatte, die ich über den Lattenrost gelegt hatte. Aber ich schlief demonstrativ, zum allerersten Mal und von nun an immer – in der Mitte des Bettes.

Es gibt Menschen, die finden mit der Zeit hundert Gründe dafür, warum die eigentlich so richtige Trennung am Ende doch der eine große Fehler war. Ich gehöre nicht zu ihnen. Ich habe immer gewusst, dass die Beziehung mit Dominik nicht alles sein kann, was ich will. Ich habe nur ein bisschen länger gebraucht, mir selbst zu glauben. Es gab nun Momente, in denen ich dachte: Dich habe ich wenigstens nicht auf die Art geliebt, die mich zerrissen hätte. Dich konnte ich wenigstens einfach gehen lassen. Mich von dir zu trennen, das war schön, das war ein neuer Anfang, das war nicht schmerzhaft, das war befreiend.

Dieses Buch wäre nicht entstanden, wenn es immer wieder so leicht gewesen wäre. Ich wusste damals, als ich mit meiner Unterschrift das Ende meiner Beziehung mit Dominik beendete, noch nicht, dass ich für die nächsten sieben Jahre keine Beziehung mehr haben würde. Ich wusste nichts von den Menschen, Geschichten und Begegnungen, die mich in den kommenden Jahren begleiten würden. Nichts von meinen Abenteuern auf einem anderen Kontinent. Und vor allem nichts über den Schmerz und die Ängste, die Reise, die auf mich zukommen würde. Damals hatte ich mir nicht ausmalen können, frisch getrennt, mit zwei Schlüsseln in der Hand, dass meine nächste Beziehung so weit entfernt sein würde.

Und trotzdem: Wenn ich jetzt, in diesem Moment, in dem ich das Buch schreibe, sieben Jahre später, zurückgehen könnte, jetzt, wo ich das alles weiß und auf der anderen Seite stehe, wenn ich noch einmal im Erdgeschoss von Hamburg-Hamm die Wahl hätte - bleiben und lieben, was noch da ist, oder loslassen und dann immer wieder loslassen müssen - ich würde denselben Weg gehen, wissentlich, dass nicht nur neue Chancen, sondern auch Einsamkeit und Sehnsucht dazugehören werden, dass ich Träume aufgeben und zurücklassen werde, um mein eigentliches Ziel, welches auch immer es sein mochte, zu finden. Ich würde mich wieder für mich entscheiden, für alles, was kommen kann, irgendwann oder vielleicht - und nicht für das, was nie genug sein wird. Heute, sieben Jahre später, habe ich begriffen, dass man vor der Zukunft keine Angst zu haben braucht.

Die halben Exe und ein erstes Date

Selbst ein paar Wochen nach unserer Trennung füllte sich meine Inbox weiterhin mit unbeantworteten Nachrichten. Einige waren von ehemaligen Bekannten, die sich nach Dominiks öffentlichen Schmerzensbekundungen fairerweise auch meine Seite der Geschichte anhören wollten, um sie bunt unter die Leute zu bringen. Als ich nach Hamburg gezogen war oder meine erste Reportage veröffentlicht hatte, als meine Fotografie einen Preis gewonnen hatte, war das den wenigsten von ihnen überhaupt ein virtuelles Like wert. Jetzt gab es immerhin einen wichtigen Anlass.

Die übrigen Nachrichten stammten von einer Gruppe, die ich die »halben Exe« nenne. »Halbe Exe« sind die Männer, die du fast mal oder nicht lang genug geküsst hast, solche, die dir oder denen du nie nah genug gekommen bist, die aber trotzdem nie ganz aus deinem Kopf gegangen sind und die jetzt auf eine neue Gelegenheit hofften und »nur mal hören wollten, wie es mir so ging«.

Heute, sieben Jahre später, haben einige von ihnen noch immer diesen gewissen Instinkt, sich immer dann bei mir zu melden, wenn wieder jemand mit mir geendet hatte, wenn wieder etwas nicht geworden war, und bei zumindest einem von ihnen, Stephan, 33, abbruchsfreudiger Langzeitsingle, bin ich mir sogar sicher, dass sein gesamtes Datingverhalten darauf abzielt, sich bei den Frauen zurück ins Gedächtnis zu rufen, die gerade ein bisschen Zuwendung für ihr Ego – aber meistens auch nicht viel mehr – gebrauchen könnten. Das ist sein Zeitfenster, das sind seine drei Wochen, seine emotionale Halbwertzeit. Bei seinen Jobs oder Zielen beweist er übrigens den gleichen Atem. Niemand hat so oft den Lebenstraum, die

Ernährungsweise oder das Haustier gewechselt wie Stephan. Er ist das personifizierte Beginner-Level, entweder sofort gewinnen oder wieder von vorn anfangen, nichts riskieren, nichts verlieren, abbrechen, Neustart. Für Stephan geht das beliebig oft. Öffnet man unser Chatfenster, steht da zum Beispiel: »Voll schön, dein neues Profilbild!«, »Hey schöne Frau, wie gehts dir?« Oder »Keine Antwort? :(«. Irgendwann packt mich dann meistens das schlechte Gewissen, und ich erzähle kurz, dass es mir gut geht, ich viel unterwegs bin, mich aber für sein Kompliment bedanken möchte. Ich verzichte auf Gegenfragen, er versteht die Botschaft. Immer bis zum nächsten Mal.

Und die anderen warten wissend und nicht weniger lauernd ab, bis du dich meldest. Sie sind eine Mischung aus verpassten Chancen, losen Trostpflastern und unbekannten Vielleichts. Unter ihnen ist immer jemand, auf dessen Interesse du dich verlassen kannst und auch immer einer, dessen Aufmerksamkeit du sogar noch lieber hättest. Jeder Achtsamkeitsratgeber würde an dieser Stelle mahnend behaupten: »Du stehst in den Ruinen, anstatt eine neue Stadt zu bauen.« – und damit vorschlagen, die eigene Energie lieber in neue Menschen als in verstaubte, vielleicht sogar toxische Kapitel, die noch nie einen richtig guten Anfang hatten, zu stecken. Stimmt ja auch irgendwie.

Aber ehrlich gesagt tat diese Aufmerksamkeit gut. Es waren Männer, mit denen ich mich sicher genug fühlte, um unvernünftig zu sein. Und sicher war, was sowieso keine Zukunft hatte. Ich hatte noch nie nicht nach dem nächsten tollen Mann gesucht, ich hatte es sogar während meiner letzten Beziehung getan, und als diese vorbei war, die ich aus dem klaren Wunsch nach ungezwungener Freiheit beendet hatte, war ich innerlich sofort wieder auf der Suche nach irgendjemandem gewesen, der in mein jeweiliges Kapitel und seine Länge passte. Ich wollte jetzt erst einmal gar nichts. Außer ein bisschen Bestätigung.

Ungefähr sechs Monate lang arbeitete ich meine Liste mit den halben Exen ab, traf jeden von ihnen eigentlich nur einmal, die ersten aus Neugierde, die anderen aus Nostalgie. Wir tranken Wein bei mir oder holten uns gegenseitig aus Bars ab, in denen wir vorher noch den Abend mit Freunden verbracht hatten, immer Spätprogramm, nie der Hauptfilm, nie das Date. Genau so wollte ich es. Es war ein bisschen so, als würde man nach langer Zeit meinen Schrank ausmisten, ein paar der versteckten Teile, an die man schon gar nicht mehr gedacht hat, noch einmal in die Hand nehmen und sich fragen, warum man sie eigentlich nie oder so selten trägt – bis man es tut und wieder weiß, dass es irgendwie nie ganz gepasst hat. Manchmal muss man sie sogar noch einen Abend lang ausführen, um ganz sicher zu sein – und sie schließlich doch in die Spendenkiste legen.

Ein richtiges Date, das war in meiner Vorstellung eine Einladung zum Essen oder wenigstens zu Drinks, mindestens aber zum Kaffee. Man datete sich, wenn man ehrliches Interesse aneinander hatte und wollte, dass das Gegenüber es auch wusste, ein Date war für mich nicht der Anfang, sondern der zweite Schritt, nach der ersten verrückt-schönen Übelkeit, die man in der Nähe des anderen fühlte. Und genau diese Vorstellung, eingepflanzt von romantischen Komödien aus den Neunzigern, übte auf mich Druck aus, und ich fand sogar, dass ein klassisches Date keinen Zauber hatte. Wenn ich an jeder Kennenlernphase, die ich bis dahin gekannt hatte, etwas geliebt hatte, dann war es das unausgesprochene Spiel um die Anziehung zueinander. Wie lange konnte man jemandem in die Augen schauen, was passierte, wenn man das Gegenüber berührte? Wie weit konnte man gehen? Wie viel Interesse kam zurück?

Hatten diese gewissen Funken bei einem offiziellen Date oder einer »Tasse Kaffee«, die ja trotzdem eine Agenda hatten, die man bei Tageslicht und mit Blick auf den Terminkalender ausgemacht hatte, überhaupt eine Chance? Ich wollte sie nicht verabreden, nicht erzwingen, nicht im Cappuccino rühren und darauf warten, hoffen, dass sie noch kommen könnten – ich wollte sie einfach so finden, wollte in sie hineinlaufen. Wenig überraschend dauerte das.

Es dauerte bis in den Juni hinein, bis zum ersten Festivalsonntag der Saison. Ich saß allein mit einer Piña colada auf dem Rasen und hörte Franz Ferdinand zu. Jetzt mag eine Piña colada eine durchaus bedenkliche, garantiert überpreiste und beinahe exzentrische Wahl auf einem Festivalgelände sein, das sich Jahr für Jahr allein durch den Umsatz von Dosenbier rentieren würde, aber ich hatte einen Anlass! Ich hatte in den letzten Wochen mein Studium abgeschlossen, war als Jahrgangsbeste ausgezeichnet worden und hatte einen ersten großen Auftrag als freiberufliche Autorin bei einem großen Hamburger Verlag bekommen. Ich hatte mich selbstständig gemacht, ich konnte jetzt schon von meinen Bildern, von meinen Texten und von meinem Blog leben. Darauf war ich stolz.

Und ich hatte emotionalen Ballast abgeworfen. Ich befand mich jetzt nicht mehr in irgendeinem Umbruch, nicht in einer Warteschleife, nicht zwischen zwei Stühlen, dem vergangenen und dem nächsten Mann, ich hatte nicht nur meine Trennung, sondern mit ihr auch die halben Exe hinter mir gelassen. Es gab keine Nachricht, auf die ich wartete, es gab keine Erwartung, die mich enttäuschen konnte, es gab keine Aussprache, die ich noch führen musste. Es gab erst einmal nur mich. Ich fühlte mich zum ersten Mal in meinem Leben als Single. Und zwar mit Punkt und ohne Fragezeichen.

Ich streckte die Beine aus und ließ meinen Blick hinter der Sonnenbrille über das Gelände wandern. In einer Stunde würde ich meine Freundin Laura und ein paar ihrer Kolleginnen treffen, mir blieb also noch genügend Zeit, für den letzten Festivalabend aufzutanken und in meinem Kopf eine Bilanz zu ziehen.

```
Gesehene Konzerte: 18
Zertanzte Paar Schuhe: 1
Verlorene Gegenstände: 3 (Regenjacke, Zopfgummi
und Taschenlampe)
Eingegangene Angebote für einen Kuss, Sex oder
die Ehe: 4
Davon angenommen: 0
```

Ich war mir nicht sicher, ob es nur daran lag, dass ich eingerostet war oder mir einfach noch das richtige Mojo für den perfekten Festivalflirt fehlte, ich hatte die kurzen Flirts am Bierwagen oder auf dem Zeltplatz zwar genossen - aber keinen davon so sehr, dass er hätte länger als fünf oder zehn Minuten andauern sollen. Vielleicht war es doch meine Erwartungshaltung, die mir im Weg stand, vielleicht war es aber auch einfach okay - genau so, wie es gerade war.

In meinem Becher waren noch ein letzter Schluck und ein Partyschirmchen, als ich ihn entdeckte. Mit der dunklen Sonnenbrille, dem blonden Dutt, einer roten Weste, auf der die Nummer 361 stand und der charismatischsten Kinnlinie, die ich seit Heath Ledger gesehen hatte, lehnte er am Sicherheitszaun. Er konnte wirklich als Heath Ledger durchgehen, also rein optisch. Die nächsten zehn Minuten beobachtete ich ihn durch meine Sonnenbrille, und dreißig Minuten später hatte ich mich ausufernd in diesen schönen Mann hineingesteigert, Kontakt zu allen verbleibenden Festival-Begleitungen aufgenommen und ihnen meine Situation geschildert.

»Hier steht ein Typ, der sieht aus wie Heath Ledger, trägt die Nummer 361 auf seiner Weste, bewacht einen Lautsprecher und womöglich werden wir heiraten.«

Natürlich taten wir das nicht. Real und in echt traute ich mich nicht einmal, ihn anzusprechen. Zum einen, weil ich mich noch nicht in Form für dieses *dating game* fühlte (oder es noch nie wirklich war? Was hieß eigentlich »in Form sein«?), zum anderen, weil ich an diesem Festivalsonntag nur noch ein müdes Gesicht und eine provisorische Duschknolle zu meiner Optik zählte. Ich machte das, was viele erwachsene Frauen tun und eigentlich niemals zugeben würden: Ich observierte stumm, schwärmte vielschichtig und verweigerte jeden ersten Schritt.

(Was natürlich nicht dagegen half, dass Heath nicht einmal wusste, dass ich existierte.)

Es würde noch zwei Bands dauern, während denen jede meiner mittlerweile dazugestoßenen Mädels sich ein Bild von der Situation machte, bestätigte, dass das dort wirklich beinahe der wiedergeborene Patrick Verona war, der immer noch unbemüht lässig an dem Zaun lehnte, und während die Nummer 361 völlig unwissend zur Attraktion wurde, stieg der Druck auf mich. Es wurde die allgemeine Meinung manifestiert, ich müsse einen Move machen und könne diesen Mann nicht einfach ziehen lassen. Als ich mich noch immer nicht bewegte, nahm eine von ihnen die Sache ungefragt in die Hand. An einer Bar besorgte sie sich eine Serviette, schrieb meinen Vornamen und meine Nummer darauf, marschierte zu ihm rüber, drückte ihm die Serviette in die Hand und behauptete, getrieben von dem Weißwein aus dem Tetra Pak, dass er, wenn er mich denn anrufen würde, überhaupt gar nichts falsch machen könne. Währenddessen trug sie batteriebetriebene Hasenohren, und ich war mir sicher, dass ich niemals von ihm hören würde.

Um 02.13 Uhr tat ich es doch. Ich putzte mir gerade in meinem eigenen Zuhause die Zähne, als eine unbekannte Nummer auf dem Display aufleuchtete.

»Hi. Eine Frau mit Kaninchenohren hat mir heute gesagt, dass ich deine Nummer wählen soll, um einen wirklich besonderen Menschen kennenzulernen, stimmt das?«

Unser erstes Date haben wir zwei Wochen später. Heath ist nicht nur Single, er kommt auch aus der Nähe von Hamburg, studiert hier

Psychologie und lebt in der Schanze. Dort sind wir an einem Freitagnachmittag auch zu einem Bier verabredet.

Meine Erwartungshaltung? Nach außen ruhig, innen utopisch.

»Es ist nur ein Date, vielleicht passt es auch gar nicht«, sage ich zu meinen Freundinnen, während in meinem Kopf der immer gleiche Song auf Dauerschleife läuft. Ich hatte auf einmal so riesige Lust darauf, mich zu verlieben, dass ich es schon tat, bevor wir uns überhaupt kennenlernten.

Woo-oh, oh-oh, all the pretty things that we could be
Woo-oh, oh-oh, I feel you in every heart beat
Woo-oh, oh-oh, were you ever in a dream that could come true
These numbers could be lucky for you

Die Geschichte ist zu gut, oder? Zu schön für diesen Zeitpunkt des Buches. Klingt, als wäre sie ausgedacht, frei erfunden? Ihr habt recht.

Als ich ihn an unserem Treffpunkt stehen sehe, bin ich so nervös, dass ich absichtlich an ihm vorbeilaufe.

Statt mir und ihm, der mich, obwohl er mich bisher nur von Fotos kennt, sofort erkannt hat und mir hinterherläuft, das einzugestehen, tue ich geschäftig und behaupte, ihn einfach nicht gesehen zu haben. Als wir am Kiosk das Bier holen wollen, merkt er, dass er sein Bargeld vergessen hat und spätestens, als ich beim Öffnen der Bierflasche sein Feuerzeug zerbreche, ist der große Krampf perfekt. Ich rede dreihundert Worte in der Minute, nur um nicht zu schweigen, und wenn ich ihn zu Wort kommen lasse, erzählt er von seiner Ex-Freundin.

Ich erfahre, dass sie erst seit ein paar Monaten getrennt sind. Dass sie trotzdem noch zusammenwohnen. Dass sie in zwei Wochen auszieht. Was er nicht mehr sagen muss, ist, dass er sie noch viel zu sehr will.

Man kann nicht sagen, dass es keinen Funken zwischen uns gegeben hätte, wir verbringen den ganzen Nachmittag zusammen, schlendern durch die Schanze, *cornern* irgendwann am Neuen Pferdemarkt und als es schließlich dunkel wird und er mich zur U-Bahn bringt, liegt sogar für einen Moment ein Kuss in der Luft. Wäre da nicht das Gefühl, dass wir uns zum völlig falschen Zeitpunkt, an völlig falschen Punkten in unseren Leben kennengelernt haben. Mit jedem viel zu lauten Satz, den ich sage, um meine beißende Unsicherheit zu überspielen, wird mir klarer, dass ich weder weiß, was ich will, noch wer ich eigentlich sein will.

Als ich die Haustür aufschließe, irgendwie müde und irgendwie verunsichert, wird mir klar: Ich weiß nicht, wie man sich auf Dates verhält, ich weiß nicht, was ich erwarten soll. Als ich mir mit 16 meine Dates ausgemalt hatte, fanden sie in schönen Bars, mit erwachsenen Männern statt, ich hatte mich mir elegant und schlagfertig vorgestellt. Stattdessen hatte ich mir heute, Jahre später, vermutlich auf den Pflastersteinen eine Blasenentzündung geholt und mich die meiste Zeit ziemlich gehetzt gefühlt. War das daten? Hatte ich es falsch gemacht? Oder hatte ich die falschen Vorstellungen? Woher wusste man, wie sich ein gutes Date anfühlen sollte, wenn man noch nie wirklich eines hatte?

Die Wahrheit war nämlich: In die zwei Beziehungen, die ich bisher gehabt hatte, war ich ohne viel Aufwand oder echte Auswahl gerutscht, ich hatte beide Männer kennengelernt, sie gemocht, attraktiv gefunden, hatte mit ihnen geschlafen, war morgens liegen geblieben und irgendwie waren wir damit zusammen gewesen. Erst innerhalb der Beziehungen hatte ich sie wirklich kennengelernt.

Was ich als Teenager über die Liebe wusste

Ich brauche dringend einen Freund, denn Liebe ist das Wichtigste, was ich in meinem Leben finden muss. Ohne Liebe brauche ich keine großen Pläne zu machen.

Mit spätestens 25 will ich verheiratet sein. Nicht früher, denn ich will vorher noch ein bisschen leben und mich frei fühlen, aber 26 ist wirklich die Obergrenze.

Es soll auf jeden Fall um die echte Liebe und nicht um irgendeine Tradition gehen. Wer sie bis dahin nicht gefunden hat, für den ist es irgendwie eh zu spät. Und wer mit 30 (oder sogar noch später!) heiratet, der heiratet doch nur, weil er endlich Kinder und Sicherheit haben oder nicht allein alt werden will.

Diese Leute müssen verzweifelt sein.

Aber vielleicht sollte ich davor Sex haben.

Ich hatte noch nie welchen, und bevor ich mit jemandem schlafe, der mir wichtig ist, will ich wissen, dass ich es hinkriege. Lieber schlafe ich mit einem Typen, den ich außerhalb der Stadt kennenlerne und ihn notfalls einfach vergessen kann, als ihn jeden Dienstag im Deutsch-LK wiederzusehen. Mit fünf bis neun Männern zu schlafen, scheint mir richtig und selbstbestimmt, zehn wäre klar zu viel.

In ein paar Monaten werde ich 17, und bisher habe ich noch nicht viel mehr als einen Kuss bekommen, was ein Problem ist. Jungfräulichkeit ist zwar eine Erfindung des Patriarchats und für mich völlig wertlos, aber mit 18 noch Jungfrau zu sein, ist trotzdem peinlich.

Daran wäre ich natürlich selbst nicht ganz unschuldig, denn in den letzten zwei Jahren hatte ich nur Augen für Alexander Schmidt. Er ist groß, er ist älter als ich, er hat viele Freunde, er geht aufs Gymnasium wie ich, also ist er klug und will diese Kleinstadt auch unbedingt bald verlassen (der einzige Grund, warum man Abitur macht?!) - außerdem habe ich ihn einmal in der Stadtbibliothek getroffen, als er einen Stapel Bücher zurückbrachte und ich mir Hermann Hesse auslieh. Das heißt, er ist nicht nur beliebt und selbstbewusst, sondern er liest auch gern. Das macht ihn auch noch irgendwie sanft-geheimnisvoll. Er ist der perfekte Mann.

Ich sehe ihn einmal in der Woche während des Klavierunterrichts und manchmal auf einen Kaffee danach (und alle 45 Minuten, immer dann, wenn wir Pause haben, er auf dem Schulhof raucht und ich von unserem Kursraum einen guten Blick habe).

Vor ein paar Wochen habe ich ihm nach dem Kaffee gesagt, dass ich mich in ihn verliebt habe. Und er hat mir gesagt, dass er mich klug und interessant findet, aber wir lieber Freunde bleiben sollten.

Was er damit meint, ist, dass er nicht auf rote Haare und helle Haut steht. Das tut niemand. Rothaarige Frauen sind nicht sexy. Sie sind Miranda Hobbes oder Bree Van de Kamp.

Darum habe ich mir am Wochenende auch die Haare schwarz gefärbt. Nicht blond, denn das würde hier bedeuten, dass ich gerne House-Musik höre und bei New Yorker einkaufe (falls es blöd aussähe) oder, dass ich Tennis spiele, immer sortierte Notizen habe und mein Vater Hautarzt ist (falls es teure Strähnen würden).

Ich habe einen ganz anderen Plan.

Wenn ich erst einmal das Abi habe und zum Studium nach Berlin oder London gehe, werde ich in einer WG wohnen, in der wir immer Wodka und Pizza im Kühlschrank haben, ich werde interessante Männer an Bars kennenlernen, ich werde an einem Donnerstag einfach so mit Freundinnen irgendwo in der Stadt Sushi essen und an allen Freitagen feiern gehen und klare Cocktails (nicht diese mit Saft!) aus Martinigläsern trinken. Ich werde enge Kleider und hohe Schuhe völlig selbstverständlich tragen, und wenn ich Alex dann wiederbegegne, weil es uns doch in dieselbe Stadt verschlagen hat, vielleicht zufällig auf einer Party, zu der er auch eingeladen ist, wird er sich wünschen, er hätte sich für mich entschieden. Er wird mir sagen, dass er sich doch in mich verliebt hat und neu anfangen will. Und dann nehmen wir ein Taxi zu ihm und haben Sex auf dem Fußboden - und von diesem Moment an sind wir zusammen.

Verfallsdating

»Bleib liegen, wenn du willst«, sagt er und zieht sein Sweatshirt über. »Zieh später einfach die Tür hinter dir zu, ich muss los.«

Wir küssen uns nicht zum Abschied, wir lächeln uns nur schief an. Und ich bleibe nicht liegen. Noch während ich durch das offene Fenster höre, wie er sein Auto ausparkt, suche ich meine Sachen zusammen und verlasse die Wohnung. Um keinen Preis will ich hier allein bleiben. Ich will nicht durch seine Bücher blättern, auf seinem Sofa einen Kaffee trinken oder in sein Sweatshirt schlüpfen und es später gar nicht mehr ausziehen, so wie man es eben macht, wenn man sich verliebt hat. Denn das bin ich nicht. Oder will es nicht sein.

Ich bin nicht bei Heath. Seit unserem Date sind fast zwei Monate vergangen. Wir hatten zwar immer mal wieder voneinander gehört, waren uns sogar noch einmal zufällig über den Weg gelaufen, aber obwohl ich ihn weiterhin interessant und anziehend fand, wusste ich nie, ob es ihm genauso ging. Er antwortete mir nicht mehr dirckt und irgendwann hörte ich auf, ihn ein zweites und manchmal sogar drittes Mal anzuschreiben.

Das mit Finn und mir (so heißt der Mann, bei dem ich gerade aufgewacht bin), fing weniger romantisch, auf keinem Festival, sondern in einem dritten Stock, aber dafür ähnlich zufällig an. Wobei man vielleicht noch nicht einmal davon sprechen kann. 14 Menschen auf einer Geburtstagsparty, zwei davon Single. Das waren wir. Als Finn mich im Laufe des Abends fragte, ob ich etwas trinken wollte und währenddessen vorsichtig meine Taille berührte, fühlte ich, dass er mich bemerkt hatte. Als er beim Gin auf die doppelte Menge setzte und mich dabei mit hochgezogenen Augenbrauen angrinste, glaubte ich, dass er Interesse hatte. Als er schließlich meine Hand nahm und mich zum Knutschen auf den Balkon zog – wusste ich es. Als es hell an der Elbe wurde, schlenderten wir zu Fuß bis zu seiner Wohnung und fielen in sein Bett.

Finn war vom ersten Moment an schlagfertig, klug und vor allem – auf einmal da. Er überraschte mich bei jedem neuen Treffen, forderte mich heraus, zog mich samstags auf Tanzflächen und ließ sich unter der Woche nur zu gern in hitzige Diskussionen verwickeln. Wochenlang waren wir wie Sparringspartner, die sich aneinander aufluden, sich immer näherkamen, ohne dass sie ein neues, echtes Ziel füreinander hätten, eines, das über die nächste Nacht hinausging.

Schon als ich mit dem billigen Gin-Cocktail im Plastikbecher, der nach Kopfschmerz und Kontrollverlust schmeckte, anstieß und langsam immer dichter in seine Nähe rutschte, wusste ich, dass ich bereit für ein Abenteuer war, dass ich nicht nachdenken, nicht überlegen, nicht analysieren und vor allem keine Erwartungen erfüllen wollte. Mir hatte genau das hier schon so lange, schon in meiner Beziehung und erst recht bei meinem Date mit Heath gefehlt: ungezwungener Spaß, ein Kribbeln. Und die Chance darauf, mal nicht zu denken, nur zu fallen, ineinander, ohne aufzuschlagen.

Ich binde mir die Haare zusammen, wasche mir das vergessene Make-up aus dem Gesicht und drehe mich nicht noch einmal um, als die Wohnungstür ins Schloss fällt. An der Ecke seines Blockes kaufe ich mir einen Kaffee und einen Muffin und spaziere nach Hause. Mittlerweile ist das ein Ritual geworden. Der Spaziergang und die gemischten Gefühle danach. Es ist nicht die Realität, die eintritt, wenn der Wein nachlässt. Es ist nicht einmal das Tageslicht, das uns Vernunft und Distanz zurück ins Schlafzimmer spült. Es ist unsere eng gesteckte *comfort zone.* Sobald wir sein Bett verlassen, sobald wir wieder festen Boden unter den Füßen haben – ist es vorbei. Jedes Mal. Dann ist der Sex vorbei, aber nicht nur der. Auch die Nähe, das Losgelöstsein. Dann liegt sein Gesicht nicht mehr an meiner Schulter und mein Herz nicht mehr auf meiner Zunge. Dann sind wir raus, raus aus der *comfort zone,* in der sich alles bequem und leicht anfühlt. Und anders als Motivationstrainer, Achtsamkeitsblogs und Meditationsapps es uns glaubhaft machen wollen, ist das, was außerhalb dessen passiert, nicht die eigentliche Magie. Nur ein paar betretene Blicke. Und das, obwohl wir etwas anderes als ein wiederkehrender One-Night-Stand sind.

Er ist ein ziemlich toller Typ – nur leider ohne Zukunft. Und nein, ich urteile nicht vorschnell. Ich habe das durchdacht. Ich bin eine Frau mit dreihundert verschiedenen, jederzeit abrufbaren Emotionen in sich. Ich durchdenke Beziehungen, auch wenn ich sie nicht führe.

Wir – das könnten die klassischen fünf Monate sein. Zwei davon leidenschaftlich verliebt, wenn ich uns lassen würde, viel Sex, kaum Streit, man denkt nur ans Jetzt. Im dritten Monat würden wir beide merken, dass es nicht funktioniert, dass die Entfernung zu groß ist, nicht die zwischen unseren Vierteln, nicht einmal die drei Jahre Altersunterschied, die ich ihm voraushabe, sondern vor allem die zwischen unseren Leben, unseren Jobs, Wünschen und Plänen. Im vierten Monat würden wir aufgeben, im fünften noch einmal kämpfen. Und dann, dann wäre es endgültig vorbei. Das hier war Verfallsdating, ohne dass ich es wegwerfen wollte oder konnte. Irgendwann würde es eben aufhören. Auch wenn ich das jetzt noch nicht wollte.

***

»Weißt du, ich gönn dir den Spaß, und ich gönn es dir, dass du dich endlich wieder losgelöst fühlst. Finn ist dafür genau der richtige Typ. Aber was wird das, wenn du fertig bist?«

Seitdem wir uns kennen, stellt sie die unbequemen Fragen, damit ich meine Antwort, die sie längst kennt, auch laut ausspreche. Das ist unser Ding. Angefangen hat es an einem kleinen Badesee und mit einer Flasche Wein mit Schraubverschluss, am letzten warmen Tag des vergangenen Herbstes. Die Füße steckten im kalten Sand, die Herzen in der Klemme. Stundenlang schwiegen wir uns an, bis es dunkel genug war, bis wir weder das Schwappen des Wassers noch einander sehen konnten.

»Denkst du manchmal auch, dass man im Dunkeln alles sagen kann? Dass man sich vor keinem Satz fürchten muss, weil er ja gar nicht wahr, sondern nur eine Nacht lang da ist?«, fragte sie mich. Und ich wusste, was sie meinte.

Wenn du sagst, was nur ein Ende sein kann, wenn du springst und den Mund aufmachst, dann ist zu fallen wie fliegen, für einen kleinen Moment.

Ihr sagte ich immer schon, was eigentlich noch gar nicht wahr sein konnte. Vor Monaten schon wusste sie, dass ich Dominik nicht mehr liebte, dass ich lieber das Wasser bis zum Hals wollte, als stumm an uns zu ersticken, dass ich rennen wollte, dass ich längst ausgebrochen war. Und dass sich jeder noch so tiefe Fehler besser anfühlte als jeder Tag bewegungsloser Sicherheit mit ihm. Es dauerte einen halben Winter, bis ich auch bei Tageslicht meinen konnte, was ich schon in dieser Nacht gesagt hatte. Niemand hat mehr von meinem Innersten gesehen als Anika. Mit ihr hab ich zwischen den Stühlen und Gefühlen, inmitten von losen Blättern, Fetzen und staubigen Ordnern gesessen, hab mich erinnert, sortiert, mit ihr angestoßen, mich ausgeräumt und Platz gemacht. Mittlerweile brauche ich keine Nacht, keinen Wein und keine Dunkelheit mehr, um diese schwerelose, schonungslose Ehrlichkeit zwischen uns zuzulassen, ich brauche nur ihre Stimme.

»Ich weiß es nicht«, sage ich in den Hörer. Und das ist die ganze Wahrheit.

»Also hast du dich doch verknallt?«

»Nein.«

»Also ist es nur Sex?«

»Nein.« Und dann: »Irgendwas dazwischen.«

»Und das heißt?«

»Dass es eben nicht nur Schwarz oder Weiß gibt. Dass ich ihn mag, dass ich gern in seiner Nähe bin, dass ich gern Zeit mit ihm verbringe, dass ich ihn wahnsinnig gern küsse, dass ich drei Mal am Tag auf sein Facebook-Profil gucke und dass ich und mein Bier manchmal eifersüchtig sind, wenn ich ihn mit anderen Frauen in irgendeiner Bar sehe. Und trotzdem, trotzdem führt das nirgends hin.«

»Wohin willst du denn?«

»Ich weiß es nicht, ich weiß nur, dass sich das hier nicht anfühlt, als könnte es noch lange so weitergehen.

Er und ich auf einer Parkbank, er und ich im Kino, er und ich beim Frühstück. Das funktioniert nicht. Ich seh uns da nicht. Ich glaube, der einzige Ort, an dem wir existieren, ist sein Bett. Dort ist alles leicht, nicht nur der Sex, auch das Reden, die Nähe, die sich ganz automatisch einstellt. Nur da fühlen wir uns miteinander wohl. Haut an Haut, keine Klamotten, keine Wertung, aber eben auch keine Richtung.

»Und trotzdem denkst du über ihn nach. Trotzdem zieht er dich mit irgendwas an.«

»Ich will ihn ja nicht nicht. Aber ich will ihn auch nicht.«

»Vielleicht solltest du aufhören, mit ihm zu schlafen.«

Ja, vielleicht. Kaum etwas bringt mehr Klarheit, als keinen Sex mehr miteinander zu haben. Subtrahierst du die Nähe, die Euphorie, nimmst du einer Geschichte ihre Gänsehaut und fütterst dich mal absichtlich mit Distanz und nicht mit ausgemalter Sehnsucht, hast du eine größere Chance, sie zu verstehen, als wenn du zwischen den Zeilen und Laken und auf engstem Raum miteinander nach dem nächsten Satz suchst.

»Ich kann nicht damit aufhören«, sage ich irgendwann. Dann mache ich die Augen zu, nicht hingucken, einfach sagen.

»Es ist nicht nur der Sex, aber es ist auch kein großes Gefühl. Es ist ein Moment. Der danach. Es sind die 15 Sekunden, in denen alles warm und nichts wahr, aber auch nichts gelogen ist. Wenn er mich noch festhält und ich – auch wenn es nur ganz kurz ist – loslasse. Meine eigenen Zügel, die Unsicherheit. Die Tatsachen, die Verantwortung für mich selbst. Wenn ich mich, nur ganz kurz, sicher fühle. Das macht es aus, danach habe ich ständig Sehnsucht und jedes Mal, wenn ich mit ihm schlafe, merke ich, wie dieses Bedürfnis wieder ein bisschen mehr gestillt wird. Bis es irgendwann vielleicht genug ist.«

»Und was passiert dann? Was passiert in dem Moment, in dem es genug ist?«

»Ich weiß nicht, wahrscheinlich sind wir dann vorbei.«

»Und das findest du nicht … ziemlich egoistisch?«

Anika hatte recht. Wenn ich es so aussprach, klang ich, als würde ich Finn benutzen, als würde ich an ihm mein Bedürfnis nach Nähe stillen – bis ich genug hatte, mich wieder genug fühlte. Dabei hatte ich das nicht einmal vor. Was ich wollte, war ihn und mich zu genießen. Ich wollte Sex und Nähe, aber ich wollte keine Beziehung. Ich wollte Zuneigung, ich wollte mich von Finn auffangen lassen, ich wollte morgens im Halbdunkeln mit ihm kuscheln, ich wollte manchmal die ganze Nacht lang mit ihm über die Welt reden, ich wollte schlagfertige Wortgefechte führen und sie immer auf die gleiche, leidenschaftliche Art beenden – aber ich wollte es nicht nur noch, nicht immer mit ihm tun, sondern nur im Moment.

Ich wollte endlich Single sein. Ich wollte die Frau werden, die ich mir selbst mal versprochen hatte. Stark, unabhängig, elegant und *sophisticated*, mit eigener Wohnung, mit wachsender Karriere, eine, die ihre Entscheidungen trifft und nicht mit ihnen hadert, die niemanden braucht, aber wählt. Ich wollte mir ein Portfolio als Autorin und Fotografin aufbauen, mir die Männer so wie die Jobs aussuchen, ich wollte immer Champagner im Kühlschrank haben, als wäre er alltäglich (aus irgendeinem Grund war das damals der Inbegriff von Erfolg und Unabhängigkeit für mich) und irgendwann mal eine Chanel Boy Bag besitzen (Jesus, mit dem Geld könnte man einen Kontinent bereisen, was war da mit mir los gewesen?). Denn ja, ich wollte die Welt sehen, ohne jeden Abend ein Skype-Date einzuplanen, ohne mich zu entschuldigen, ich wollte endlich keine Kompromisse mehr, die sich für mich wie verschwendete Zeit anfühlten, ich wollte endlich mit all den Vorstellungen experimentieren, die ich noch von meinem Leben hatte. Ich wollte frei sein, und ich wollte mich trauen, diese Freiheit auch zu nutzen.

Und gleichzeitig liebte ich es, all die Dinge mit Finn zu haben, nicht einmal danach fragen zu müssen, die ich mit Dominik so vermisst hatte, die ich gebraucht hätte, die ich mir für meine gescheiterte Beziehung gewünscht hatte. Aber ein Label oder zu viele Gefühle wollte ich uns trotzdem nicht zugestehen.

»Ja, vielleicht ist es egoistisch«, antwortete ich Anika. »Aber ich brauche das gerade mal. Jemanden genießen, ohne dass es Erwartungen gibt.« Und an dieser Stelle belog ich mich. Wenn ich von Erwartungen sprach, die es zwischen uns nicht gab, dann meinte ich ausgetauschte Schlüssel, meinte Pläne für die Feiertage, ich erwartete nicht, dass er meine Eltern kennenlernte, ich erwartete nicht, dass er mich irgendwem als seine Freundin vorstellte, ich erwartete kein Commitment. Und tat es ja doch, und wenn ich nur erwartete, dass wir in einer Samstagnacht das gleiche Taxi nach Hause nahmen, erwartete, dass es in diesem Moment nur mich gab, er in diesem Moment nur mit mir schlief.

Ich erwartete, dass es mit uns einfach genau so weiterging wie bisher. Ich wollte keine Beziehung, aber auch keinen One-Night-Stand. Ich wollte dieses Dazwischen, das mir so gut gefiel.

Und vor allem wollte ich bestimmen, wie lange wir es genießen konnten.

Ich tappte in die gleiche Falle einer falsch verstandenen Selbstbestimmtheit, die so viele frische Singles nicht einmal bemerken: Wir wollen keine Beziehung, aber wir wollen alles das genießen, was sich in einer Beziehung gut anfühlt. Wir wollen uns nicht festlegen, aber wir wollen auch nicht allein sein, und darum erzählen wir uns selbst das Märchen, dass wir irgendwann sicher mal wieder eine Beziehung wollen würden, aber im Moment nach keiner suchten. Dass wir erst wieder eine eingehen würden, wenn es da wirklich jemanden gäbe, ohne den wir nicht sein könnten, den wir brauchten. Aber so lange es nur um eine Wahl ging – war die beste vielleicht die Unverbindlichkeit. Kein Risiko, kein Schmerzpotenzial, einfach nur eine gute Zeit haben – stimmt's?

Solange ich Finn einfach nur wählte, mich einfach nur eine Zeit lang für ihn entschied, war ich frei und hatte die vermeintliche Sicherheit im Nacken, dass ich jederzeit gehen konnte, aber nicht verlassen werden würde, denn verlassen wird ja nur, wer mehr will, solange niemand Wünsche ausspricht, keiner Druck ausübt, geht es immer weiter – oder?

Die Frage, die ich mir einfach nicht stellen wollte, war: Wollte ich wirklich neue Facetten an mir finden, mich als Frau, als Single besser kennenlernen – mich ausprobieren, verändern, mutig sein und einfach offen für jeden Mann, der dabei vielleicht meinen eigenen Weg kreuzte? Oder wollte ich nicht doch viel lieber diese neue Version von mir bleiben, in die ich mich in den letzten Monaten entwickelt hatte, die sich ja längst gut anfühlte und die Finn gefiel, die zu uns und unserem Dazwischen passte und die er gern in seiner Nähe hatte?

Genoss ich gerade wirklich selbstbestimmt Finns Aufmerksamkeit? Oder war ich längst wieder dabei, unterbewusst in einen

Rahmen zu passen, den ich eigentlich nicht mitbestimmte, sondern akzeptierte, nur damit darin auch meine Wünsche erfüllt werden konnten? Was gefiel mir mehr, und was würde mir mehr fehlen: das, was wir zwischen uns hatten, dass ich mich für ihn entscheiden konnte – oder dass er mich wollte?

Reaktanzverhalten

Sie streicht sich die Haare aus dem Nacken, er umfasst ihre Taille, sie lacht ein bisschen lauter als nötig und hält sich an seiner Schulter fest. Eine klassische Szene eines Samstagabends in der Großstadt. Smarter Junge, hübsches Mädchen.

Eigentlich nichts Besonderes daran. Hätte ich den smarten Jungen nicht auch noch bis vor einigen Wochen geküsst – bevor ich einfach so damit aufhörte, nicht mehr auf die gleichen Partys ging, nicht mehr einfach vor seiner Tür auftauchte und damit die Wahrscheinlichkeit, ihn zu treffen, auf schmale zehn Prozent herunterfuhr – bevor dann auch seine letzten, losen Bemühungen irgendwann den Absprung schafften. Mittlerweile begegnen wir uns nur noch ab und zu für einen kurzen Moment an einer Ampel oder für eine halbe Stunde im vergrößerten Freundeskreis. Dann lächeln wir uns an, er fragt, was mein Schreiben oder die Fotografie macht, ich erzähle von der Arbeit, frage nach seiner Masterarbeit, und bevor es unbequem werden könnte, bevor wir vielleicht doch in den Bereich abrutschen könnten, wirklich über uns zu reden, mischen wir uns wieder in die Gruppe. Manchmal denke ich dann auf dem Heimweg darüber nach, noch mal seine Nähe zu suchen oder ihn anzurufen. Aber dann hält meistens schon das Taxi vor meiner Haustür oder mein Akku nicht mehr.

Es war richtig zu gehen, bevor er gehen konnte. Es war wichtig für mich gewesen, nicht schon am ersten tollen Mann nach meiner ausgelaufenen Beziehung hängen zu bleiben. Finn war mein Rebound gewesen, ohne dass ich ihn damit hätte abwerten wollen, er war mein erster guter Schritt – aber ich hatte noch so viele mehr vor mir. Er war der Mann, der mir die Leichtigkeit zurückgebracht hatte, mit dem ich mich wohl und gut und unbefangen gefühlt hatte. So hatten wir angefangen, und so hatten wir enden müssen – solange es noch schön und unkompliziert war. Er hatte sich nicht gewehrt, als unser Dazwischen sich auflöste, und ich hatte mich bis eben einfach okay damit gefühlt. Bis eben hatte ich ihn aber auch noch nicht mit einer anderen Frau gesehen.

***

Sieht er besser aus als noch im Sommer? Seit wann hat er längere Haare? Warum haben wir eigentlich nie in dunklen Bars geknutscht, sondern immer nur in seiner Wohnung? Warum sind wir nie ausgegangen, sondern nur miteinander nach Hause – und wer ist das da eigentlich unter ihm?

»Kennst du sie?«, ich drehe mich zu Anika um und ziehe sie ein Stückchen dichter an mich heran.

»Die bei Finn? Keine Ahnung, ich glaube, die haben sich hier kennengelernt. Warum fragst du?«

»Nur so.« Nur ein paar Meter von uns entfernt streicht er ihr jetzt die Haare aus dem Gesicht und flüstert ihr etwas ins Ohr, das sie abermals zum Lachen und dann dazu bringt, sich noch dichter an ihn zu drängen. Ich rolle mit den Augen und knalle mein leeres Glas fester auf den Tresen, als ich es geplant hatte.

»Stehst du noch auf ihn?«

»Keine Ahnung, ich stehe zumindest schon mal nicht auf sie – so nah bei ihm.« Kurz bevor der Whiskey mein Ego auf die Schultern nehmen und die gerade schmal besetzte Vernunft stürmen kann, drehe ich mich weg und atme tief durch. Das hier ist nicht echt. Das ist nicht das, was ich wirklich fühle. Das ist nicht die große Anziehung, die mir auf einmal klar wird. Das ist nur mein Kopf, der etwas nicht mehr haben kann. Es sind nur äußere Impulse, es ist der

Fakt, dass die verlorene Option auf ihn, die ich eigentlich doch so freiwillig aufgegeben hatte, gerade meinen Trotz locken will.

Reaktanz nennt das die Psychologie.

Wann immer wir uns von anderen in unserer Freiheit, in unseren Optionen oder Entscheidungen bedroht fühlen, neigen wir zu Trotzreaktionen, beginnen zu sabotieren oder zu rebellieren. Ein bisschen stumpfer formuliert könnte man auch sagen: Wir leiden am FOMO-Prinzip (»Fear of missing out«), vielleicht auch am Hypesyndrom und zwar nicht nur, wenn es um unseren Lifestyle geht, um überteuerte Beautyprodukte von Aesop, um ein Paar ausverkaufte Off-Whites, um gerade gefeierte Urlaubsdestinationen oder Festivals, sondern auch in unseren Beziehungen. Vieles wird nur dadurch interessant, dass es auch alle anderen wollen und erst dann wahnsinnig begehrenswert, wenn es ausverkauft ist, zu teuer oder einfach nicht zu haben.

Meine Top-3-FOMO-Situationen

- im Hamburger Frühling bei zwölf Grad Celsius und Regen den eigenen Papierkram sortieren und die Stromnachzahlung erwarten, während ganz Instagram auf Formentera ein Buch liest, *tan lines* bekommt und mit einer Gruppe Freunden eine gemütliche Finca mit Pool und Feuerstelle gemietet hat (das letzte Haus, das ich mit Freunden mietete, war ein Ferienapartment am Schleiufer, das ist in Schleswig-Holstein)

- die Flohmarkt- oder Vintage-Funde meiner Freundinnen, die ich vorher völlig übersehen hatte

- Männer, die mich nicht wollen oder die ich nicht haben kann (Gründe dafür dürfen variieren)

Also ja, zugegeben: Ich neige zu Trotzreaktionen, zu ausgeprägten »Jetzt erst recht!«-Momenten. Seitdem ich klein bin, will ich den Menschen das Gegenteil von dem beweisen, was sie über mich zu denken scheinen (Stefanie Stahl hätte dafür sicher einige Theorien). Ich leiste mir Machtspiele an roten Ampeln, wenn man mich provoziert; ist eine limitierte Lippenstiftfarbe, die mir gerade zufällig im Duty-free aufgefallen ist, ausverkauft, werde ich zur Jägerin (wissentlich, dass ich viel zu selten Lippenstift trage und ihn meistens in der U-Bahn oder Damenklos verliere), und auch in meiner emotionalen Vergangenheit habe ich mehr als einmal unter Beweis gestellt, dass ich einen Mann umso mehr wollen kann, wenn andere ihn haben könnten – oder mir von ihm abraten. In mir schlummerte eine Tonya Harding, und auch wenn ich nicht vorhatte, der Frau dort drüben, die ihre Hände gerade in Finns Nacken legte, ein blaues Knie zu verpassen, in mir regte sich auf einmal der Wunsch, ihn zurückzubekommen.

Mein ausgeprägtes Reaktanzverhalten wird zuweilen zu meiner größten Schwäche, und auch gerade drängt sie mich an die Bar und den Rand meines Bargelds. Ich hatte gar nicht die große Klarheit oder Distanz, sondern offenbar nur eine weitere Mitspielerin gebraucht. Die Sache ist nur die: Wenn Gefühle oder Sehnsüchte nur dadurch ausgelöst werden, dass wir jetzt nicht mehr haben können, was die ganze Zeit greifbar war, dann können wir uns nicht mehr trauen. Das gilt für all die geschönten Insta-Storys genauso wie für das eigene Herz.

»Bist du etwa eifersüchtig?«

»Im Leben nicht.«

»Also sehr.«

Ich mache eine wegwerfende Handbewegung und riskiere einen Blick über die Schulter, als ich Finn direkt in die Augen schaue. Ich bin mir nicht sicher, was ich in seinem Gesicht erkenne, ob ich es mir nur einbilde, aber einen gewissen Zug um seinen Mund deute ich so, als würde er mir den Schrecken gönnen, als gäbe es ihm ein klein bisschen Genugtuung, dass es mir nicht völlig egal war, dass heute Nacht eine andere Frau mit und bei ihm schlafen würde.

Ich dachte daran, dass sie und nicht ich über die ausgeblichene Kerze neben seinem ungemachten Bett lachen würde, die er eines Abends mal »für die Romantik« aufgestellt und ganz sicher von seiner Mutter geschenkt bekommen hatte. Ich dachte an die Edding-Botschaft, die Anika und ich während seines Geburtstags betrunken auf den alten Spiegelschrank im Badezimmer gekritzelt hatten und fragte mich, ob sie das Herz bemerken würde, das er dann um meinen Namen gemalt hatte.

Ich fragte mich, ob sie auch irgendwann wieder gehen würde. Oder ob das hier gerade erst anfing – und bleiben könnte.

Mittlerweile liegt ihre linke Hand auf seinem Hintern, die andere auf seiner Brust, und ich bin mir sicher, dass ihre Lippen gar nicht so dicht an seinem Ohr liegen müssten, wenn sie nur ein bisschen lauter sprechen würde.

»Echt jetzt?« Ich bemühe mich um einen desinteressierten Tonfall, stattdessen klinge ich abfällig, und erschrecke über mich selbst.

»Komm mit ...«, Anika zieht mich ein Stück zur Seite, aus seinem Blickfeld und dem kleinen Film in meinem Kopf. »Das ist doch gerade keine echte Eifersucht. Du willst ihn nur, damit sie ihn nicht hat. Und das ist nicht gerade fair, Lina. Lass ihn, lass die beiden.«

»Und was, wenn es doch mehr ist? Was, wenn ich das hier sehen musste, um zu merken, dass mir doch mehr an ihm liegt, als ich dachte?«

»Meinst du nicht, dass das ein ziemlich schwacher Grund wäre, um sich seiner Gefühle bewusst zu werden? Und mal ganz davon abgesehen: Was wird denn, wenn er sie jetzt für dich stehen lässt? Werdet ihr ein Paar? Ich dachte, du willst keine Beziehung?«

»Will ich ja auch nicht. Aber vielleicht will ich ja einfach gucken, was sich entwickeln könnte.«

»Und was könnte das sein?«

»Na, das würden wir dann herausfinden!«, rufe ich ungeduldig und streiche mir die Haare aus dem Gesicht.

»Ich meine, wer weiß, wohin das führen könnte. Von ganz allein, ohne Druck.«

»Du machst dir was vor. Entweder du willst eine Beziehung oder du willst keine. Entweder es gibt ein Ziel oder es gibt irgendwann ein Ende. Und ihr habt euch eben fürs Ende entschieden.«

»Warum muss denn immer alles Schwarz oder Weiß sein? Ich mag es dazwischen, ich mag auch einfach mal nichts definieren oder entscheiden müssen. Wir hatten ja auch nie irgendwas festgelegt und darum auch nie irgendwas beendet ...«, sage ich und lehne mich mit dem Rücken gegen die kühle Wand. Hinter mir der Ausgang, vor mir Finn und sein Date. Ich bin müde. Und ich fühle mich unverstanden.

»Lina, hast du mal überlegt, dass es vielleicht deshalb so schön und so entspannt war, weil ihr eben genau das doch getan habt? Dass Finn dir von Anfang an geglaubt hat, dass du wirklich nur eine gute Zeit haben willst? Dass du wirklich vollkommen ausgeschlossen hast, dass daraus mehr werden könnte? Dass es ihm genauso ging und er sich deswegen so entspannt verhalten, die Nähe zu dir so ausgekostet hat? Dass du das ›Dazwischen‹, wie du es immer nennst, nur deshalb genießen konntest, weil es sehr wohl vorher eine Entscheidung, eine Richtung gab und keine *mixed signals*, an denen man sich ausbremst oder verunsichert? Weil ihr eben nicht ständig überlegen oder aneinander abtasten musstet, wie weit ihr gehen könnt, was der andere vielleicht schon fühlt oder wo das hinführt? Vielleicht stellst du dir jetzt die Frage, ob du ihn vielleicht übersehen hast, klar – aber vorher hast du das nie getan. Hast du ihn überhaupt mal gefragt, was er will?«

Und damit hatte sie einen Punkt. Ich drehte mich die ganze Zeit um die Frage, was ich fühlte oder was ich wollte. Ich betrachtete

Finn wie eine Option, die ich abgelehnt hatte und die dadurch nun für eine andere Frau verfügbar geworden war. An ihn hatte ich keine Sekunde gedacht. Ich wusste nicht, ob er vielleicht auch mal über uns nachgedacht hatte, ob ich ihm auch manchmal durch den Kopf gegangen war, ob er sich an meiner Stelle vielleicht ähnlich oder doch eher gleichgültig fühlen würde. Ich hatte nicht einmal eine Ahnung, ob er Beziehungen wirklich von Anfang an ausschloss oder sich einfach nur mir angeschlossen hatte. Ich meine, wir zwei hatten auf einer Party, irgendwann nach Mitternacht, auf einem Sofa geknutscht und seitdem immer mal wieder miteinander geschlafen. Ich hatte ihn nie nach einer Richtung gefragt, ich hatte sie einfach angenommen. Ich hatte gedacht, das sei einfacher, erst, um mir keinen Druck zu machen, dann aber auch, um ihm keinen Druck zu machen.

Als mein Budget und meine Laune gegen zwei Uhr den Tiefpunkt erreicht haben, nehme ich die U-Bahn nach Hause. Weil ich die Anschlussbahn verpasse, sitze ich gut 15 Minuten auf dem Gleis und starre eine Zigarettenwerbung an, die mich auffordert, meinen Moment nicht zu verpassen, kein Vielleicht zu leben, sondern mich zu entscheiden. Aha.

Warum hatte es mich so getroffen, Finn mit dem Mädchen zu sehen? War es ein echtes Gefühl? Eine vernebelte Wahrnehmung? Ein gekränktes Ego? Hatte ich mich vielleicht einfach nur in eine Nacht hineingesteigert, die morgen schon ganz anders aussah? Gab es da nicht mal diese Fünf-Sekunden-Regel? Wie ging die noch mal …? Wenn es in fünf Jahren keine Rolle mehr spielt, verbringe nicht mehr als fünf Sekunden mit dem Problem. So irgendwie. Aber konnte das sein? Es klang irgendwie falsch, irgendwie oberflächlich. In fünf Jahren würde Finn vielleicht wirklich keine Rolle mehr spielen, aber woher sollte ich das jetzt wissen, wenn ich nur fünf Sekunden hatte, um mich zu entscheiden? Um nicht zu zerdenken, was heute Nacht nicht mehr zu lösen war, ging ich ins Bett.

Und als ich acht Stunden später mit einer Aspirin und einem schwarzen Kaffee wieder aufwache, fühlt sich alles schon viel weniger aufgewirbelt, längst wieder gesetzter an. Der Rausch, aber auch die Jagd nach dem, was ich gerade nicht haben kann, scheint genauso schnell wieder vorbei zu sein, wie sie kommt. So ist das mit Impulsen. So sehr sie sich manchmal in mir überschlagen, so schnell verlassen sie mich auch wieder. In dieser Hinsicht ist der Vergleich mit dem Sale-Shopping gar nicht so falsch: Ziehen wir das hier wirklich an – oder wollen wir es nur, weil es an der anderen Frau, die es gerade in der Hand hält, so gut aussieht? Würde ich jetzt neben Finn aufwachen, würde ich vermutlich das Gleiche denken, wie an jedem Morgen, der in seiner Wohnung begann: Das hier ist schön. Wirklich schön. Aber es fühlt sich nicht an, als könnte es alles das sein, was ich noch suche.

Das Symptom Tinder

»Warum hast du eigentlich noch kein Tinder, Lina?«, fragt mich ein guter Freund im Frühjahr 2014.

»Keine Ahnung, ich steh nicht so auf Onlinedating«, sage ich und habe sofort Klischees wie persönliche Fragebögen, »Was suche ich«-Texte und den klassischen »Ralf, 31, treu und aufmerksam« vor Augen, der aber eigentlich »Ralf, 36, zu lange Single und sozial isoliert« ist. Datingplattformen waren für mich eingestaubt, ein Ort, an dem Loser horrende Summen dafür bezahlten, dass sie mit peinlichen Profilen auf einem virtuellen Heiratsmarkt ausgestellt wurden, wenn man sich nur auf ihnen umsah, konnte man die Torschlusspanik förmlich schmecken.

Es ist fair zu sagen, dass Tinder dieses etablierte Gefühl vollkommen revolutioniert hat. Tinder ist heute sieben Jahre alt – und ich bin mittlerweile seit gut fünf Jahren dort angemeldet, zwischenzeitlich sogar mit Goldstatus, um die vermeintlich großen Chancen, die ich zu schnell weggewischt hatte, noch einmal zurückholen zu können. 9,99 Euro im Monat dafür, dass ich mich noch einmal umentscheiden durfte, wenn mein Finger schneller als mein Herz reagiert hatte. Ein unschlagbarer Deal, Strg+Z für Datingentscheidungen. Zumindest virtuell. Als Tinder im März 2012 auf den Markt kam, war die Community klein, überschaubar, die meisten Nutzer zwischen 25 und 30 Jahren, aus der Kreativ- oder Medienbranche. Tinder versprach Coolness und Lässigkeit, eine Plattform, auf der es weniger um angestrengte Partnersuche per Gemeinsamkeitsgenerator, als um den Spaß am Dating gehen sollte. Wer Parship benutzte, wirkte schon auf den ersten Blick frustriert von seinem eigenen Beziehungsstatus, oder so tragisch in Zeit- und Bindungsnot, dass er sich von nun an die Liebe per Algorithmus errechnen lassen wollte, statt eigene Entscheidungen zu treffen.

Immer wieder messen sich Datingplattformen daran, wie viele feste Beziehungen sie pro Jahr hervorbringen können, und als Tinder beschließt, seine Bindungsrate nicht zum Erfolgsfaktor zu machen, fühlt sich das ehrlicher, ungezwungener an. Tinder ist kein kategorisierter Heiratsmarkt, sondern vielmehr wie eine virtuelle Bar, in der man sich umschauen und einander ansprechen kann – wenn das Interesse beidseitig besteht. Der einzige Unterschied: In einer Bar kann man sich nicht klonen, auf Tinder geht das. In einer Bar kann man vielleicht von gutem Licht profitieren, sich selbst aber nicht filtern, auf Tinder ist das kein Problem. Zwanzig Gespräche am selben Abend, nach Chancen fischen, bei minimalem Aufwand und mit maximaler Optik.

Die Berichterstattung zu Tinder ist endlos, und gefühlt jeder hat eine Meinung dazu, ob diese App wirklich nur ein einziger Kaufrausch zwischen all den leicht verfügbaren Optionen ist, ein Wühltisch, an dem wir zugreifen, aber nie entscheiden, ob sie die finale Geburtsstätte für das globale Problem des »Fuckboys« ist oder sogar Schuld daran trägt, dass wir zwar mehr, aber auch so viel mehr schlechte Dates haben als je zuvor.

Ich habe vielleicht nicht die, aber eine Antwort: Unser Tinder-Erlebnis ist immer so gut wie die Matches, für die wir uns entscheiden. Tinder ist ein Spiegel. Manchmal sogar ein ziemlich brutaler. Am vierten Date in Folge mit einem oberflächlichen Arschloch ist nicht zwingend die App schuld, sondern vielleicht auch unsere Auswahl. Fuckboys finden nicht magisch immer uns, wir er-swipen sie zum Match.

Tinder hat mir den Druck genommen, dass spätestens das übernächste Date auch der nächste tolle Mann sein muss. Denn bis dato glaubte ich, dass schon drei miese Dates eine Pechsträhne waren, ein schlechtes Zeichen für drohende Endzeitstimmung. Tinder beendet das Suchen – ohne dass wir damit direkt zum Finden übergehen würden, das ist klar. Und das kann Spaß machen.

Während ich vor meinem ersten Date und auch bei meiner ersten Verabredung via Tinder noch völlig nervös gewesen war, hatte ich bei meinem dritten Date tatsächlich Spaß. Ich legte meine absurden Vorstellungen von ersten Dates (Heels, Cocktails, das kleine Schwarze und stetiges Knistern in der Luft) ab und lernte, dass es erst einmal gar nichts weiter war als zwei völlig fremde Menschen, die sich für ein paar Stunden ein bisschen voneinander erzählten und dann entschieden, ob sie sich vergessen, wiedersehen oder direkt knutschen wollten. Und das war auch schon alles.

Ich habe auf Tinder unterschiedlichste Erfahrungen gemacht, manchmal habe ich nach ihnen gesucht, manchmal haben sie mich überrascht. Ich habe auf Tinder Ablenkung gefunden, gute Freunde, die Chance auf Liebe, ein gebrochenes Herz und dann auch wieder ein Pflaster dafür. Aber vor allem das hier: Schnellliebigkeit. Aber ist daran wirklich die App schuld – oder ist sie nur ein sichtbares Symptom?

Generation »Schnellliebig«

`Generation, die nicht mehr einfach nur nach Sicherheit oder Bindung sucht, sondern vor allem nach gelebter Freiheit und dann nach freiwilliger Liebe – aber gar nicht so richtig weiß, wie oder wo sie überhaupt anfangen soll. Oder wie die sich eigentlich anfühlt.`

Fakt ist: Tinder hat unser Datingverhalten beeinflusst und völlig verändert. Wenn man hier etwas lernen kann, dann vielleicht, das erste Date, die Suche nach der Liebe und vielleicht sogar sich selbst – zu entkrampfen. Tatsächlich kann man so ein Date nämlich üben, herausfinden, was sich gut anfühlt, ob man sich lieber nachmittags in einem Café trifft, spazieren geht, ob man der Typ fürs Kino ist oder sich doch lieber mit einem Drink nach der Arbeit zusammen in die Abendsonne oder eine entspannte Bar setzt.

Es brauchte zwei oder drei Versuche, bis ich es heraushatte, bis meine Gedanken nicht ständig um die Frage kreisten, wie das Date lief, wie es noch verlaufen könnte oder ob es ein zweites geben würde. Ich saß nicht mehr so aufgeregt in der U-Bahn, dass mir schlecht wurde, ich zuckte nicht mehr innerlich bei jedem Satz, der nicht perfekt heraus- oder ankam, zusammen, ich verkrampfte nicht mehr, wenn ein kurzes Schweigen eintrat. Aber vor allem: Ich lernte die Männer kennen. Heath hatte ich vor lauter Nervosität kaum in die Augen schauen können, aber jetzt sah ich mir an, wer da vor mir saß, stellte Fragen, ließ sie beantworten und lernte Dates aus einem völlig neuen Blickwinkel kennen, indem sie sich gar nicht mehr erzwungen, sondern ganz natürlich anfühlten, obwohl sie so geplant, so verabredet waren.

Statt dem kleinen Schwarzen und hohen Absätzen, trug ich am liebsten ein Blumenkleid und Vans beim ersten Date, statt Martinis tranken wir Bier, und ganz langsam fand ich mich in die ungeschriebenen Spielregeln auf Tinder ein (Männer, die oberkörperfrei vor dem Fitti-Spiegel posen, sind dunkelrote Flaggen aus vielerlei Gründen, auf Gruppenfotos ist der Single-Typ immer der, den du eigentlich nicht willst, und »Was machst du gerade?«, an einem Samstagabend, ist keine Frage, sondern ein *booty call*), von denen ich keinerlei Ahnung gehabt hatte, als ich zum ersten Mal die App geöffnet hatte. Ich baute mit jedem unverfänglichen Date nicht nur Anspannung, sondern auch eigene Klischees ab, die ich bisher über das Onlinedating gehabt hatte. Natürlich nur, um Platz für neue zu machen – oder die, von denen es auf Tinder wimmelte, zu verstehen.

Da wären zum Beispiel Männer mit Hunden (je niedlicher das Hundebaby, desto unattraktiver vermutlich der Mann), mit Caps (um schütteres Haar zu verstecken) oder aber kopflose Spiegeltorsos von Männern, die entweder ihre Bauchmuskeln präsentieren oder ihre Identität verbergen wollen.

Es gibt Stereotypen, die in ziemlicher Regelmäßigkeit auftauchen. Einige davon habe ich gedatet, bereut und im Folgenden (absichtlich) ein wenig überzeichnet.

Der kleine Mann:
Eines vorweg: Weder mangelndes Haupthaar noch eine Körpergröße unter 1,82 Meter hat mich je von einem Date abgehalten. Das Problem am kleinen Mann ist nicht, dass er kleiner ist als der Durchschnitt, sondern dass er meint, seine Größe anderweitig kompensieren zu müssen. Einmal traf ich mich mit einem Typen, der sah auf Tinder sehr maskulin aus, Bart, Lederjacke, Tätowierungen. Wir verabredeten uns auf ein Bier, er war schon da, als ich kam, ich setzte mich zu ihm, wir unterhielten uns gut, und erst nach zwei Stunden, als wir gehen wollten, stand er zum ersten Mal auf.

Er war ungefähr so groß wie ich, vielleicht 1,70 Meter. Erwartet hatte ich das nicht, abgeschreckt hatte es mich aber auch nicht. Der Grund dafür, dass ich beim dritten Date die Reißleine zog, war sein ausgeprägtes Napoleon-Syndrom, das er zum Ausgleich für 15 fehlende Zentimeter Körpergröße entwickelt zu haben schien. Die ganze Zeit ein bisschen zu laut, ein bisschen zu angriffslustig und irgendwie wütend, ständig in antrainierter Verteidigungshaltung und permanent dabei, mir oder vielmehr sich selbst irgendetwas zu beweisen. Manchmal kann man diesen Typ schon an seiner Tinder-Bio erkennen, in der er – nennen wir es Erwartungsmanagement – betreibt. Da steht dann so was wie: »PS, ich bin 1,74 Meter, weil das ja irgendwie wichtig zu sein scheint.« Ist es eigentlich nicht, zumindest mir nicht, aber denen zu sehr. Und das ist der Punkt.

Der Weltenbummler:

Er ist in der Welt zu Hause. Auf seinem Tinder-Profil zeigt er sich beim Schnorcheln mit einem Walhai, neben dem Street-Food-Stand in Asien und mit Bier und seinen Jungs vor einer Palmenkulisse. (Je nach Fitnesslevel könnte auch noch ein Handstand bei Sonnenuntergang dazugehören.) Nur wird dir irgendwann auffallen, dass jedes dieser Bilder auf der gleichen Reise entstand. Thailand 2018, vermutlich über TUI gebucht.

Eng verwandt mit dem Weltenbummler: der Bali-Aussteiger. Hat drei Wochen in einem Airbnb in Ubud gewohnt, erst die perfekte Açaí-Bowl und dann sich selbst so sehr gefunden, dass er sein Wissen und die drei wackligen Yoga-Posen jetzt als »daily life lessons« auf Instagram weitergibt.

Der Hipster:

Er trägt die Haare lang, den Bart gepflegt, vermutlich hängt an seiner Wand ein Fahrrad und in seiner Küche weichen schon die Mandeln für den Almond Latte ein, den er dir am nächsten Morgen machen will. In seiner Freizeit geht er total gerne bouldern, seine Urlaube verbringt er in Schweden oder Südfrankreich, er könne sich aber auch Lissabon für den nächsten Sommer gut vorstellen. Auf den ersten Blick wirkt er so individuell wie die verschiedenen Möbelstücke in seiner Wohnung, beim näheren Hingucken fällt dir dann aber leider auf, dass dieser Mann nicht nur seinen Look, seinen Instagram-Auftritt, sondern seine ganze Persönlichkeit durchgeneriert hat.

Der Neue:

Er kommt gerade aus einer siebenjährigen Beziehung, will überhaupt noch nicht daten, will eigentlich nur seine Ex zurück, aber irgendwann haben ihm dann seine Kumpels ans Herz gelegt, sie zu vergessen. Also probiert er Tinder aus. Und findet dort dich: den Rebound.

Der Pumper:
Man sollte meinen, er hätte keine Chance mehr, man sollte meinen, wir alle wüssten, dass nichts Gutes von einem Mann kommen kann, der eine Baumarktkette über seinem Jack Jones-Shirt trägt und damit vor fremden Autos hockt. Aber der Pumper hat sich selbst vor dem Aussterben bewahrt. Hat sich weiterentwickelt und der natürlichen Selektion getrotzt. Er hat die Klischees, ja sogar die Mario Barth-DVD losgelassen, trägt jetzt Calvin Klein und Stan Smith und zu seinen umgeschlagenen Hosen gerne weiße, viel zu enge Hemden. Was geblieben ist, ist sein beschissenes Frauenbild. Das ist ein Typ, der mit dir schläft, dabei aber an Sophia Thomalla denkt (»voll die Hammerfrau!«), der, auch wenn er es dir natürlich nicht sofort laut sagt, innerlich noch immer fest davon überzeugt ist, dass Gleichberechtigung irgendwie falsch und Feminismus nur was für sexuell frustrierte Frauen ist. Er glaubt, dass es Winterfiguren gibt, die man bis zum Sommer wieder bekämpfen muss, und wenn du neben ihm einen glasierten Donut isst, überkommt es ihn vielleicht. Nicht vor Freude, sondern vor Kohlenhydraten.

Zwei miese Tinder-Dates (die euch genau so auch passieren könnten)

Eines vorweg: Ich habe auf Tinder mehr gute als schlechte Dates gehabt, ich habe hier zukünftige Freunde getroffen, die noch immer einen Platz in meinem Leben haben, ich habe kleine Abenteuer erlebt, habe mit Tore, dem Finnen, eine Hafenrundfahrt gemacht, habe mit Javi, dem Ingenieur aus Rhodos, in einer Bar in Athen über die Liebe philosophiert, habe mit der Zeit den ein oder anderen kleinen Liebeskummer mit einem neuen Date übermalt und am Ende schon ein großes Stück über mich gelernt, darüber, wonach ich mir Männer aussuche, welche Muster ich habe und wohin sie mich immer wieder führen.

Ich habe gelernt, mit Absagen umzugehen und sie auch selbst zu erteilen. Aber eins hat es dazu eben auch gebraucht: ein paar richtig schlechte Dates (die mittlerweile zu meinen besten Anekdoten zählen!).

Konstantin

Mein erstes Tinder-Date war vielleicht das mieseste Date, das ich je hatte. Aber auch eine der besten Geschichten. Ich matchte Konstantin binnen einer Stunde nach dem Download der App. Erst hielt ich ihn für ein Fake, denn Konstantin ist kein unbekannter Mann, wenn ich ehrlich bin, war ich auch schon mal in ihn verliebt, damals war ich 13 und er Mitglied einer erfolgreichen Boyband. Die Band hat sich längst aufgelöst, er ist heute Künstler, Wahlhamburger, Synchronsprecher, Drehbuchautor und – Single. Ein paar dieser Fakten erzählt er mir, andere finde ich online heraus. Was ich nicht finden kann, ist ein aktuelles Bild von ihm. Sicher, er hat einige Fotos auf Tinder hochgeladen, auf jedem davon wirkt er charismatisch – aber alle sind schwarz-weiß. Meine Suche nach einer unabhängigeren Bildquelle bleibt erfolglos.

Er schlägt vor, dass wir uns im Café Paris zum Abendessen treffen. Ich finde das für ein erstes Treffen und dazu noch an einem Mittwoch fast überzogen, aber als er darauf besteht, mich dorthin einzuladen, um mir sein Lieblingsgericht zu zeigen, willige ich ein.

»Hi, du musst Lina sein«, sagt er, als mich der Kellner zwei Abende später an einen Tisch in der ruhigeren Ecke des Restaurants führt. Hi, ich muss hier falsch sein, denke ich, lasse mich von ihm dennoch auf beide Wangen küssen und mir meine Jacke abnehmen. Sei nicht oberflächlich, ist das Erste, was mir in den Kopf kommt, als ich mich setze und ihn noch einmal ansehe, flüchtig, bloß nicht zu lange, bloß nicht starren, um nicht zu verraten, dass mir aufgefallen war, was man als unübersehbar bezeichnen konnte. Dieser Mann hatte nicht das Geringste zu tun mit dem, den ich auf Tinder getroffen, gematcht und mit dem ich mich zu einem Date verabredet hatte. Natürlich war er es. Aber nur irgendwie. Konstantin auf Tinder trug eine Brille, hatte längeres, dunkles Haar und ein wunderschönes Lächeln. Konstantin an diesem Tisch (und das sage ich so fair wie irgend möglich) wog nicht nur 25 Kilogramm mehr und hatte sein Haar gegen eine zottelige Halbglatze getauscht, sondern auch sein Lächeln gegen einen glasigen Blick. Auf keinen Fall wollte ich ihn blamieren, schon gar nicht nur auf sein Äußeres reduzieren, aber konnte ich die Kluft einfach ignorieren, die mit keinem Filter, und auch bestimmt nicht mit unterschiedlichen Lichtverhältnissen oder Betrachtungswinkeln zu erklären war? War das hier vielleicht ein Test? Schockte er vielleicht absichtlich mit diesem Auftritt, um herauszufinden, wer sich wirklich auf seine Persönlichkeit einlassen wollte? Ich beschloss, den Test zu bestehen, und konzentrierte mich für den Rest des Abends ausschließlich auf seine Geschichten, er hörte sich gern reden, ich fand das nicht schlimm, weil er tatsächlich interessant erzählte, aber als das Restaurant schließlich schloss und er noch auf einen Drink weiterziehen wollte, lehnte ich ab.

Konstantin fragte noch, ob ich gut nach Hause gekommen sei. Er fragte an einem Samstagabend auch noch mal, ob ich nicht noch zu ihm kommen wolle. Ich wollte nicht. Danach fragte er gar nichts mehr. Erst, als ich mich mit meiner Bekannten Tara zum Lunch traf, dachte ich überhaupt wieder an ihn.

»Ich muss dir was erzählen. Ich hab die verrückteste Datingstory erlebt. Ich war letzte Woche Donnerstag essen, mit diesem Typen, den ich getindert habe. Erst wollten wir uns nur auf einen Drink nach der Arbeit treffen, haben uns dann aber doch zum Abendessen verabredet. Und ich dachte noch so: ›Oh wow, Café Paris, das klingt ja fast ein bisschen fancy für ein erstes Date‹, aber hey, er wollte unbedingt.«

»Es ist wirklich schön dort«, warf ich ein. »Ich war letzten Mittwoch auch da.« In dem Moment begriff ich.

»Warte, lass mich ausreden, du weißt ja noch gar nicht, was dann passiert ist.«

Ich hatte eine Ahnung. Und wurde dann doch noch überrascht. Konstantin hatte uns nicht nur beide in das gleiche Restaurant, an zwei aufeinanderfolgenden Tagen geführt, er hatte uns auch die exakt selben Nachrichten geschrieben und nur Minuten voneinander entfernt abgeschickt. Copy, paste. Weil Tara am Mittwoch keine Zeit hatte, verschoben sie auf Donnerstag, weil ich keine Pläne hatte, passte der Mittwoch für ihn perfekt. Als ich am Samstag nicht auf seinen Vorschlag eingegangen war, hatte er Tara angeboten, ihr ein Taxi zu sich zu zahlen. Angesprochen haben wir ihn übrigens nie. Nicht direkt zumindest. Wir haben ihm einfach im exakt selben Moment die exakt selbe Nachricht gesendet: »Es ist vorbei, bye, bye ...«

Martin

Martin war eigentlich eine sichere Sache gewesen. Wir tinderten uns, als er nichts vor und ich einen Kater auf dem Herzen hatte. Er wollte ein Bier mit mir trinken gehen und ich mich von meinen verwirrten Gefühlen für Finn erholen, vielleicht nach einem netten Drink noch ein gutes Dinner, womöglich sogar ein Kuss an der Haustür. Ich brauchte eine kleine Lockerung für ein verspanntes Herz, und er erfüllte alle Kriterien. Zuerst einmal sah er nett aus, wirkte auf den ersten Blick wie einer, der dich zu Fuß zur Bar abholt, weil ihr den gleichen Weg habt. Er wirkte wie jemand, der nicht erwartet, dass du ihn beeindruckst, der deine Haare als ungemachte, spontane Duschknolle genauso schön findet wie die offenen Locken, die sich hinter dreißig Minuten präziser Arbeit verstecken. Ich glaubte, er sei jemand, der mit seinen Jungs am Wochenende gern mal zum Zelten loszieht, der in seiner Singlewohnung Wert auf einen Platz für sein Fahrrad, aber nicht auf Vorhänge legt, der als Lieblingsfilm einen Marvel-Kracher angibt und keine Anchovis mag, dafür aber Lasagne. Ich fand alles an ihm zwanzig Minuten lang sympathisch. Dann lernte ich ihn kennen.

Ich schlage ein Bier im Aurel in Ottensen vor. Das ist eigentlich so ein Ort, an dem nichts schiefgehen kann. Es ist gemütlich, die Tische sind klein, die Stimmung entspannt, im Sommer schließt der Außenbereich gegen 22 Uhr und bringt so ganz natürlich die Entscheidung »Drittes Bier oder U-Bahn?« mit sich.

Als wir ankommen, ist es voll, und weil Martin sich nicht vorstellen kann, auf einer Parkbank gegenüber oder sogar auf seiner Jacke auf dem Boden zu sitzen, nehmen wir bei 23 Grad Celsius Außentemperatur und an einem der schönsten Sommerabende Hamburgs an einem der vielen leeren Tische im abgedunkelten Innenbereich der Bar Platz.

»Ist ja nicht wirklich viel los hier«, findet Martin. Ich auch. Er besteht darauf, die ersten Drinks für uns zu holen. Als die beiden Barkeeper etwas länger brauchen, um ihn zu bedienen, wird er nervös, tritt vom einen aufs andere Bein, steckt die Hände in die Hosentaschen, lässt sie dann wieder fallen und seufzt hörbar auf. Als ich mich zu ihm geselle, um ihm die Wartezeit zu verkürzen, guckt er zuerst panisch auf seine Jacke, die gefaltet neben unserem – dem einzig besetzten – Tisch liegt und dann wieder auf den Barkeeper. Zu einem ersten lockeren Gespräch in der Schlange, bei dem man sich über den letzten Film, den Tag im Allgemeinen oder erste Basics, wie den Heimatort oder den jeweils bewohnten Stadtteil in Hamburg, austauscht, kommen wir nicht, denn ich bin die meiste Zeit damit beschäftigt, Martins Unmut über die Cocktailbestellungen der anderen Gäste mit beschwichtigenden Phrasen auszugleichen. Als wir schließlich bis zum Rand der Bar vordringen, erfahre ich zumindest, dass ihm der Laden prinzipiell sehr gut gefällt, er noch nie hier war, sich aber sofort wohlgefühlt hat – bis auf den langsamen Service. Immerhin. Ich lächle ihn kurz an und zum ersten Mal an diesem Abend schaut er mich mal richtig an. Lieb sieht er immer noch aus, wenn man ihn so schweigend betrachtet, ein bisschen aufgeregt, so als wüsste er gern, was er sagen sollte, aber käme vor Nervosität einfach nicht darauf. Ich beginne, mich wieder auf das Date zu freuen.

Martin bestellt ein Glas Wein, ich ein Bier. Leider wird das prompt zum Problem. Wie ihn das denn jetzt aussehen ließe, fragt er mich, noch mehr oder weniger rhetorisch und hechtet dann dem Barkeeper hinterher, um sich und seiner nun in die Pflicht gerufenen Männlichkeit nicht nur ein großes Pils, sondern auch noch zwei Jägermeister zu bestellen.

»Aber du kannst doch trinken, was du magst ...«, versuche ich es und bekomme ein gemurmeltes: »Ja, um dann wie so ein unmännlicher Depp auszusehen?« zurück. Martin kippt und wir verziehen die Gesichter. Er wegen des Drinks, ich, weil es erst zwanzig Uhr dreißig ist. Den Rest des Abends unterhalten wir uns über seinen Job, in dem er sich langweilt, wir erzählen uns von Ländern, die wir schon oder noch nicht bereist haben, er hat viel von Norwegen gesehen, ich nicht – und ich will mich gerade zumindest für einen Moment entspannen, vielleicht doch noch nach Sympathie zwischen den Zeilen und nicht nur nach einem Ausweg suchen, als wir irgendwie abrutschen und auf das Thema Kinder kommen.

Martin ist von den meisten genervt. Das finde ich nicht einmal schlimm, das allein ist noch kein Dealbreaker für mich. Ich kann mich noch gut an die Zeit erinnern, in der ich ähnlich dachte und von Kindern vor allem den Abstand suchte. Dann bekamen ein paar Freundinnen die ersten Babys, und irgendwann färbte das Gefühl, dass Kinder im Umfeld nicht nur Einschränkung und Veränderung, zerbrochene Gläser und Geräuschpegel bedeuten, sondern auch unheimlich viel Spaß, Bereicherung und geteiltes Glück mitbringen, auch auf mich ab.

»Ich bin auf gar keinen Fall bereit für Kinder, aber ich lehne sie auch nicht mehr kategorisch ab.« Genau dieser Satz von mir entfesselte irgendetwas in Martin. Gefühlte zwanzig Minuten ist er nicht zu bremsen, macht sich Luft über Kinder in der Bahn, im Café, im Flugzeug und vor allem in langen Schlangen vor ihm. Dass er nicht der geduldigste Schnäppchenshopper beim Samstagseinkauf ist, hatte ich mir nach seiner ersten Vorstellung an der Bar schon gedacht, aber jetzt steigert Martin sich so ungehalten in ein Level aus Frust herein, das ich sonst nur von Zugbegleitern des Brandenburger Nahverkehrs kenne.

»Mütter, die glauben, sie könnten mich frech darum bitten, sie mit ihren schreienden Kindern einfach so in der Schlange vor der kleinen Konditorei vorzulassen, denen erkläre ich erst einmal, wie es mit ihren schreienden Blagen läuft.«

Und gerade als ich ihm erklären will, dass ich die missgelaunten Mütter nicht vorließe, weil ich so viel entgegenkommender wäre als er, sondern es schlicht das anstrengende Erlebnis für alle Beteiligten, also auch für mich, deutlich verkürze, sagt er: »Ich glaube, den meisten Kindern fehlt einfach mal ordentlich eins hinter die Ohren. Wüssten die, dass da mehr Bestrafung kommt als Diskussion, würden die sich ganz anders verhalten.«

Als er meinen geschockten Blick viel zu spät bemerkt, versucht er zu schlichten: »Ja jetzt nicht verprügeln natürlich. Aber einfach Grenzen aufzeigen.« Mir fällt auf, dass er meine schon viel zu deutlich überschritten hat. Ich lege mir meinen Taschengurt über die Schulter und sage: »Du, ich glaub, bei dem Thema kommen wir gar nicht zusammen. Und ehrlich gesagt ...«, ich breche kurz ab und überlege, ob es Sinn macht, Martin zu sagen, dass ich eigentlich gehe, weil diese letzten zwei Stunden schlimmer waren als flaue Einsamkeit am Ende eines Sonntages, dass ich mich selten so schlecht unterhalten habe und mir ziemlich sicher bin, dass ich nicht die Einzige sein kann, der direkt aufgefallen ist, dass die angegebenen 1,80 Meter Körpergröße in seiner Profilbeschreibung ein ähnlich geschummeltes Wunschdenken wie sein Lebensmotto: »head up, heart strong, mind open« waren.

»... Also, ehrlich gesagt bin ich echt müde«, lüge ich, wähle den bequemen Ausweg aus einem Date, das keinen Moment länger andauern soll und will Martin gerade sich selbst überlassen, als er hinter mir herläuft.

»Warte, ich bring dich natürlich nach Hause.«

»Nein, Quatsch, die U-Bahn ist doch gleich da vorne.«

»Du nimmst ja wohl ein Taxi.«

»Brauch ich wirklich nicht.«

»Das kann ich nicht zulassen.«

»Ich glaub, du kannst da nicht wirklich viel machen«, sage ich schulterzuckend und gehe weiter, bis er mich noch einmal einholt.

»Du bist zwar 'ne ganz schön harte Nuss, aber ich knack dich schon noch.«

Abbruchsfreudig?

Zu meinen motiviertesten Zeiten bringe ich es auf bis zu drei Dates in der Woche. Man könnte sogar sagen: Wenn ich nicht selbst date, schreibe ich in meinen Kolumnen darüber oder werte sie mit Freunden aus, und wenn ich nicht schreibe, dann reise ich als Fotografin durch Europa, und selbst dort date ich immer mal wieder, zwar nie mit großen Absichten, aber doch, um ein gutes Gespräch bei einem Dinner zu führen, dabei noch einen Flirt zu genießen oder einfach einen freien Tag in einer neuen, unbekannten Stadt mit einem *local* auszukosten. Es sind aufregende, schnelle Monate; ich esse dienstags mit Marc, dem Englischlehrer, Pizza auf der Schanze und philosophiere über die britische Monarchie, am Donnerstagabend treffe ich mich spontan mit John, der für ein *internship* aus Colorado nach Deutschland gekommen ist und nur noch ein Wochenende lang in der Stadt bleibt. Am Freitagmorgen bringe ich ihn zur U-Bahn, bevor ich im Café die neue Kolumne fertigstelle. An Sonntagen bleibe ich im Bett, lese, bestelle mir Essen und am frühen Abend beginne ich ein paar neue Konversationen. Es ist eine gute Zeit, und von außen betrachtet, auf den flüchtigen Blick, wirkt sie wie etwas, das ich mir mal gewünscht hatte.

Es ist die Zeit, in der mein Blog stetig wächst, in der ich an jedem Wochenende etwas Neues erzähle, mich mal kürzer und mal länger in die Männer hineinstürze, um sie voll auszukosten, bevor sie von ganz allein wieder aus meinem Leben verschwinden, ohne dass ich sie zum Bleiben aufhalte. Mir geht es gut, mir bricht niemand das Herz und ich habe eine Menge zu erzählen. Ich bemerke nicht einmal, dass ich im November schon gar nicht mehr weiß, wen ich im August gedatet habe, dass ich Namen vergesse oder Gesichter, die ich zufällig in der U-Bahn treffe, sie nicht mehr genau zuordnen kann, bis mir auffällt, dass wir uns online mal gematcht, miteinander geschrieben, uns aber nie getroffen haben. Ich schwebe in dieser kleinen Tinder-Blase, in der jeder neue Mann auch eine neue Geschichte sein könnte. Ich glaube, ich hatte mich so an den Zauber der neuen Anfänge, die ich auf einmal genießen konnte, verliebt, dass ich mir kaum noch Gedanken darüber machte, was eigentlich mit den Enden war.

Ich habe Männer geghostet, die einfach ein bisschen zu schnell zu anhänglich geworden sind, zu viel von dem wollten, was ich nicht wollte und schließlich mein vorsichtiges Nein nicht verstehen konnten, am Ende sogar mehr Erklärungen wollten, als ich hätte finden können. Anstatt jemandem, der fragte, warum ich nicht mehr zurückschrieb, offen zu antworten: »Ganz ehrlich? Weil ich einfach wirklich viel zu tun hatte und realisiert habe, dass es für mich keine Priorität ist, mit dir Kontakt zu halten«, zog ich mich lieber zurück und erwartete, dass ein erwachsener Mann das stumme Signal erkannte. Ich fand das eleganter, höflicher und nicht unbedingt weniger straight. Rückblickend hatte ich vor allem eins nicht sein wollen: die Frau, die sich zu schnell verknallt, das suchende Klischee eines weiblichen Singles, Bridget Jones vor ihrem 30. Geburtstag – und mich damit in die nächste Oberflächlichkeit gestürzt.

In einem Datinggalopp, in dem meine Freundinnen sich über ständigen, stummen Abbruch beschwerten, sah ich überall neue Anfänge. Und bemerkte nicht, dass das im Grunde das Gleiche war – bis sich irgendwann das Blatt wendete. Bis ich mich mal wieder verknallte. Das hatte ich nämlich monatelang nicht getan.

Mein Blatt hieß Sam. Ich lernte ihn auf einer meiner Reisen nach Portugal kennen. Er begleitete die Gruppe als Filmemacher, ich als Fotografin und der Rotwein aus dem Supermarkt nebenan (den wir uns im Gegensatz zu den Minibarpreisen leisten konnten) unsere Abende. Fünf Tage lang war ich, während wir Material sicherten, SD-Karten und digitale Datenträger aufbereiteten, uns dabei durch seine achtzig Playlists hörten und schließlich die geschmuggelten Gläser der Hotelbar auf der geschlossenen Dachterrasse mit dem billigen Barolo füllten, immer wieder kurz davor, ihn zu küssen, aber tat es nie, nicht einmal, als er mich am letzten Abend bis zu meiner Zimmertür brachte und noch ein bisschen, sogar noch ein bisschen länger, vor ihr stehen blieb, bevor er doch nur schief grinste, sich umdrehte und zurück auf sein Stockwerk fuhr.

In der gleichen Nacht noch durchscrollte ich seine Postings, seinen Feed und sogar sein altes Facebook-Profil (nicht wie Joe Goldberg, okay! Das will ich klarstellen. Nicht mit einem Plan, sondern einem kleinen Kribbeln im Bauch). Er interessierte mich. Ich hatte fast eine Woche am Stück mit ihm verbracht, das war rein rechnerisch zu dem Zeitpunkt mein längstes Date überhaupt (Textingzeiten mal ausgeklammert) – und er gefiel mir. Sein Humor gefiel mir, ich mochte, wie kreativ er war, hörte seinen Storys und seiner Stimme gern zu und sein Gesicht (das mir auf Tinder zugegebenermaßen nicht aufgefallen wäre) fand ich mit jedem der fünf Tage ein bisschen interessanter.

Da er in München und ich in Hamburg wohnte, verabredeten wir ein Wiedersehen, sobald es mich oder ihn in die jeweilige Stadt verschlagen würde. Normalerweise brachte mein Job mich alle zwei bis drei Monate mal nach Bayern, für Sam suchte ich heimlich nach einer Ausnahme – und fand sie. Nur eine Woche nach unserer Lissabonreise nahm ich ein Jobangebot für ein Interview mit einer deutschen Schauspielerin an, das mir zwar viel Arbeit und kein Gehalt, aber immerhin ein Ticket nach München brachte.

Als ich Sam gegen zwanzig Uhr in der Maxvorstadt traf, hatte ich außer dem Lufthansa-Kaffee und Karottenstiften nichts im Magen, dafür aber direkt einen Shot Wodka vor mir.

»Auf einen richtig miesen Tag!«, sagte er, prostete mir zu und orderte mit einem Nicken in Richtung Bar direkt die nächste Runde. Seine Agentur hatte ihm heute das Budget für die Reportage in Kenia entzogen. Stattdessen sollte er die Hopfenernte in Niederbayern begleiten. Es war klar, dass er heute etwas Stärkeres brauchte, und so sehr ich mich auch freute, dass er unser Date nicht abgesagt, sondern mich zu seiner Verbündeten gemacht hatte, so unlösbar erschien mir die Aufgabe, mit seinem Tempo ohne jede Grundlage mitzuhalten. Mit jedem Shot, der viel zu schnell und viel zu leicht herunterging, machte ich mich auf die Wirkung gefasst, die spätestens einschlagen würde, wenn wir wieder an der frischen Luft wären. (Erst viel zu spät erinnerte ich mich an diesen Trick, den ich mal im 90er-Streifen *Coyote Ugly* gelernt hatte: den Shot im Mund behalten und zurück in die Bierflasche spucken, mit der man vermeintlich nachspülte.)

Als wir gegen zwei Uhr aus der Bar schwankten, konnte ich von Glück sprechen, dass Sam genau so betrunken war wie ich. Und als wir diesmal schließlich nicht wieder vor meinem Hotelzimmer, sondern seiner Haustür standen, wusste ich nicht, ob es der Alkohol oder der Kuss war, der mich straucheln und uns fast in den Flur fallen ließ.

»Das wollte ich seit Portugal machen!«, raunt er mir ins Ohr, kickt sich schwankend die Schuhe von den Füßen und zieht mir den Pullover über den Kopf.

»Dich für knapp hundert Euro an Wodka betrinken, bis du dich von innen auflöst?«

»Dich endlich richtig küssen!«

***

Als ich aufwachte, lag ich auf der Couch. Ohne Sam, der schlief auf dem Holzfußboden neben mir. Es dauerte einen Moment, bis ich mein Handy fand und erschrak. 05.45 Uhr. Um sieben Uhr ging mein Rückflug, und ich hatte noch eine Taxifahrt von gut vierzig Minuten bis zum Flughafen vor mir. Ich richtete mich ruckartig auf – und bereute es sofort. Während der Raum sich drehte, schlug ich mir die Hand vor den Mund und zwang mich, tief und langsam zu atmen.

Zehn Minuten später stand ich auf der Straße und stieg in den heranrollenden Wagen. An der ersten Tankstelle hielten wir, damit ich Wasser kaufen konnte. Ich hatte Sam nicht geweckt, die Tür nur leise ins Schloss fallen lassen und mir meine Schuhe auf dem Gehweg angezogen. Wenn ich Glück hatte, verschlief er auch, wenn ich noch mehr Glück hatte, kam er erst heute Abend wieder nach Hause. Und ging vielleicht nicht mal ins Wohnzimmer, sondern direkt ins Bett. Vielleicht musste ich gar nichts erklären, vielleicht fiel es ihm nicht einmal auf.

Wie oft leistete er sich in dieser beigen Wohnung wohl eine Putzfrau? Ich konnte nicht glauben, dass ich ihm gerade auf die Velourscouch gekotzt hatte.

***

Eine Woche hielt ich es aus. Eine Woche, in der er mir weder schrieb noch auf Social-Media-Postings reagierte, kein Like unter einem Bild und auch keinen Anruf hinterließ. Eine Woche absolute Funkstille.

»Warum schreibst du ihm nicht einfach?«, fragt mich Anika, als wir am frühen Sonntagabend telefonieren.

»Was soll ich denn schreiben? Hey, wie war deine Woche?«, so als wäre nichts gewesen, als hätte ich nicht zwölf Wodka-Shots hinter sein Sofakissen gespuckt?«

»Zugegeben, ungünstige Situation – aber vielleicht wartet er ja auch einfach drauf, dass du dich meldest? Du entschuldigst dich, es ist kurz peinlich und dann könnt ihr weitermachen?«

»Ich weiß nicht …«

»Was bleibt dir denn anderes übrig?«

Nach dem *Tatort*, von dem ich weiß, dass er ihn nie verpasst, überwinde ich mich und tippe:

»Durchschaubar! Natürlich war es die zweite Ehefrau.«

Er liest es sofort und antwortet: »Logisch! Ohne Scheidung auch kein Mord. Es gibt keinen Münchener Tatort ohne christliche Moral!«

Ich muss grinsen. Es wäre zu schade, wenn das hier aufhört, nur weil ich zu feige war, ihm die Sache mit dem Sofa zu beichten.

»Ich muss dir da noch was sagen. Eigentlich muss ich da nur was zugeben.«

»Was meinst du?«

»Das mit deinem Sofa … das war ich.«

»Echt jetzt?!«

»Tut mir echt leid, dass ich so feige abgehauen bin und kein Wort dazu gesagt hab.«

»Ehrlich gesagt dachte ich, dass ich das war.«

»Was?!«

»Na ich bin aufgewacht, du warst weg, keine Nachricht. Und dann hab ich die Geschichte mit dem Sofa gesehen.«

Ich breche in schallendes Gelächter aus. Und bin ziemlich erleichtert.

»Ich kann nicht glauben, dass wir uns deswegen fast eine Woche lang geghostet haben!«

Als er darauf nicht mehr antwortet, gehe ich davon aus, dass er eingeschlafen ist. Als ich auch zwei weitere Tage nichts von ihm höre, rufe ich ihn an.

»Sorry, tut mir echt leid, ich wollte dir noch antworten. Aber dann kam mir irgendwie der neue Film dazwischen und ich hab's total verplant.« Ich kenne diese Ausrede, ich habe sie selbst schon benutzt und gehofft, dass sie reicht.

»Sag mal, bereust du, dass du mit mir geschlafen hast?«, frage ich ihn direkt und mache die Augen zu. Ich weiß, was jetzt kommt, ganz egal, wie er es verpackt.

»Na ja, nicht unbedingt bereuen. Aber ich weiß nicht genau, was du ... dir erhofft hast?«

»Du hättest mich fragen können, Sam.«

»Ja, das ist nur immer so unangenehm. Also ich fand's schön mit dir. Aber irgendwie hat es nicht ... genug gefunkt?«

»Wir haben uns in einer Bar betrunken. Ich kann mich ehrlich gesagt nicht erinnern, was oder wie viel an diesem Abend gefunkt hat, aber vorher, in Portugal ...«

»... fand ich dich total anziehend. Und das bist du ja auch. Aber ich glaub, ich hab am Anfang nicht klar gemacht, dass ich gerade wirklich überhaupt nichts Festes will. Oder es zwischen uns irgendwie nicht dafür reicht ... tut mir leid.«

»Stimmt, denn dann hättest du ja riskiert, dass ich vielleicht nicht mit dir geschlafen hätte – oder wie ist das?«, unterbreche ich ihn, bevor ich wütend auflege.

Ich tat ihm nicht den Gefallen, mich zu fragen, was ich falsch gemacht hatte, warum er sich nicht zumindest ein bisschen in mich verknallt hatte, ich analysierte nicht, ob es die Entfernung war, ob es eine andere Frau gab – aber ich kam trotzdem nicht umhin, mir Gedanken zu machen. Warum hatte er uns nicht zumindest ein bisschen mehr Platz für eine Chance eingeräumt? Warum brach er es ab – bevor er überhaupt wissen konnte, wie sich die Dinge noch entwickeln würden?

Vielleicht war es der Moment, in dem mich mein Datingkarma einholte, vielleicht auch einfach einer, der passieren musste, um mich aufzuwecken, mir den Spiegel vorzuhalten und eine der wichtigsten Fragen zuzulassen, die ich monatelang vermieden hatte: Warum war es meistens schon vorbei, bevor es überhaupt angefangen hatte? Warum waren unsere Dates so verdammt abbruchsfreudig?

Und dann begriff ich: Nicht selten hatte auch ich Aufmerksamkeit oder Zuneigung ausgekostet und mir erst danach die Frage gestellt (oder für mich beantwortet), wie viel Interesse ich wirklich an diesem Menschen hatte, den ich noch nicht einmal kennen konnte. Wie oft hatte ich lieber ein neues Match gedatet, als mich bei einem zweiten Date wirklich tiefer für den Mann mir gegenüber zu interessieren, mit dem es beim ersten vielleicht nicht sofort geknistert hatte? Ich hatte mich so sicher und so gut in meiner Routine von leichten Dates gefühlt, dass mir gar nicht aufgefallen war, wie lange ich mich schon nicht mehr verknallt hatte. Wie schön das eigentlich war – und wie schade, dass wir uns so oft gar nicht die Chance dazu gaben. Nicht einmal, weil wir »Angst« davor (wie so viele glauben) hätten, sondern weil uns manchmal gar nicht mehr auffiel, wie schnell wir uns bewegten, für wie unabhängig wir uns hielten, wenn wir nichts investierten – und wie viel wir dabei verpassten.

Als ich auf all die Dates zurückschaute, wirkten sie auf mich plötzlich nicht mehr wie eine Aneinanderreihung neuer Anfänge, sondern austauschbar, *shallow* und – unheimlich anstrengend. Ich kam mir vor wie ein Pauschaltourist, der alle Sehenswürdigkeiten abklapperte, sie kurz fotografierte, dann weiterzog und ein volles Album voller angeblicher, großartiger Momente mitbrachte, ohne wirklich in einen davon eingetaucht zu sein. Und auf einmal – änderten sich meine Bedürfnisse.

Was mir vorher so viel Spaß gemacht hatte, passte auf einmal nicht mehr. Ein paar Monate lang nur Geschichten und Erfahrungen zu sammeln, war großartig gewesen. Aber irgendwie hatte ich genug. Statt vier Konversationen am gleichen Abend zu führen, statt Dates zu meiner Freizeitbeschäftigung zu machen, kam auf einmal ein Bedürfnis zurück, das ich lange nicht gehabt hatte: das Bedürfnis danach, mal wieder jemanden kennenzulernen, wirklich zu daten, mich zu verknallen und es zu genießen.

***

Vielleicht verlor ich dadurch mein Mojo, vielleicht war es nur ein komischer Zufall, aber in dem Moment, als ich beschloss, wieder ein bisschen mehr zu wollen als die Maximalanzahl von drei Dates und zwei Nächten, als ich nach ein bisschen mehr Verbindung als nur dem Insta-Handle suchte und mich merklich sehr viel mehr auf die Männer einlassen konnte und wollte, die ich da traf, schien alles um mich herum nur noch schneller zu enden. Ich hatte nun nicht mehr die hundert neuen Anfänge im Kopf, sondern blickte auf einmal selbst auf eine Vielzahl überstürzter Enden. War das also der schmale Grat, auf dem sich Dating gut anfühlte? Dass wir entweder nichts wollten und das genossen, was wir dadurch haben konnten, oder dass wir so lange mehr wollten, bis wir abbrachen? Das konnte nicht alles sein …

Unsere Beziehungen sind so abbruchsfreudig wie nie zu vor. Auf einmal findest du dich in einem Dschungel aus *matching, ghosting, soft ghosting, benching, orbiting* oder sogar *mosting*. Wir haben so viele Worte dafür, warum und wie man Dates loswerden kann. Warum fehlen sie uns dann, wenn wir voreinander stehen?

Auch ich habe schon Dates geghostet, habe Matches auf Tinder ohne weitere Worte aufgelöst, wenn ich meine Entscheidungen am nächsten Morgen bereute. Pessimisten würden jetzt behaupten, dass unser Datingverhalten uns abgestumpft, Menschen einfach löschbar, wegwischbar gemacht hat. Aber ganz ehrlich? Das ist nicht neu! Neu ist nur, dass wir heute eben eine Konversation löschen, anstatt unbemerkt aus der Bar zu verschwinden, ohne dem Typen unsere richtige Telefonnummer gegeben zu haben.

Ghosting – »Ich will dich nicht wiedersehen und es dir auch nicht erklären!«

Soft ghosting – »Ich will dich nicht wiedersehen und es dir auch nicht erklären, aber dir manchmal noch betrunkene Nachrichten schreiben.«

Benching – »Ich will dich nur wiedersehen, wenn ich nichts Besseres finde, aber das kann ich dir natürlich jetzt nicht so erklären. Also: Warte bitte, ich melde mich wieder!«

Orbiting – »Ich will dich nicht wiedersehen, aber ich will wissen, was du machst, darum schaue ich mir weiterhin deine Storys und Postings an. Falls ich dabei etwas like, mach dir keine Hoffnungen, das war ein Versehen.«

Mosting – »Ich will dich vermutlich nicht wiedersehen, aber vorher will ich noch mit dir schlafen, also verspreche ich dir jetzt alles, was ich nie vorhabe zu halten!«

Liegt es daran, dass wir Perfektion von unserem Partner erwarten? Oder hatten wir von Anfang an nie vor, einander länger als zwei Monate zu genießen, und dann soll vor allem der Spaß stimmen?

Verlangen wir deshalb voneinander, dass wir keine Ansprüche, aber ähnliche Interessen und ein ansprechendes Äußeres zur Verfügung stellen? Wir verbringen gern Zeit miteinander, wir mögen einander, wir müssen uns füreinander nicht anstrengen, wir sind schön miteinander, wir haben tollen Sex miteinander. Und dann brennen wir aus wie ein Streichholz, für alles andere ist keine Zeit – oder der Aufwand zu groß, oder aber die Spannung hinter der Fassade der offensichtlichen Gemeinsamkeiten reicht nicht.

Kann es sein, dass wir daten, wie wir Prospekte durchblättern, wie wir nur die Headline lesen, weil unsere Aufmerksamkeitsspanne für den Rest nicht ausreicht? Wie sollen wir uns auf einen ganzen Menschen einlassen, wenn wir uns ja kaum noch auf einen Artikel, der länger als eine Instagram-Caption ist, konzentrieren können? Oder liegt unser mangelndes Durchhaltevermögen, die Sprunghaftigkeit oder die übersättigte Langeweile vielleicht sogar daran, dass wir nach den reißerischen Überschriften, nach den Kurzgeschichten, die uns angezogen haben, einfach keine echten Menschen mehr finden? Gar nicht finden wollen?

»Zeig bloß nicht zu viel von dir«, gab mir ein Freund als gut gemeinten Ratschlag mit und erklärte mir, dass für die ersten Dates 25 Prozent Persönlichkeit und acht Prozent Einsatz ausreichten, um sorgsam mit der eigenen Energie und dem Herzen umzugehen. Für mich klang das wie: Sei die leicht verdauliche Version von dir, schneide nur die emotionsreduzierten Themen an. Aber hey, wenn es mich aus der Defensive zurück in die Offensive, überhaupt zurück ins Spiel brachte, das mir vorher so leichtgefallen war – würde ich es probieren.

Ich versuchte mit meinen 25 Prozent die tollste, entspannteste, lässigste, aufregendste, leidenschaftlichste und gleichzeitig gleichgültigste Version von mir zu sein, die ich bieten konnte – und fühlte mich so eingesperrt, so falsch und so unecht dabei. Auf einmal hatte ich das Gefühl, dass wir alle nur noch gegen unsere Enden, gegen die Abbruchsrate andateten, sie mit allem Aufwand zu verhindern versuchten, eine antrainierte Gratwanderung vollführten, um das Interesse des anderen zu wahren. Es war, als würde ich uns dabei zusehen, wie wir uns alle, ganz egal, wer wir waren oder was wir wollten, zurück in »Cool Girls« verwandelten.

Das »Cool Girl« war schon immer – und ist gerade in einer schnellliebigen Datinggeneration die erfolgversprechendste Rolle, die eine Frau einnehmen kann. Ein »Cool Girl« in der heutigen Datingwelt zu sein, bedeutet, dass ich eine heiße, brillante, schlagfertige und unabhängige Frau bin, die Bier und harte Drinks, Deutschrap und Gaming liebt, die in ihrer ausgeliehenen Jogginghose trotzdem noch ihren engen Bodysuit trägt und damit die perfekte Balance aus lässig und *bangable* ist, die außerdem offen für spontane Dreier und Analsex ist und es liebt, darüber zu reden, die sich nachts noch vier McDonald's-Cheeseburger in den Mund stopfen kann, während sie irgendwie die Größe 36 beibehält. Denn das ist noch so ein Punkt: »Cool Girls« sind vor allem heiß. Und »Cool Girls« werden niemals wütend – »Cool Girls« kennen keine Vorwürfe, sie machen keine »Szenen« und sie öffnen dir auch um zwei Uhr morgens noch die Tür, obwohl ihr um 21 Uhr verabredet gewesen wart. Anders als die anderen Frauen dort draußen, die tatsächlich Ansprüche stellen. Sie sind easy, sie verstehen Männer. Sie kommen sowieso besser mit ihnen klar, logisch, sie sind einfach nicht der Typ für Drama oder Gossip, und sie haben auch kein Problem damit, sich Männern anzuschließen, um andere Frauen zu kritisieren oder zu demütigen. »Cool Girls« sind nur ironisch auf Instagram unterwegs, sie suchen keinen »Instagram Husband«, sie haben es überhaupt nicht nötig, sich in dieser seelenlosen App wie alle anderen Frauen darzustellen – und tun es dabei trotzdem. Sie sind die Ersten, die bei sexistischen Witzen mitlachen und die gelegentliche Frauenfeindlichkeit am Tisch? Mit der kommen sie klar. Allein schon, um nicht eine der vielen anderen Frauen zu sein. »Cool Girls« verlässt man nicht. In »Cool Girls« verlieben sich alle, einfach so, einfach weil sie so süß und gleichzeitig so dirty sind, ohne dass sie sich dafür bemühen müssten. Und darum hassen die meisten Frauen sie ja auch.

Bullshit.

Männer glauben noch immer, dass »Cool Girls« existieren. Weil wir sie so verdammt gut spielen. Bis wir es nicht mehr tun.

Ich erinnere mich an meinen Bekannten Hendrik, der eine Frau namens Laura datete. Laura war ein durchschaubares (perfektes) »Cool Girl« – für drei Monate. Länger hielt ihre Fassade nicht. Vielleicht, weil es zu anstrengend geworden war, sich in diese Rolle zu pressen, vielleicht, weil er ihr mittlerweile zu viel bedeutete, vielleicht, weil sie nie vorgehabt hatte, wirklich ein »Cool Girl« zu bleiben, sondern nur, den Mann lange genug zu halten, um die Abbruchsrate zu durchbrechen.

»Irgendwie geht mir das immer so. Ich lerne eine Frau kennen, sie ist aufregend, sie ist toll, sie ist alles, was man sich wünschen kann, ich verliebe mich in sie – und sobald ich eine Beziehung eingehe, ist auf einmal alles anders. Kein Wunder, dass alle Single bleiben.«

Ein Teil von mir bemitleidete Hendrik, der andere Teil wurde wütend und hätte ihm nur zu gerne gesagt, dass nicht die Beziehung, sondern sein blinder Frauengeschmack das Problem war. Dass er sein Leben lang auf Frauen reingefallen war, die ihm den Stereotypen vorgespielt hatten, den er aus Pornos und stumpfen *actionscripts* kannte. Aber ich konnte nicht. Zu sehr traf er ins Schwarze. Denn die Wahrheit war: An der Abbruchsrate unserer Beziehungen waren wir alle gemeinsam schuld.

Nicht die Beziehung war das Problem, wir waren es. Wir sabotierten uns gegenseitig, machten einander etwas vor, wollten so unbedingt aufgeklärter und freier sein, aber waren trotzdem so festgefahren in toxischen Rollenbildern, die wir zwar offen verteufelten, aber insgeheim trotzdem immer wieder bedienten. Wir filterten unsere Persönlichkeiten genau so wie unsere Gesichter, und so lange, bis wir uns ohne Filter nicht mehr wiedererkannten, ohne sie sogar irgendwie enttäuscht waren. Und filterlos sind wir immer dann, wenn wir wirklich lieben.

Ich habe keine Lösung dafür. Ich kann in diesem Buch keinen allgemeinen Plan anbieten, der Dating endlich ehrlicher, weniger abbruchsfreundlich, weniger schnelllebig macht, aber nach dieser Erkenntnis legte ich eine neue Regel für mich selbst fest: Ich würde von nun an sein, wer ich war, und ich würde mir vor allem erst einmal Mühe geben, das herauszufinden. Ich würde mehr sein als ein starker Drink und ein Musikgeschmack.

Ich glaube daran, dass ein ehrliches Auftreten auch ein ehrliches Dating möglich macht. Zu den eigenen Gefühlen authentisch zu stehen, macht Beziehungen nicht weniger abbruchsfreudig, aber es sorgt für Antworten. Wenn dich jemand längst toll findet, kannst du ihn auch mit hundert Prozent von dir nur bedingt verschrecken. Wenn dich jemand aus unterschiedlichsten Gründen nicht toll genug findet, kannst du dich noch so sehr um die magische Lightversion bemühen, sie wird vermutlich nicht ausreichen.

Also ja, so einfach und platt, wie es klingt: Steh zu deinen Gefühlen! Nicht zu allen 332, die du täglich so fühlst, aber zu denen, die bleiben. Sei zu deinem Gegenüber genau so ehrlich, wie du es zu dir selbst bist. Dann braucht es keine fünfzig Botschaften, die alle irgendwie sagen: Ich mag dich. (Oder eben: Ich mag dich vielleicht doch nicht.) Dann braucht es nur eine, vielleicht zwei. Und danach bekommst du deine Antwort.

Das gilt übrigens nicht nur für Dates, sondern generell.

Fang an, dir die richtigen Fragen zu stellen: Was willst du wirklich? Was willst du von der Liebe? Was willst du von einem Mann?

Was will ich von einem Mann?

Ich zog mich in den folgenden Wochen von Tinder zurück. Ich löschte die App nicht dramatisch von meinem iPhone, sondern ignorierte sie einfach, wie ein schnelles Fertiggericht, das noch im Gefrierfach lag, aber das man gerade einfach nicht mehr sehen konnte. Kein Match, keine Suche nach ein Uhr, kein Streifzug, keine Gespräche in Bars. Ich brauchte ein bisschen Ruhe von den kurzweiligen Endorphinen und chemischen Prozessen rund um das limbische System.

Auf keine der Fragen, die ich im letzten Kapitel aufgeworfen habe, hatte ich in der Zeit mit Finn, mit all den Tinder-Boys und schon gar nicht mit Sam oder Heath eine Antwort gefunden. Wann auch, ich war so beschäftigt gewesen, mein neues Dating-Ich zu genießen, dass neben dem Schreiben, den Fotoprojekten und Reisen kaum Platz und Zeit für Antworten gewesen war.

Für ein paar Monate blieb ich date-frei. Wenn ich mit Freunden ausging, sah ich mich nicht um, wenn ich auf Partys oder zum Essen eingeladen war, fragte ich nicht vorher nach, welcher der Männer Single war, um mich dann später, für den Fall, dass er mir gefiel, in seine Nähe zu setzen, ich verpasste Flirts absichtlich.

Und trotzdem hatte ich ihn kennengelernt. Er brauchte eine Steckdose, ich eigentlich nur meine Ruhe, aber da er nicht aufhörte, mir Fragen zu stellen, kamen wir ins Gespräch. In ein gutes, eines, das zu einer Verabredung am nächsten Tag und einer dritten in der kommenden Woche führte. Zwei Dates, ein Kuss und sein Name, den ich ein paar Tage später, als ich mich mit meinen alten Kommilitoninnen traf, in zwanzig Minuten gut vier Mal erwähnt hatte, waren Grund genug für meine Freundinnen, die klassischen Fragen zu stellen:

»Wie heißt er?«

»Felix.«

»Wie habt ihr euch kennengelernt?«

»In einem Café.«

»Wie war das Date?«

»Wirklich schön, wir haben viel geredet, er ist interessant, und der Kuss war toll.«

»Was habt ihr unternommen?«

»Er hat für mich Spaghetti gekocht.«

»Was für einen Job hat er?«

»Er ist Grafiker.«

»Wo wohnt er eigentlich?«

»Eimsbüttel, also in der Nähe.«

»Wie alt ist er eigentlich?«

»24.«

Meine Freundinnen sehen mich verständnislos an. »Bist du verrückt? 24? Das ist doch noch ein Kind!«, Katharina, mittlerweile verlobt (es wäre ihr wichtig, dass ich das zuerst erwähne) und Einkäuferin bei Peek & Cloppenburg, schien der Schlag getroffen zu haben, aber auch alle anderen machten unsichere Gesichter.

»Warum ist es euch so wichtig, wie alt er ist? Das ist doch völlig egal?«

»Na ja, irgendwas zwischen 28 und 32 sollte er schon sein. Meine Mutter hat immer gesagt: Eine Frau ist immer ein paar Jahre reifer und erwachsener als ein Mann, also such dir einen, der drei Jahre älter ist als du, nur so machst du den Rückstand wett.«

»Das hat dir nicht deine Mutter gesagt, das hast du aus irgendeinem Magazin. Und es ist Blödsinn.«

Katharina schüttelte den Kopf: »Lina, ich weiß, du bist im Herzen ein Hippie und ein Freigeist und glaubst nicht an Klischees oder Regeln, und irgendwie liebe ich das ja auch an dir, aber wenn du wirklich irgendwann mal raus willst aus dem Hamsterrad der Dates ohne große Zukunft, dann musst du dich nach jemandem umsehen, der es auch schon hinter sich hat, der nicht nur nach Spaß, sondern auch nach Zukunft sucht, der bereit ist, sein Leben wirklich in die Hand zu nehmen. Und dafür gibt es eben nur eine Altersspanne: alles ab 28!«

»Und was passiert, wenn ich jemanden finde, der in einer langen Beziehung gesteckt hat? Sich jetzt mit dreißig getrennt und nun das Bedürfnis hat, seine von dir so zeitlich festgenagelten ›Zwanziger‹ nachzuholen? Ich meine, sicher, es gibt gewisse Eckpunkte, Zwischenziele und Flaggen, wie zum Beispiel mit 18, wenn man auszieht oder sein Abi macht oder Anfang zwanzig, wenn man anfängt, seinen Platz in einer neuen Stadt und auf sich allein gestellt zu finden – an denen sammeln wir Erfahrungspunkte, aber das erklärt die Frage nach dem Alter noch lange nicht. Ich wage sogar die steile These, dass auf jeden unreifen Mann in den Zwanzigern ein ebenso unsicherer in den Dreißigern folgt, dass viele Männer vielleicht mit 24 schon wissen, was sie wollen, wenn auch noch nicht genau, wie sie es erreichen oder in welchem Umfang sie daran festhalten sollen, während andere mit 35 noch auf einer Prepaidkarte und den Ratschlägen ihrer Mutter hängen geblieben sind.«

»Das mag ja alles sein – aber du datest jetzt doch nicht, nur um die Ausnahme zu beweisen, ernsthaft weiterhin einen Typen, der eingeschult wurde, als du deinen Führerschein gemacht hast, oder?«

»Du übertreibst!«

»Ja okay, gerade vielleicht. Aber mal ehrlich, was kannst du von der Geschichte schon erwarten?«

Da war sie wieder, die Frage, die neuerdings immer wieder in meinem Kopf auftauchte: Was erwartete ich eigentlich? Was erwartete ich überhaupt von einem Mann? Wenn ich meine mentale Suchmaske, das allgemeine Bauchgefühl, aus dem heraus ich in den letzten Jahren nach rechts geswipt hatte (und das ich bisher nicht hinterfragt hatte) einmal analysierte, sah meine Perspektive nämlich gar nicht so anders aus, als die, die Katharina aufgemacht hatte: Mich interessierten offenbar Männer zwischen 27 und 32 Jahren, bereits im Job, bereits mitten in verwirklichten Plänen. Ich mochte es, wenn jemand in irgendeiner Kategorie, sei es ein Sport, ein bereistes Land oder auch nur ein Hobby – mehr Erfahrung als ich selbst hatte. Ich mochte es, wenn jemand es mit mir aufnehmen – mir aber auch manchmal etwas vormachen, mich mit neuen Eindrücken oder Horizonten bereichern konnte. Und wenn ich ganz ehrlich war, dann zog mich auch jemand an, der mir Sicherheit geben konnte. Lasst uns nicht gleich *Daddy issues* daraus machen, aber ich gehe so weit zuzugeben, dass ich, zumindest bis hierhin, nicht nur nach einem ebenbürtigen Partner suchte, sondern vielleicht sogar nach jemandem, der mir ein bisschen die Suche nach dem richtigen Weg abnehmen konnte, wenn mir danach war, es mir leicht zu machen, weil er schon wusste, wo es langging.

Aber war das noch so? Brauchte ich das wirklich? Wollte ich den Versorgertyp, der mich retten konnte, wenn es nötig war, brauchte ich jemanden, der einen genauen Plan A hatte – damit ich meinen eigenen Weg gehen, aber notfalls auf seinen Plan zurückgreifen konnte? Und wenn mich das Alter eines Mannes, den ich spontan kennenlernte, nicht interessierte, warum legte ich es dann auf Datingportalen überhaupt schon vorweg fest? Je länger ich diese Charakteristik hinterfragte, desto kleiner, eingeschränkter und überholter kam sie mir vor.

Ich war mittlerweile seit ein bisschen mehr als drei Jahren Single, mein Job hatte sich gefestigt, ich verdiente gut mit dem Blog und mit meiner Fotografie, meine Kolumne hatte mir neue Projekte, sogar die Idee, ein Buch zu schreiben, eröffnet, ich war umgezogen, raus aus der Post-Beziehungswohnung, rein in eine kleinere, aber dafür so viel persönlichere Wohnung in Eimsbüttel. Ich hatte sie sorgsam eingerichtet, hatte in ein paar neue, hochwertige Möbel investiert, hatte einiges selbst gebaut, hatte tapezieren gelernt und nächtelang allein oder mit Freunden die Wände gestrichen, Lampen aufgehängt oder Küchengeräte angeschlossen und verkleidet. Ich war stolz auf das Zuhause, das ich mir geschaffen hatte, ich war stolz darauf, dass ich mir gerade eine eigene Existenz aufbaute. Ich wollte keinen Mann, der mir ein Heim schaffen würde, ich hatte das selbst getan.

Ich hatte einen großartigen Freundeskreis und eine wunderbare Familie. Mein Leben war gut – und ich vertraute mir mittlerweile genug, um auch die ungewissen Chancen allein anzunehmen, die Herausforderungen anzupacken und ohne sicheren Plan B zu meistern. Wenn ich ihn brauchte, würde mir etwas einfallen. Mir fiel immer etwas ein. Und erst jetzt wurde mir klar, wie stolz ich darauf sein konnte, wie sehr ich mir eigentlich selbst vertraute und wie gut ich meine Träume und mein Leben meisterte.

Es braucht keine starke, neue Perspektive, es hält sich selbst, es weiß, wohin es will und was es von sich und der Zukunft erwarten darf. Mich muss kein Mann zwingend ausfüllen, mich pushen, fangen, mitreißen oder beschützen. Was nicht heißt, dass ich mich losreiße, wenn er meine Hand ab und zu festhalten möchte. Was ich damit sagen will, ist: Ich brauche niemanden, der mir Rahmen, Wege oder Linien geben müsste.

Ich brauchte keinen Mann. Aber ich konnte einen wollen.

Liebe entsteht nicht dadurch, dass wir jemanden brauchen, dass wir ohne jemanden nicht sein können, so wie ich es früher angenommen hatte. Liebe ist, wenn wir uns ganz frei für jemanden entscheiden möchten. (Unglaublich, wie lange es gedauert hatte, bis ich mit einer einzelnen Frage zu dieser Erkenntnis kam.)

Dass ich mir allein genug war, dass ich allein sein konnte, indes gern war, dass eine Beziehung für mich eine Option, aber kein übergeordnetes Ziel für meine eigene Vollständigkeit war, machte die Liebe nicht weniger wertvoll für mich.

Die größte Liebeserklärung aller Zeiten? Die hier:

»I can live without you. But I don't want to.«
– Meredith Grey

Was ich von einem Mann also noch erwarte? Heute? Hier und jetzt? Dass er mich zum Lachen bringt. Wirklich! Dass ich unheimlichen Spaß mit ihm haben kann. Dass ich mich bei ihm wohlfühle. Dass wir Begeisterung und Euphorie für ähnliche Dinge teilen können, nicht den gleichen Weg gehen, aber uns immer wieder an den richtigen Ecken treffen. Dass er ehrlich ist, dass er eine eigene Meinung und eine faire Stimme in unserer Gesellschaft hat, dass er sie auch benutzt, dass er weiß, dass er mich will, dass er es rechtzeitig weiß, dass er eigene Träume, eigene Pläne hat, aber Platz in seinem Leben für mich machen möchte. Ich brauche kein Geburtsdatum, kein Abschlusszeugnis, keinen Kontoauszug, ich brauche keinen Pitch über seine Familienplanung. Ich wünsche mir vor allem einen Mann, der sich selbst kennt und überhaupt kennenlernen will, der sich nicht in toxische Rollen zwängt oder beweisen muss, wie gut er sie ausfüllt, sondern okay damit ist, seine ganz eigene zu finden. Das ist es, was ich wirklich sexy, wirklich stark finde. Es geht nicht darum, schon fertig zu sein – sondern überhaupt unterwegs. Ich bin ja auch noch auf dem Weg dahin, die Frau zu werden, die ich sein möchte, nicht immer zielstrebig, niemals fehlerfrei, und manchmal verliere ich sie auch wieder, bis ich mich daran erinnere, wer sie sein soll. Aber ich habe mittlerweile eine gute Vorstellung von ihr.

Es gibt übrigens noch immer viel zu viele Frauen, die glauben, dass ein Mann gewisse Kategorien erfüllen »muss«.

Dass ein Mann besonders direkt oder besonders straight sein muss.

Dass ein Mann immer klare Grenzen setzen muss.

Dass ein Mann finanzielle Sicherheit haben muss.

Dass ein Mann seine Pläne, seine Karriere und seine Ziele geplant und im Griff haben muss.

Dass ein Mann, der einen Betrug verzeiht, ein Loser ist.

Dass ein Mann, der nicht kräftig genug gebaut ist, der sich zu schnell verliebt, nicht männlich ist.

Stichwort: *Toxic masculinity!* Googeln, lesen und dringend mal die eigenen Vorurteile überdenken!

Felix und ich dateten uns knapp drei Monate, dann sprachen wir eines Abends über unsere Träume, über alles, was wir mit unserem Leben noch vorhatten. Felix wollte eine feste Beziehung, er wollte gern Kinder, eine große Familie, irgendwann mal ein Haus auf dem Land zu bauen, gehörte zu seinen Lebenszielen, die ihm wichtig waren, derer er sich sicher war und die er auch klar kommunizierte. Ich wollte keine große Familie. Ich war mir noch nicht einmal sicher, ob ich wirklich Kinder wollte. Und ich war ganz sicher, dass ich kein Haus bauen wollte. Felix wollte Pläne machen. Ich noch keine. Also beendeten wir es. Zwei Jahre später sah ich auf Social Media ein Hochzeitsbild. Da war er 26. Zwei Jahre unter Katharinas Altersgrenze.

Wovor Singles Angst haben

Wovor Singles, Mitte zwanzig, laut aktuellen Bestsellern wie »Generation Beziehungsunfähig« von Michael Nast, Diskussionen im erweiterten Freundeskreis und Artikeln in der *NEON* Angst haben:

- Liebe

Wovor Singles, Mitte zwanzig, wirklich Angst haben:

- Erderwärmung
- *single-use plastic*
- der Brexit
- Anrufe von unbekannten Nummern
- E-Mails von der Hausverwaltung
- generell Post
- zu viel Sex zu haben
- viel zu wenig Sex zu haben
- Bahnreisende mit Sitzplatzreservierung
- Avocadopreise
- sich nicht mehr zu verlieben
- sich in den falschen Menschen zu verlieben
- sich deshalb nicht in den richtigen zu verlieben
- jetzt schon anzukommen
- nie wirklich anzukommen
- alles haben zu können

»Niemand datet eine Vierzig!«

Ich vertrete schon seit einigen Jahren die Meinung, dass es nicht *Germany's Next Topmodel,* nicht Heidi Klums Kritiken oder die *VOGUE* sind, auch nicht die gemeine Arbeit mit Photoshop oder ein Plakat von H&M, die Mädels vorrangig in Unsicherheit und Unglück mit ihrem eigenen Körper drängen. Vielleicht sind es nicht einmal unbedingt die immer kleiner werdenden Größen in vielen Läden. Ich glaube, es sind Menschen, die uns nahekommen oder nahekommen können, sich vielleicht auch einfach ungefragt nähern, die negative Körpergefühle streuen.

Als ich ein Teenager war, waren es vorrangig Freundinnen im Diätwahn, die mich in den permanenten Vergleich und das Gespräch über Größen, Problemzonen und Kalorien drängten, dann war es ein Ex-Freund, der auf dünne Taillen stand und mir mit viel Ablehnung begegnete, als ich die Größe 34 und damit auch das stete Hungern und Sich-Sorgen aufgeben wollte. Nach mehr als sechs Jahren in der Blogosphäre, in denen ich eine Menge Erfahrungen im Bezug auf Anonymität und Miteinander gesammelt habe, möchte ich noch dazu sagen: Wäre ich heute 16 und nicht 29, würde ich lesen, was ich in der Vergangenheit, aber auch jetzt noch, immer mal wieder zu hören bekomme, könnte ich vielen Kommentaren nicht so abgeklärt und distanziert gegenüberstehen, den Anfeindungen, den Bemerkungen, dem *body shaming.* Aber selbst heute, irgendwo angekommen bei mir selbst und geerdet zwischen dem, was ich habe und dem, was ich gern hätte, gibt es Momente, die unglaublich wehtun, die verunsichern, die beschämen, ohne dass man es zugeben wollen würde, über die man erst einmal schweigt – und die ich jetzt doch erzähle. Weil ich mir sicher bin, dass nicht nur ich diese

Geschichte erlebt habe, dass nicht nur mir wehgetan wurde, und dass *body shaming* leider nach wie vor ein Thema ist. Nicht abstrakt, nicht irgendwo an einer Plakatwand – sondern zwischenmenschlich. Ganz persönlich.

Tom und ich kannten uns schon seit ein paar Monaten, wir waren in letzter Zeit immer öfter für den gleichen Kunden unterwegs gewesen – in gewisser Hinsicht könnte man sogar behaupten, dass wir uns gegenseitig bei den Kunden vorschlugen, wenn wir noch freie Plätze auf den Teilnehmerlisten sahen.

»Bist du in Finnland dabei?«, hatte er mir vor ein paar Tagen gemailt und sich über mein »Yes!« dann drei Zeilen lang gefreut. Wir würden für drei Tage nach Lappland reisen und für einen Automobilkunden ein *drift event* begleiten. Ich freute mich auf den Job, ich freute mich riesig auf die Erfahrung, 550 PS über eine Eispiste zu jagen (Ich liebe schnelle Autos. Es klingt fast prollig, ich weiß, aber ich kann nichts dagegen tun), ich freute mich auf die Fotospots, die so einmalig sein würden, auf die Story, die ich schreiben durfte – aber noch mehr freute ich mich auf Tom. Auch wenn das eigentlich nicht der Plan war.

Nach Sam, dem ich noch ein paar Mal auf Veranstaltungen begegnet war, aber zum Glück aus dem Weg gehen konnte, war ich vorsichtig geworden, wenn es um Kollegen ging. Wir alle arbeiteten zwar freiberuflich, aber doch oft immer wieder bei den gleichen Jobs, waren manchmal in kleinen Gruppen für ein oder zwei Tage gemeinsam unterwegs, um über das gleiche Event oder Projekt nur für unterschiedliche Medien zu berichten. Die meisten anderen Journalisten waren Mitte vierzig und schlossen digitale *storyteller* wie uns, die für Blogs oder Onlinemagazine schrieben, kategorisch aus. Man machte sich hinter vorgehaltener Hand über uns lustig und mied uns auch nach mehreren Jahren noch immer beim Abendessen. Damit war unsere Welt klein, ich brauchte auf diesen Trips Verbündete und keine Komplikationen.

Aber Tom – hielt es nicht in der Friendzone. Und mich auch nicht. Ich fand alles an ihm anziehend. Seine Stimme, seinen Geruch, die Art, wie er mit mir sprach, dass er mich auf meinem Hotelzimmer angerufen und spontan zu einem Spaziergang durch den Schnee eingeladen hatte (klingt *cheesy*, aber was willst du im Januar in der Tundra Finnlands auch sonst machen?), bei minus 18 Grad Celsius irgendwann ganz selbstverständlich den Arm um mich legte und mich schließlich küsste.

Vor den anderen lassen wir uns das gesamte Dinner lang nichts anmerken – aber im Fahrstuhl fällt es mir nicht schwer, seine Gedanken zu lesen. Sein Zimmer liegt ein Stockwerk höher als meins, und ganz selbstverständlich drückt er nur die Vier und nicht die Drei.

Ich habe mich selten zwischen zerwühlten Laken, anvertrauten Geheimnissen und einer Intimität, die entstanden war, so wohlgefühlt. Bedenkenlos. Ich fordere selten körperliche Nähe ein, selbst wenn ich sie mir wünsche. Aber bei ihm fühlte es sich nicht an, als würde ich einen Rahmen sprengen oder mich zu weit vorwagen, als ich den Kopf an seiner Schulter ablegte und er meine Hand nahm.

»Lass uns aber getrennt zum Frühstück gehen, ja?«, frage ich ihn, als ich mich am nächsten Morgen anziehe.

»Glaub mir, ich hab auch keine Lust auf den Spießrutenlauf und das dumme Gequatsche«, antwortet er, steht auf und küsst mich noch schnell auf den Mund, als ich schon fast in der Tür stehe.

Unseren Tag verbringen wir getrennt voneinander. Ich mache die Fototour mit dem Hundeschlitten, er ist für weitere Aufnahmen an der Strecke eingeplant. Als ich erst nach Anbruch der Dunkelheit zurückkehre, ist er schon auf dem Weg zur Cocktailstunde. Für unseren letzten Abend hat das Hotel die Panoramabar geöffnet. Von hier aus hat man einen wahnsinnigen Blick über den beleuchteten

Hang, der hier bis in den späten Abend geöffnet ist. Die Location ist edel – also entscheide ich mich für ein langes, schwarzes Kleid, das unter den Wollpullis meines Koffers liegt, locke mir die Haare und stecke sie auf einer Seite fest, ziehe die Lippen dunkelrot nach. Dabei trinke ich einen Gin Tonic, den ich mir aus der Minibar zusammenmixe und fühle mich fabelhaft. Ich gefiel mir, der Mann, in dessen Arm ich heute Morgen aufgewacht war, gefiel mir, ich hatte heute einen wirklich guten Job gemacht. Ich drehte die Lautsprecher auf, während ich in die High Heels stieg und noch einen letzten Blick in den Spiegel warf.

Tom sitzt schon mit ein paar Kollegen aus dem TV-Team an der Bar, ein Kellner serviert Drinks, die aussehen wie ein Negroni. Sie bemerken mich nicht, als ich näher komme, haben den Rücken zum Raum gedreht und gerade als ich auf mich aufmerksam machen will, höre ich meinen Namen.

»Du und Lina also – hab ich gehört?«, fragt einer und trinkt grinsend einen Zug aus seinem Glas. »Wie hast du das denn eingefädelt?«

Tom hebt lachend die Hände: »Ich hab da gar nichts eingefädelt. Ist halt passiert?«

»Und passiert es noch mal?«

»Heute Abend vielleicht ...« Sie lachen laut und klatschen ab.

»Aber jetzt mal ohne Scheiß, ist das so ein Ding mit euch? Wird das was Festes? Stehst du nicht eigentlich eher auf Models?«

»Haha, gut erkannt, Digger. Und nee, was Festes wird das nicht. Es ist einfach nur Sex, mal 'ne Abwechslung. Ich find sie klug und schlagfertig und alles, aber ganz ehrlich? So sexy ich ihre Kurven finde und so unglaublich, wie ihre Brüste sich anfühlen und so viel Spaß ich im Bett mit ihr hatte – sie müsste einfach mal fünf bis sechs Kilo abnehmen und 'n bisschen mehr Sport machen, wenn du verstehst ... ich meine, niemand von uns datet eine Größe vierzig, wenn er nicht muss!«

Erst jetzt fängt er den versteinerten Blick seines Kollegen auf, der mich längst entdeckt hat. Ich sage kein Wort. Ich drehe mich auf dem Absatz um, verlasse die Bar. Ich komme bis zum Aufzug, dort holt er mich ein.

»Lina, warte – du hast da, glaube ich, gerade einfach 'nen falschen Moment gehört.«

»Du hast also nicht gerade einem gemeinsamen Kollegen erzählt, dass ich toll im Bett, aber zu fett für eine Beziehung bin?«

»Ich wusste nicht, dass wir schon über eine Beziehung reden?!«

»Und ich wusste nicht, was für ein Arschloch du bist.« Bei dem Satz blicke ich ihm direkt in die Augen. Bemüht abgeklärt. Eigentlich eher absurd abgeklärt. Drüberstehen. Drüberstehen. Drüberstehen.

»Ach, komm. Was soll denn jetzt die Tour? Erst erzählen, du stehst auf klare Ansagen und auf Männer mit einer Meinung und wenn ich sie dann habe, bin ich doch der Arsch?«, versucht er sich zu verteidigen.

»Klare Ansage? Wohl eher die klarste Demütigung.«

»Jetzt werd nicht gleich dramatisch! Nur weil ich die Wahrheit sage und mich das auch traue? Was meinst du, wie viele Typen so denken, Lina? So ziemlich jeder. Und ihr? Rätselt dann ewig, wieso wir uns zurückziehen, wieso wir uns nicht melden, wieso wir auf einmal Abstand entstehen lassen, wieso wir unverbindlich bleiben. Ganz einfach: weil wir eben auch gewisse Vorstellungen haben, wie unsere Freundin aussehen oder sein soll. Ich bin wenigstens so ehrlich und sage es dir. Das heißt ja nicht, dass du nicht trotzdem 'ne tolle Frau bist. Aber eben nicht das, was ich mir optisch vorstelle und was mich wirklich länger anzieht. Und ich bin sicher nicht der Erste, der so denkt, nur der Erste, der es dir auch sagt.«

Zu mehr kommt er nicht, weil ich längst im Fahrstuhl stehe und die Tür hinter mir zugehen lasse.

Ich fahre in die Lobby, stelle mich auf die menschenleere Terrasse und atme eine Minute lang die eiskalte Luft ein, bis sich meine Haut so taub anfühlt, wie der Rest in mir. Dann muss ich zurück. Muss drei Gänge und den Rest der Cocktailstunde überstehen, kann mich nicht zurückziehen. Das hier ist mein Job, die gemeinsamen Abendessen und das Netzwerken gehören dazu. Und ich werde ihn machen.

Beim Dinner bewahre ich Haltung, plaudere mit den anderen Journalisten, lasse mir reichlich Wein nachschenken. Tom sitzt am gleichen Tisch – aber wagt es zum Glück nicht, sich in eine der Unterhaltungen einzubringen, an denen auch ich teilnehme. Ich verzichte auf den Portwein, verabschiede mich erst nach dem Dessert auf mein Zimmer und grüße noch den Concierge, der mir auf dem Flur entgegenkommt. Erst als die Tür hinter mir zufällt – weine ich. Ich weiß nicht wie lange, eine Stunde, vielleicht sogar noch länger. Ich weiß irgendwann nicht einmal mehr, warum ich weine – alles, was ich fühle, ist Demütigung. Es gibt Dinge, die unheimlich wehtun. Für die du dich so schämst, dass du sie nicht einmal deinen Freundinnen erzählst. Dinge, die etwas in dir kaputt machen. Das hier ist so ein Ding, das sitzt.

Alles wird sich ändern?

Ich habe irgendwo in einem Artikel mal einen Satz gelesen, der so oder so ähnlich klang: »Am Anfang unserer Zwanziger finden wir Freunde, während unserer Zwanziger verlieren wir viele und an unserem dreißigsten Geburtstag wissen wir dann, wer wirklich unsere Freunde sind.«

Obwohl der Satz so flach, viel zu oberflächlich klingt, ist er mir bis heute in Erinnerung geblieben. Vielleicht auch, weil ich mich immer wieder in ihm erkannt habe. Allein in den letzten drei Jahren seit meiner Trennung haben sich so viele Freundschaften für mich verändert. Da waren die Freunde, die ich nicht mehr sah, weil sie eher zu meinem Ex-Freund gehörten. Da waren die Freunde, die ich jetzt viel häufiger sah, weil ich mir wieder Zeit für sie nahm. Und all die, die mit jeder Veränderung, die ich in mein Leben ließ, die neue Wohnung, in die ich zog, den Tisch im Co-Working-Space, den ich anmietete oder durch die Projekte, auf die ich mich bewarb, neu dazukamen. Und auch zwei andere Faktoren, die für Umbrüche sorgten, schlichen sich in die Beziehungen mit meinen Freundinnen: Männer und Babys. (Alles war so viel einfacher, als es noch um Jungs und Konzerte ging.)

Für gut ein Jahr gab es in meinem Leben einen »Girls-Squad«, vorrangig (aber nicht ausschließlich!) bestehend aus Singles, die sich gegenseitig unterstützten. Da waren Rieke, Jasmin, Anika, Ines, Julia, Laura, Lara und Katharina. Aber nach und nach dünnte unser Squad aus, wir schlugen unterschiedliche Lebenswege ein, manche zogen um, andere gingen für Jobs ins Ausland – oder verliebten sich. Die Männer, die in das Leben meiner Freundinnen traten, blieben. Statt neue Dates, Tinder-Matches oder spätnächtliche Konversationen zu analysieren, während wir Wein aus Schraubverschlussflaschen tranken, bekam ich Einladungen zum Sonntagsbrunch, Verlobungsnachrichten und schließlich sogar gab es die erste Schwangerschaft.

Als Anika mir von ihrer Schwangerschaft erzählt, plane ich gerade meinen Festivalsommer. Als ihr Sohn geboren wird, reise ich mit einem Presseteam durch Afrika.

Sie ist nicht die erste meiner Freundinnen, die ein Kind bekommt, aber sie ist die engste. Und obwohl wir uns versprechen, dass sich nichts ändern wird, dass wir wir bleiben werden – macht unsere Freundschaft zwei schwere Jahre durch.

Es ist einfach, befreundet zu sein, wenn man das Gleiche fühlt, denkt, sich um dieselben Träume oder Ziele dreht. Und es ist härter, als man sich es vorstellt, aber umso wertvoller, gerade dann befreundet zu bleiben, wenn sich das irgendwann verändert, wenn man sich nicht mehr blind versteht, wenn du nicht mehr auf einen einzigen Blick erkennst, was den anderen gerade beschäftigt.

»Ich will nicht eine von diesen Freundschaften führen, in der wir uns irgendwann nur noch bei einem Cappuccino updaten und uns in Stichpunkten von unseren Leben erzählen, die nichts mehr miteinander gemeinsam haben!«, hatte Anika mir gesagt, als wir uns aussprachen, warum unsere Freundschaft so auseinandergedriftet war. Ich hatte mit den Schultern gezuckt und mich überfordert gefühlt. Ich hatte nicht erwartet, dass unsere Leben sich so schnell, so auf einmal, auf einen Schlag und schon mit 26 so unterscheiden würden.

Mehr als ein Mann in meinem Leben, fehlten mir auf einmal meine Freundinnen. Mein eigenes Leben war so ungebunden. Ich flog zwei Mal im Monat an neue Orte, erlebte so viele völlig unterschiedliche Herausforderungen auf meinen Reisen und wünschte mir Freunde, mit denen ich das teilen, gemeinsam erleben konnte.

Aber wenn ich mit dem Rucksack durch Asien touren wollte, hatten die Mädels natürlich (und völlig verständlich) schon Pläne für einen Italienurlaub mit ihrem Partner gemacht. Pro Freundin war pro Jahr ein Kurztrip drin. Wenn überhaupt. Deshalb war ich so froh, als ich Leo während eines Festivaljobs kennenlernte. Sie war alles das, was ich in letzter Zeit an meinen Freundschaften so vermisst hatte: Sie war Single, sie war ungebunden, hatte keine Hochzeitspläne und auch keinen Druck im Nacken, sondern gerade eine kleine Wohnung in Hamburg bezogen, die sie bis unter die Decke mit all den Büchern gefüllt hatte, die ich auch schon gelesen hatte oder noch lesen wollte.

Wir teilten denselben Musikgeschmack, unsere Liebe zu langen Autofahrten, zu Pasta, zu UNO-Battles bis nach Mitternacht und zu langen Spaziergängen. Bis heute gehört sie zu den liebsten und fürsorglichsten Menschen, die ich in meinem Leben habe. Binnen einer Woche wurde sie zu meiner besseren Hälfte, zu meinem ständigen Begleiter, meinem allerliebsten *travel buddy*. Einen Sommer lang bestanden unsere Wochenenden aus Roadtrips, Festivals und Kurzurlauben, wir fuhren ans Meer, in die Berge, verliefen uns in Nationalparks, strandeten fast mal ohne Sprit auf einer Landstraße, hatten zusammen immer einen Plan A–F und vor allem die beste Zeit. Natürlich gab es auch Dates oder Männer in unserem Leben, aber keine Bekanntschaft konnte unserer kleinen Blase gefährlich werden. Wir blieben das L-Team. Bis Albrecht kam.

Leo lernt Albrecht über Tinder kennen. Ihr erstes Date haben sie an einem Dienstag, das nächste am Freitag, dann eines am Sonntag, und als wir eine Woche später mit einem VW Bulli aufbrechen, um ein paar Tage durch Österreich zu touren, sind fast alle Nachrichten, die sie während der Fahrt empfängt, von ihm.

Der *fling* mit Albrecht scheint ihr gutzutun. An unserem zweiten Abend sehe ich ihn zum ersten Mal (außer auf den aufpolierten Bildern seines Tinder-Profils), als er sie via Facetime anruft. Ich winke kurz im Hintergrund und ziehe mich dann in den Bulli zurück, um den beiden ein bisschen Privatsphäre zu geben. Als Leo eine halbe Stunde später zu mir krabbelt, sieht sie einfach nur glücklich aus.

»Duuuu«, sagt sie und setzt sich im Schneidersitz vor mich.

»Also ... eine Frage. Und du kannst total Nein sagen, wirklich. Aber ... Albrecht hat mich gerade zu einem *weekend getaway* nach Dublin eingeladen. Und ...«

»*Weekend getaway?* Wie jetzt? Ihr beide?«

»Ja ...«, sie strahlt über das ganze Gesicht und streicht sich die Haare hinter das Ohr.

»Kennt ihr euch nicht gerade mal – 'ne Woche?«

»Du bist schon mit Männern verreist, die du gar nicht kanntest!«

»Stimmt schon – aber mich hat kein Tinder-Date nach einer Woche nach Irland eingeladen!«

»Jedenfalls ... kollidiert der Termin mit unserem Plan, an die Nordsee zu fahren, und na ja ...«

»... Jetzt willst du mich fragen, ob wir verschieben können?«, ich grinse sie an.

»Nur wenn das okay ist! Wirklich!«

»Natürlich ist das okay ... fahr nach Irland – solange du mir nicht dann Schottland absagst«, sage ich lachend und umarme sie.

»Never! Schottland ist so *safe!*«

Schottland ist unser lang geplantes Abenteuer. Wir wollen drei Wochen lang durch das Land und die West Highlands laufen, nur Rucksäcke, die Kamera und eine Karte dabei. Erst in ein paar Monaten geht es los, aber wir sprechen immer wieder darüber und malen uns die Zeit in Zelten, Cottages, zwischen Schafen und Bergpässen aus.

Während der nächsten Wochen wird Albrecht immer wichtiger in Leos Leben. Er holt sie von der Arbeit ab, lädt sie zu Fahrradtouren an den Elbstrand ein, mietet ein Tretboot, um sie damit zu überraschen, oder bereitet ein Picknick im Stadtpark vor. Alle Dates, die die beiden hatten, starteten bei Tageslicht und auch, wenn Leo es noch verneinte (»Ich weiß noch nicht, wohin das mit uns überhaupt gehen kann …«), wusste ich längst, dass Albrecht ernsthafte Beziehungsabsichten hatte. Und ich gönnte es ihr. Ich wusste selbst, wie schön es sich anfühlte, sich für ein paar Wochen vollkommen von dem Gefühl, frisch verknallt zu sein, verschlucken zu lassen, die Endorphine aufzusaugen und das ohne jeden zweiten Gedanken voll und ganz zu genießen.

Aber trotzdem war da so ein Gefühl in meinem Bauch – als könnte sie nicht wieder auftauchen. Denn auf einmal cancelte sie immer öfter unsere Pläne, weil sie nicht zu seinen passten – oder sie mit der Arbeit hinterherhinkte, die sie für ihn verschoben hatte.

Als sie unser drittes Date in zwei Wochen verschiebt, werde ich sauer.

»Was genau ist eigentlich los mit dir? Warum gehst du mir aus dem Weg?«

»Ich gehe dir doch nicht aus dem Weg? Ich habe dir doch gestern getextet!«

»Ja genau, getextet. Texten ist sowieso alles, was wir in letzter Zeit machen. Ich sehe dich ja kaum noch! Du cancelst unsere Verabredungen, du schiebst mich in deinen Plänen und Prioritäten herum, du bist manchmal tagelang verschluckt, weil du dich mit Albrecht in deiner Wohnung einschließt, und wenn ich das vorsichtig anspreche, sagst du immer nur, dass du mir doch getextet hast.«

»Ist das dein Ernst? Bist du jetzt sauer, weil ich mich mit Albrecht treffe?«

»Nein, ich bin einfach sauer, dass du ihn über alles andere stellst.« Das wiederum verletzte Leo. Und wir hatten unseren ersten echten Streit.

»Du weißt genau, wie wichtig du mir bist, Lina! Und du weißt auch, dass du bei mir immer Prio hast!«

»Da irrst du dich. Seitdem es Albrecht gibt, erzählst du dieses Märchen, weil du gerne die Frau wärst, die ihre Prioritäten straight hat. Aber wenn du ehrlich bist, sieht es doch eher so aus: erstens Albrecht, zweitens Albrechts Pläne, drittens Albrechts Freunde, viertens deine Arbeit, fünftens deine Familie, sechstens deine Freunde. Und das ist ja nicht mal schlimm! Es geht mir überhaupt nicht darum, irgendeinen Rang gutzumachen, ganz im Gegenteil. Ich würde mich freuen, wenn deine erste Priorität du wärst! Ich bin okay damit, wenn ich an vierter oder fünfter Stelle komme. Alles, was ich sage, ist, dass es sich falsch anfühlt, dass ein Typ, den du kaum kennst, die gesamten Top drei belegt und einfach alles verändert.«

»Ich will immer noch mit dir nach Schottland, ich will immer noch mit dir auf Festivals und Roadtrips machen. Es tut mir leid, wenn ich in den letzten Wochen irgendwie off war – aber nichts wird sich verändern.«

Ich muss die Geschichte an dieser Stelle unterbrechen. Ich muss tief durchatmen, während ich diese Worte schreibe, aber: HÖRT AUF, EUCH UND VOR ALLEM EUREN FREUNDINNEN VORZUMACHEN, DASS SICH NICHTS VERÄNDERT. Es macht mich so wütend, denn ich habe diesen Satz über die Jahre unzählige Male von unterschiedlichsten Frauen in ihren Zwanzigern gehört, je nachdem, ob sie nun einen neuen Mann kennengelernt, einen neuen Job angenommen hatten, umgezogen oder Mutter geworden waren. Dieser Satz ist einfach falsch. Er stimmt nicht. Die Liebe, die wir füreinander empfinden, bleibt vielleicht gleich, klar, aber alles andere – ändert sich.

Nach unserem Streit bemüht sich Leo um mich. Ich kann fühlen, wie sie sich bemüht, sich öfter zu melden, sich mehr Zeit zu nehmen, dass sie sich anstrengt, unserer Freundschaft den alten *vibe* zurückzugeben – und bin umso trauriger darüber, dass sie es muss. Früher haben wir uns ganz natürlich ständig gehört und gesehen, heute weiß ich, dass sie es einplanen muss, es sich vornimmt.

Unsere langen Roadtrips blieben aus, wenn ich sie am Wochenende sah, fühlte es sich an, als wäre es ein Slot, den ich bekommen hatte. Meistens sah ihre Woche so aus: Erst waren sie bei Albrechts Mutter, dann bei Albrechts Bruder, dann sah sie ihre Eltern, am Wochenende schlossen sie sich zusammen ein, um sich von den letzten drei Tagen, die sich stressig anfühlten, zu erholen. Wenn ich Glück hatte, machte Leo sich an diesen Wochenenden einen Abend für ein Essen mit mir frei. Wenn ich Pech hatte, musste ich bis zum nächsten Wochenende warten, um meine Freundin wiederzusehen. Und irgendwie verstand ich die Rotation ja sogar. Wer einen Job, einen Freund, eine in Deutschland zerstreute Familie und dann auch noch das faire Bedürfnis hat, ab und zu Zeit mit sich selbst zu verbringen, der findet nur eine einzige Stellschraube für ein bisschen mehr Platz und Luft: die Freunde.

Sie sind diejenigen, denen du am einfachsten absagen kannst.

Als Single bist du der Freund, der eigentlich immer Zeit oder Lust auf einen Drink nach der Arbeit, ein Abendessen, auf eine Party oder ein spontanes Wochenende hat. Die Pläne mit dir zu canceln, fällt vielleicht auch deshalb leicht, weil du verfügbar bleibst. Und was an diesem Mittwoch nicht passt, das klappt eben am nächsten, oder den Freitag darauf oder eben am Sonntag.

Ein paar Wochen später zogen die beiden zusammen. Als sie mir davon erzählte, spürte ich diesen heißen Stich in meinem Magen. Wir waren binnen Tagen enge Freundinnen geworden – uns jetzt dabei zuzusehen, wie wir in wenigen Wochen und Monaten ausfrizzelten, tat mir weh.

»Und ich weiß, dass du das jetzt nicht gern hörst und ich dich bestimmt verletze, aber wegen dem Umzug und der neuen Wohnung kann ich nicht mit nach Schottland.«

»Hab ich mir gedacht«, sage ich.

»Es tut mir so, so leid. Aber das ist finanziell einfach nicht drin ...«

Und der Umzug war so dringend nötig?, fragte ich still in mich hinein. Aber ich wusste, dass ich kein Recht auf diese Frage hatte. Ich wusste, dass ich kein Recht darauf hatte, so hart zu Leo zu sein, dass ich unfair damit war, mich so persönlich getroffen zu fühlen von Entscheidungen, die gar nichts mit mir zu tun hatten und die ihr vollkommen frei zustanden. Ich wusste ja selbst nicht, was mich so wütend machte.

Vielleicht war es der Punkt, dass ich es von anderen Freundinnen erwartet hatte – nur nicht von Leo. Als alle sich in Beziehungen abseilten, wurden wir Verbündete. Und ein Sommer hatte mir nicht gereicht. Ich hatte sie doch gerade erst gefunden, wir hatten gerade erst angefangen, unsere Leben miteinander auszumalen. Jetzt, wo auch sie meine Welt verließ, fühlte sie sich zum ersten Mal einsam an – und ich mich unverstanden. Ich hatte das Gefühl, dass meine Freundinnen nach einem Mann suchten, mit dem sie das Leben leben konnten, das sie sich erträumt hatten. Und dadurch vielleicht auch schneller zugriffen, viel schneller in Beziehungen kamen. In ihrer DNA gab es einen Zeitplan, sie hatten feste Ankerpunkte, die sie erreichen wollten – und für die es die richtigen Zeitfenster gab. Ich hingegen suchte nach einem Mann, in den ich mich Hals über Kopf verlieben konnte – um dann zu sehen, was oder wohin unser Leben uns brachte. Und es dauerte ewig, bis ich verstand, dass nichts Falsches daran war, dass ich nicht hinterherhinkte. Ich brauchte Zeit, vermutlich brauche ich sie auch heute noch, um vollends meinen Frieden damit zu machen, dass dieser Unterschied bestand.

Ich habe übrigens meinen Frieden mit Albrecht gemacht, mal ganz abgesehen davon, dass er nie mein Feind war. Ich verbrachte mehr und mehr Zeit mit den beiden gemeinsam und spürte, wie viel

Liebe sie füreinander empfanden und mit wie viel Zuneigung sie aufeinander aufpassten. Dabei lernte ich eine meiner wichtigsten Lektionen: Es war nicht meine Aufgabe, zu entscheiden, was gut für meine Freundin war. Es war ganz allein ihre.

Gustav

»Oh hi, kann man dich kennenlernen?«, war das Erste, was ich von ihm las.

Es war ein Samstagabend im Sommer, ich hatte schlechte Laune und ich hatte getrunken. Eine halbe Flasche Rosé, in der Abendsonne auf meinem Balkon, kurz nachdem meine Freundinnen unsere Verabredung abgesagt hatten. Ich hatte sie trotzig aus dem Eisfach geholt, sie viel zu schnell nachgeschenkt und währenddessen ein halbes Dutzend Freunde und Bekannte angeschrieben, von denen ich mir erhoffte, dass sie meine mangelhaften Pläne ändern könnten. Als das nicht passierte und mein letztes Glas fast leer war, öffnete ich Tinder.

»Klar, heute 22 Uhr vorm Späti im Stellinger«, tippte ich, ohne es ernst zu meinen, aber weil der Mann mit der Beanie wirklich sehr schön war – und bekam natürlich keine Antwort.

Gegen 21 Uhr hatte ich den Abend aufgegeben, hatte eine Pizza bestellt, aber kaum angerührt, ein Buch aufgeschlagen und nebenbei eine Staffel *Friends* angeschaltet. Das Schöne an der Serie war, dass ich sie auswendig kannte, dass ich längst wusste, welche Folgen mir gefielen und welche ich skippen würde und welche gerade zu meiner Stimmung passten. *Friends* war vermutlich meine stabilste Langzeitbeziehung überhaupt – perfekt, um im Hintergrund zu laufen, solange mir keine bessere Beschäftigung einfiel und ich ein bisschen *comfort* brauchte.

Alle Beziehungen, die ich um mich herum sah, waren so aufgebaut. Die Beziehungen meiner Freundinnen waren alle zu okay, um sich zu trennen, aber trotzdem fehlte ihnen etwas, denn auch, wenn sie es nur an manchen Abenden zugaben, sahen sie sich doch die ganze Zeit weiterhin nach etwas anderem um. Vielleicht passiert das, wenn man sich zu schnell – und dann gar nicht mehr wirklich – kennenlernt. Ich glaube, das geht vielen so. Wenn zwei Menschen sich treffen, die sich nach dem vierten Date noch mögen und beide das Gleiche wollen, nämlich eine Beziehung, dann ist die Euphorie über diese Rarität in unserer abbruchsfreundlichen Datingwelt so riesig, dass beide beinahe schon gehetzt, den Deckel aufeinander werfen. Erst mal sichern, dann schauen wir weiter ..., schien mittlerweile das Mantra vieler Mit- und Endzwanziger zu sein, die nach einem oder zwei Jahren einfach genug davon hatten, Single zu bleiben. Sich weiterhin kennenzulernen, wurde spätestens dann wieder aufgegeben, sobald es die inzwischen sechsmonatige Beziehung zu gefährden schien. Wer wollte auch schon wissen, wer sein Partner wirklich war, wenn das bedeuten könnte, dass man ihn danach wieder aufgeben müsste. Wer wollte sich schon freiwillig unglücklich machen? Genau diese Beziehungen waren es, die irgendwann explodierten, wenn einer von beiden: »Ich erkenne dich einfach nicht mehr wieder!«, schrie. Wobei: »Ich kenne dich gar nicht!«, wahrhaftiger gewesen wäre.

Ich hatte zu diesem Zeitpunkt in meinem Leben mehr Angst davor, in solchen Beziehungen zu landen als in gar keiner. Und trotzdem war ich schon vor längerer Zeit an dem Punkt angekommen, an dem ich den Gedanken schön fand, dass jemand bleiben wollte. Druck machte ich mir trotzdem keinen. Ich nahm es – Date für Date? Mann für Mann? Wenn es nicht wirklich passte, war das nicht schlimm, ich siebte nicht aus, ich verurteilte niemanden für eine mies verfasste Tinder-Bio, ich analysierte keine Profilbilder nach roten Flaggen, ich suchte nicht nach Gemeinsamkeiten, ich freute mich eher, wenn sie mir auffielen. Ich hatte keinen Entwurf vom nächsten tollen Mann, mit dem mehr möglich war als Sex und ein gemeinsames Wochenende. Und außerdem wusste ich diese eine Sache längst über mich: Ich verliebte mich nicht nach Plan, sondern von ganz allein.

***

»Bin jetzt da!«, steht auf meinem Bildschirm. Und dann: »Du?«

Ich brauche einen Moment, um zu verstehen, entsperre mein Handy und öffne die Konversation. Gustav schreibt schon wieder: »Oder kommst du etwa nicht?«

22.08 Uhr. Ich lag ungeschminkt, in einem zerbeulten Hemd und mit einer kalten Pizza im Bett. Und verpasste damit das Date, von dem ich gar nicht wusste, dass ich es hatte.

»Ich hab nicht damit gerechnet, dass du wirklich kommst?«

»Hab ich doch geschrieben!«

»Ist bei mir nie angekommen.«

»Oh. Also kommst du nicht?«

»Ich liege ehrlich gesagt schon im Bett.«

»Wohnst du weit weg?«

»Nein, ich wohne um die Ecke.«

»Dann könnte ich das Bier ja auch einfach mit zu dir bringen?«

Ich überlege. Wollte ich einen mir völlig unbekannten Mann in meine Wohnung lassen? War ich in der Stimmung für einen unverbindlichen One-Night-Stand? Genau das war es doch, oder? Ich musste an den letzten Mann denken, den ich direkt mit zu mir nach Hause genommen hatte. Nach weniger als zwanzig Minuten war es vorbei und ich bat ihn, nicht mehr da zu sein, wenn ich aus dem Badezimmer wiederkäme. Normalerweise lauten meine einfachen Regeln des (Online-)Datings:

1. Matche niemanden, der nur ein einziges Bild auf seinem Profil zeigt.
2. Date nicht an Tagen, an denen du dich nicht offen für neue Erfahrungen fühlst.
3. Schlafe mit jemandem beim ersten Date, wenn du es möchtest.
3. Schlafe mit niemandem, der dich nicht zum Lachen bringt.

Die erste Regel galt der Sicherheit, auch vor vermeidbaren Missverständnissen. Die zweite Regel war durchaus strittig, immerhin konnte man sie auch wunderbar vorschieben und sich selbst dazu verleiten, es sich in der eigenen, engstirnigen oder unbeweglichen Stimmung bequem zu machen. Auf der anderen Seite hatte ich die Erfahrung gemacht, dass ich an miesen Tagen schnell zu viel von einem Date erwartete oder es ebenso schnell verloren gab und dann nicht nur mir, sondern gleich zwei Menschen einen maximal mittelmäßigen Abend bescherte. Die Regeln drei und vier waren essenziell. Gustav hatte in seinem Profil gleichzeitig auch seinen Instagram-Account verknüpft, ich fand ihn süß, sein Lächeln ansteckend und ich hatte wirklich Lust, ihn kennenzulernen. Mein Bauchgefühl sagte Ja.

Als er zehn Minuten später klingelte, hatte ich es gerade geschafft, mir die Haare zu bürsten und alle herumliegenden Kleidungsstücke, Schuhe, meine Jeansjacke, eine Amazon-Bestellung, die leere Flasche Wein, Bücher, Zeitungen und meinen nie ganz ausgepackten Koffer im Seitenschrank zu verstauen. Mit nackten Füßen und noch immer im selben Hemd öffnete ich ihm die Tür. Gustav kam in einem weißen Shirt, in weiter schwarzer Hose, mit Adiletten und zwei Flaschen Bier im Arm. Als er die letzte Treppenstufe erreicht, grinsen wir uns an.

»Hi, na«, war das Erste, was er zu mir sagte. Und dann: »... Sag mal, hast du zufällig Pommes da?«

Wir liegen die ganze Nacht bei offener Balkontür auf meinem Bett, essen Tiefkühlpommes mit süßer Chilisauce und trinken Rotwein aus dem Kühlschrank, als das Bier leer ist. Gustav hat noch nie *Friends* gesehen und ich keine Ahnung von den österreichischen Volksliedern, die er mir im Morgengrauen immer noch vorspielt. Er liest gern Max Frisch und Stefan Zweig, in meinem Bücherregal findet er Hesse und Hemingway und ein kleines Schachspiel aus Olivenholz, das ich von einer meiner Reisen nach Griechenland mitgebracht hatte. Nach vier Partien hat er genug davon, mich zu besiegen.

Als wir, eingewickelt in meiner dünnen Decke, zwischen Klamotten, Kissen und ein paar umgeworfenen Bauern liegen, erzählt er mir von dem Weinberg, auf dem er aufgewachsen ist, bevor er sich in die Stadt und immer weiter weg von zu Hause geflüchtet hatte, damit er sich endlich einmal danach zurücksehnen konnte. Irgendwann wird seine Stimme leiser, die Worte immer langsamer und seine Hand, die bis eben noch meine Wange gestreichelt hat, liegt jetzt warm auf meiner Schulter. Als ihm die Augen schließlich zufallen, schaue ich ihn mir noch einmal in Ruhe an, den Mann, den ich vor neun Stunden noch gar nicht gekannt und vor sechs Stunden einfach so in meine Wohnung gelassen, in mein Bett gelassen hatte.

Seine Locken fallen ihm in die Stirn und haben denselben dunkelbraunen Ton wie seine Wimpern. All seine Züge, der Schwung seiner Augenbrauen, die Form seiner Lippen, sind weich, fein gezeichnet und ausbalanciert. Selbst der kleine Leberfleck über seinem Mund wirkt genauestens platziert, als hätte jemand mit viel Bedacht dieses Gesicht geformt und immer wieder angeschaut, bevor es fertig sein durfte. Gustav war das, was man vermutlich einfach als wunderschön bezeichnen konnte. Und dann noch irgendetwas anderes. Denn selbst schlafend, ohne sein charismatisches Lächeln, mit geschlossenen Augen, still neben mir, wirkte er noch verzaubernd auf den ganzen Raum. Seit er einen Schritt in meine Wohnung gemacht hatte, war kein Moment vergangen, in dem ich nicht gelacht, gegrinst oder gestrahlt hätte – und fast schon ein bisschen überzuckert liege ich jetzt neben ihm und warte darauf, dass die Müdigkeit mich endlich schwerer macht, damit ich doch noch einschlafen kann.

Gustav bleibt bis zum frühen Nachmittag. Und fragt nur ein paar Stunden später: »Wollen wir heute Abend noch mal ein paar Folgen *Friends* bei dir im Bett gucken?« Es ist der Beginn einer vollkommen nachtaktiven Beziehung, weil Gustav vollkommen nachtaktiv war. Wir gingen aus, wir betranken uns im Saal oder stürzten bis zum Morgengrauen im Pudel ab, wir knutschten auf den staubigen Tanzflächen der Festivals unserer Stadt, viele unserer Dates begannen erst nach Mitternacht und immer öfter tauchte er auch unter der Woche gegen zwei Uhr bei mir mit Döner und Orangensaft auf. Dann aßen wir im Bett und schliefen miteinander, bis es hell wurde. (Ich arbeitete freiberuflich und konnte mir die Arbeitszeit frei einteilen, er schien auch ohne viel Schlaf zu funktionieren. Und natürlich wusste ich, warum.)

Sex mit Gustav war der Wahnsinn und machte mich süchtig. Wir hatten ihn nicht nur in meinem Bett, wir hatten ihn in meinem Flur, in meiner Küche, auf meinem Balkon, vor meinem Kleiderschrank, irgendwann sogar mal mit Blick auf den Sonnenaufgang über den Landungsbrücken. Wenn wir nicht miteinander schliefen, erzählten wir uns Arm in Arm von den Leben, die wir nie leben würden, aber von denen wir trotzdem träumten. Wir hingen miteinander zwischen Heim- und Fernweh, zwischen der Sehnsucht nach Wurzeln, nach Ruhe, nach dem Gefühl, irgendwo richtig zu sein – und dem ewigen Hang zum Ausbruch, wenn sich gerade mal wieder das Leben gefestigt hatte. Manchmal redete er stundenlang über seine Kindheit. Dann wieder über seinen Plan, einfach Imker zu werden und all den Städten den Rücken zu kehren oder vielleicht doch noch mal den Traum von einem *Urban-Gardening*-Projekt in Schweden umzusetzen. Er erzählte von dem Roman, den er eigentlich schon seit Jahren schrieb und dem Weinberg seines Vaters, den er in Österreich zurückgelassen hatte – und so vermisste. Und am Ende hing immer wieder die eine Frage in der Luft: Was bedeutete es, glücklich zu sein? Wann wusstest du, dass du wirklich bleiben wolltest? In einem

Job, in einer Stadt, bei einem Menschen? Und was war, wenn du das einfach nicht konntest? Warum wollten so viele von uns, unserer Generation, immer weg, wenn es sich nach Ankommen anfühlte, nur um dann nach einem neuen Platz zum Ankommen zu suchen?

Wenn unsere Themen zu schwer wurden, schauten wir *rom coms* aus den Neunzigern oder hörten Musik, die die Worte für uns übernahm, bis wir irgendwann einschliefen – oder wieder miteinander schliefen. Ich kannte längst all seine Lieblingssongs, ich mochte die wenigsten, aber ich habe immer noch im Ohr, wie es klingt, wenn er mitsang und vergaß, dass ich neben ihm lag. Gustav und ich, wir waren wie ein alter Casper-Song. Und ich liebte das.

`Wir liegen lachend in den Trümmern und fühlen uns frei`
`Wir sind dreißig Fuß high und steigend`
`Zu Hause ist da, wo man sich vermisst …`

***

»Willst du manchmal, dass wir bleiben?«, frage ich ihn eines Morgens. Er hat die Arme um mich geschlungen und seinen Kopf auf meinen Bauch gelegt. So liegen wir jetzt schon ewig da, und langsam fühle ich, wie seine Muskeln sich entspannen, wie er runterkommt – vom Sex mit mir, von der letzten Nacht, die er durchtanzt hat, vom Flackern um sich, dass er neun Stunden lang auf sich hatte einprasseln lassen. Hier, bei mir, in meinem Bett, wurde er wieder ruhig. Manchmal machte es mir Angst, wie sehr ich dieses Gefühl mochte. Wie zu gut es sich anfühlte. Und wie ungesund es eigentlich war. Denn so ging es jetzt seit Monaten. Ich war sein Hafen, ich war seine Ruhe, ich war der Ort, an dem er sein wollte, wenn die Welt sich wieder langsamer drehen musste, wenn er Halt suchte. Dann sah er mich manchmal ganz lange an, nahm mein Gesicht in seine

Hände und sagte mir: »Wenn ich bei dir bin, kann ich endlich müde sein, aber will trotzdem nie einschlafen, sondern lieber dir dabei zuschauen. Ich seh dich so gern an, ich hör so gern in dich hinein. Du bist so wunderschön. Wir sind so wunderschön zusammen.«

Gustav regt sich, fasst nach meiner Hand und drückt sie leicht, er hat meine Frage gehört, vielleicht ist er schon im Halbschlaf, vielleicht hat er aber auch einfach keine Antwort.

»Ich glaube, dass gar nichts für immer bleiben kann«, sagt er dann doch in unsere Stille hinein.

»Was meinst du damit?«

»Dass wir nichts festhalten können, nicht mal das, was sich so schön anfühlt.«

»Also enden wir auch irgendwann für dich?«

Er hebt seinen Kopf und sieht mich an. »Irgendwann ja. Aber noch nicht jetzt ...«, dann küsst er mich langsam, zieht mich zu sich und legt sein Gesicht dicht neben meins.

»Warum machst du dir über so was gerade Gedanken?«, fragt er leise. Ich weiß die Antwort. Ich weiß nur nicht, ob ich mich traue, sie auch auszusprechen. Ob ich ihm sagen kann, was ich fühle, ob ich uns damit nicht auflöse. Nicht erst irgendwann. Sondern heute.

»Ich glaub, ich hätte gern – dass wir bleiben.«

»Lina ...«

»Doch. Das ist die Wahrheit. Ich möchte, dass du bleibst.«

»... Ich kann noch nicht anhalten, ich muss noch ein bisschen weiterreisen mit mir selbst. Ich dachte, das weißt du.«

Ich löse mich aus seiner Umarmung, setze mich auf. Und zum ersten Mal – kann ich es nicht mehr hören. Zum ersten Mal ist da Wut. Zum ersten Mal habe ich diesen ewigen Eskapismus satt. Ich finde uns feige. Uns alle. Diese ganze Generation, die Michael Nast so allgemeingültig »beziehungsunfähig« genannt und direkt verworfen hat. Ich hab sie satt. Ich hab es satt, ein Teil davon zu sein. Ich weiß nicht einmal, auf wen ich wütend bin.

»Lina, ich will dir nicht wehtun … Ich will doch auch nicht, dass es vorbei ist mit uns, ich will nur …«

»Was? Was willst du? Sei ehrlich, du hast keinen Schimmer davon, was du willst.«

Keiner hat einen Schimmer, weil wir uns ja gar nicht trauen, es mal herauszufinden. Wir sind vielleicht gar nicht mit Hochgeschwindigkeit unterwegs, um alles zu haben, vielleicht geht es gar nicht darum, dass du oder wir Angst haben zu bremsen, zu rasten, vielleicht prokrastinieren wir ja längst die ganze Zeit um unser eigenes Leben, um Entscheidungen herum, überrunden uns die ganze Zeit selbst, nur um nicht zu erfahren, was wir wirklich haben könnten. Wir trennen uns immer wieder, nur um nichts von dem zu verpassen, was wir gerade verpassen: Liebe, Nähe, Gefühle.

Wir sind kurzsichtig und dumm. Wir sind wie Junkies. Wir sind generisch geworden. Unsere Instagram-Profile genauso wie unsere Leben, unsere Bedürfnisse. Wir, die doch alle so individuell sind. Alle miteinander. Unsere Beziehungen haben immer die gleiche Dauer, die gleichen Abläufe, die gleichen Momente. Und das geht, weil die Menschen, mit denen wir sie haben, auch die ganze Zeit trivial bleiben. Weil uns ausgeschüttete Glücksgefühle wichtiger sind als derjenige, der es in uns auslöst, solange er es auslöst. Lieber kurz und wärmend etwas Falsches fühlen, als lange und vielleicht vergeblich auf das Echte zu warten. Investition ist wie Entzug – und wir sind alle abhängig. Von Bestätigung, von dem kurzen Kick, den jeder neue Mensch, den wir zum ersten Mal treffen, wollen, kriegen, küssen, haben können, mit dem wir schlafen und der sich uns hingibt, in uns auslöst. Wir sind schon so lange auf Serotonin, dass sich jede Investition, die uns nicht sofort den nächsten Kick gibt, wie ein Entzug anfühlt. Dass wir Befriedigung, nicht nur sexuelle, jegliche Glücksbefriedigung – für tatsächliche Zufriedenheit halten.

Ich wusste nicht, auf wen ich wütender war. Auf mich selbst, weil ich mich in einen Mann verliebt hatte, von dem ich wusste, dass er einfach nicht zu haben war. Oder auf ihn, weil er mich nicht sah, uns nicht sah – sondern lieber auskostete. Und ich ihn ließ. Ich zog mir ein T-Shirt über und verschwand in die Küche. Ich wollte nicht in diesem Bett sitzen und so tun, als wäre ich okay damit, dass wir uns seit fast fünf Monaten regelmäßig sahen, jeden Tag stundenlang voneinander hörten, unser ganzes Leben miteinander teilten – aber trotzdem nicht die geringste Verantwortung füreinander übernehmen konnten.

Es fühlt sich so an, als wollten wir zwar, dass ein Mensch uns begehrte, sich in uns verliebte, für uns fühlte – für all die Glücksgefühle waren wir gerne verantwortlich. Aber nicht dafür, auch aufeinander aufzupassen. Wir knallen ineinander, beschleunigen uns auf ein absolutes Maximum der sofortigen Intimität, vielleicht auch, weil wir wissen, dass es genauso schnell, wie es beginnt, auch wieder vorbei sein muss. Wir saugen einander auf, dann aus.

»Okay, hör zu ...«, Gustav war mir hinterhergekommen und lehnte jetzt im Türrahmen meiner kleinen Küche. Uns trennten vielleicht zwei Meter. Aber ich hatte mich trotzdem noch nie so distanziert zu ihm gefühlt. Zum ersten Mal war mir in seiner Gegenwart nicht nach Strahlen zumute. Mir tat mein Herz weh. Weil mir mit jedem Moment bewusster wurde, dass ich es dieses Mal wirklich verloren hatte.

»Du hast recht«, begann er. »Eigentlich suchen wir alle nach der Liebe. Nach Zuneigung, nach Bestätigung, nach Nähe, nach Leichtigkeit, nach verschiedensten Formen der Liebe eben. Wir sind nur nicht alle bereit, dafür gleichmäßig viel zurückzugeben, zu investieren, vielleicht zu opfern. Das kann man scheiße finden. Das ist es ja auch. Aber ich kann – ich kann nicht annehmen, dass du bei mir bleiben willst. Ich kann nicht annehmen, wie viel Liebe du mir geben willst, weil ich sie dir dann zurückgeben muss. Und das pack ich nicht. Noch nicht, glaub ich.«

»Weil du nicht willst?«

»Ich glaube, du weißt längst, dass es nicht darum geht, dass ich dich nicht will. Oder Liebe nicht will ... Guck mich doch an. Guck dir doch an, was ich jedes Wochenende mache ...«

Und da wurde mir klar: In meiner Küche standen zwei gebrochene Herzen. Und während wir uns nicht loslassen wollten, konnte trotzdem keiner von uns gerade das Herz des anderen heilen.

Gefühle ballern, Drogen feiern

»Willst du auch?«, sie geben die kreisrunde Schale um den Tisch. Als sie mich erreicht, schüttle ich den Kopf, »Nein danke.« Nein danke. Ich meine das nicht schüchtern, nicht zurückhaltend, so wie jemand, der eigentlich Lust hätte, ein paar Chips zu nehmen, aber Angst hat, sich vor fremden Menschen mit Guacamole zu bekleckern, ich bin zwar neu hier, aber nicht so fremd, dass ich am mir zugeteilten Glas nur nippen würde und zu viel Scheu hätte, um nach dem Weg zur Toilette zu fragen. Es gibt ja so Leute, die ewig lange darauf warten, dass irgendjemand endlich aufs Klo geht, um dann auch zu gehen. Aber so ist das hier nicht. Die anderen bedienen sich, irgendwer schenkt nebenbei Wein nach. Es ist ein ganz normaler Samstagabend, ein paar Bekannte, zusammengewürfelte Freunde, die jemanden mitbringen, ein großer Esstisch, die WG kommt zusammen, irgendjemand hat gerade Tonic in den Kühlschrank geräumt und außerdem sammeln wir für die geteilten Pizzen, fünf Euro jeder, dann passt das! Im Hintergrund läuft ein Indie-Album von 2006. Wir haben keine besonderen Pläne, keine besonderen Gespräche. Nichts an diesem Abend ist sonderlich erwähnenswert, außer vielleicht, dass es weder Erdnüsse noch Schokobons waren, die die Gastgeberin da anbot. Sondern Koks. Und dass es außer mir jeder nahm. Niemand versteckt es, niemandem ist es unangenehm, niemand will verheimlichen, niemand bittet mich, mein Handy wegzulegen. So kenne ich das nämlich noch von früher. Bitte keine Bilder, bitte alle Handys aus. Logisch, warum. Im Moloch verbieten sie die Smartphonenutzung ja auch nicht, weil das individuelle Interior Design so schätzenswert wäre und jeder Post zu viel über Look und Lage verraten könnte.

Drogen zu nehmen, zu koksen, zu schmeißen und das Gesicht über den komfortabel flächigen Spiegel zu schieben, das ist nicht nur hier in dieser Runde, sondern insgesamt so unüberraschend, so völlig wahllos und egal geworden, dass mir mittlerweile der Schock abhandengekommen ist, wenn mal wieder irgendein Kollege spät nach Sonnenuntergang mit beseeltem Gesichtsausdruck aus der bedrängten Gemeinschaftsküche im Co-Working-Space kommt oder ein paar Influencer auf dem Damenklo das iPhone zum Spiegel machen, und zwar ohne dass es um direkte Selbstdarstellung ginge. Aber die Normalität an diesem Esstisch, der Stuck an der Decke, das Hundekörbchen neben dem Familiensofa, der Kiri-Käse im Smeg-Kühlschrank und die Runde guter Freunde, die sich hier Knoblauchsoße und Kokain teilt und mich nebenbei nach meinem Job und Beziehungsstatus fragt, karikiert für mich jedes Bild, das ich vom Hamburger Drogenkonsum habe, der an Teamabenden der Werbeagenturen anfängt und im PAL aufhört, ad absurdum.

»Nimmst du kein Koks?«, fragt sie mich.

»Nein.«

»Nur Koks nicht oder gar keine Drogen? Wir haben auch noch anderes Zeug hier.«

»Gar keine.«

»Ach krass. Warum nicht?«

Warum nicht. Warum nehme ich keine Drogen. Warum ist das eine Frage. Warum fühlt sie sich für sie so selbstverständlich an. Und warum fühlt es sich für mich so fehl am Platz an, sie zu fragen, warum sie welche nimmt? Ich weiß, dass ich die Diskussion um den Drogenkonsum nur verlieren werde. Ich habe sie in der letzten Woche erst auf einem befreundeten Balkon dieser WG geführt. Detoxer, Ehebrecher und Kokser, überhaupt Menschen, die auf Drogen stehen, mögen für völlig unterschiedliche Werte kämpfen, aber sie alle tun es auf die gleiche, emotionale Weise. Der Mensch, der Drogen verteidigen will, wird dir aus seiner Lesezeichenleiste ein paar

Artikel über die Gefahren des Alkoholkonsums vorlesen, wird dir aufzeigen, was du deinem Körper mit den Giften der Spirituosenlobby antust, wird über Reinheit und Kontrolle sprechen, über Wirkung und Masse, will dabei *diversitiv* und aufgeklärt klingen, von Sinneswandeln und kontrollierten Bewusstseinserweiterungen reden, bringt vielleicht noch sein abgebrochenes Psychologiestudium oder naturwissenschaftliche Ansätze über die Glückssehnsucht der Menschen ein und hat mindestens drei Beispiele von guten Freunden, die sich an Gras und Alkohol verloren haben. Er wird dir sagen, deine Überzeugungen seien geblendet, seine hingegen die Alternative einer freien Gesellschaft, dein Zögern sei nur ein Zeichen von Intoleranz. Leben und experimentieren lassen sei doch ein viel positiveres, freieres Lebensgefühl. Wer andere für ihren Lebenswandel kritisiere, der sei nur unzufrieden mit seinem eigenen. Und so bringt er das MDMA, das er schnell noch im Treppenhaus eingeworfen hat, auf ein genauso generisches Erfahrungslevel wie eine dreitägige Saftkur.

Als ich vor ein paar Wochen mit ein paar guten Freunden essen war, stellte einer von uns irgendwann fest: »Krass. Sechs Leute in ihren Zwanzigern, aus der Großstadt, keiner von uns nimmt Drogen. Auch unnormal. Vor allem in unserer Branche.«

Es war so eine Sache, auf die man dann ironisch anstößt. Über die man lacht, die man nicht ernst nimmt, aber eigentlich viel zu ernst meint. Und jetzt sitze ich hier. Knapp zehn Leute in ihren Zwanzigern, die meisten aus der Großstadt. Nur eine von uns nimmt keine Drogen. Und genau das ist unnormal. Das Verrückte ist, dass jeder hier im Raum glaubt, er wäre etwas ganz Besonderes, besonders speziell, besonders frei, besonders laut, besonders echt, unterstrichen und zur treffenden Pointe gemacht von Amphetamin und Attitude. Tatsächlich sind alle generisch, gleich eingestellt, eingeholt und festgelegt auf die nächsten 21 Minuten, in denen alles möglich sein könnte. Jemand sein können, mithalten können, mitfreuen können, feiern können, weitermachen können, hängen bleiben, meistens bis acht Uhr, bis nur noch die wach sind, die vermeintlich wie du selbst sind, sich so unbewusst vertraut anfühlen, das Gleiche wollen, das Gleiche schmeißen, das Neue besorgen.

Niemand hier hat was zu verlieren, sie können alle nur gewinnen, für einen Moment, zwar nicht echt, aber wenigstens sichtbar, greifbar, irgendwas sein. Alle. Außer dir. Ich könnte gehen. Mir könnte das hier egal sein. Aber du bist mir nicht egal.

»Der Mensch mag schöne Gefühle – und wenn er weiß, woher er sie bekommt, greift er zu. Das kannst du nicht aufhalten«, hatte Gustav mal zu mir gesagt, an einem der Abende, an dem ich mich traute, ihn zu fragen, warum er diese Drogen nahm. Immer häufiger. Mittlerweile an jedem verdammten Wochenende. Seit unserem letzten Gespräch hatten wir versucht, Abstand voneinander zu halten. Aber natürlich war es uns nicht gelungen. Nach einer Woche schrieben wir wieder miteinander, schliefen wieder miteinander. Wir knüpften nahtlos dort an, wo es eigentlich hätte vorbei sein sollen. Und doch werde ich die Angst nicht los, dass schon dieser Abend hier der letzte für uns sein könnte, wenn ich der Wahrheit nur ins Gesicht blicke. Ich wollte ihn nicht verlieren, aber ich weiß längst, dass ich es würde ... Ich weiß nicht, warum ich bleibe, ob ich wirklich daran glaube, dass meine Anwesenheit an diesem Tisch, in einer nächsten Nacht oder in deinem WhatsApp-Verlauf irgendeine Stabilität bedeuten könnte, retten kann ich dich nicht, aber dich vielleicht wenigstens nur straucheln und nicht fallen lassen.

Wenn du mit mir gehst, gehst du vielleicht nicht viel zu weit. Ich weiß genau, wie sinnlos es ist. Als könnte das bisschen echter Sex, echte Nähe, das bisschen Verbindung, was wir vielleicht haben, gegen das chemische Kicken gewinnen, das du Lebendigsein nennst. Als könnte ich dich mit Realität wecken, während du ihr nur entfliehen willst. Ich weiß längst, worum es geht. Nicht um die kleine Euphorie am zweiten Samstag, sondern um das Ticken im Ohr, das

Kribbeln im Blut, die Mischung der Pillen, Pulver und Gefühle, in denen du dich irgendwann unendlich leicht und erleichtert auflöst, bis du dir selbst entkommen kannst. Du hast Gefühle geballert, bis keine mehr da waren. Und dann hast du geballert, um überhaupt noch was zu fühlen, um nicht spüren zu müssen, wie stumpf du längst geworden bist, wie taub du bist, wenn's nicht bebt, wenn's nicht flimmert. Glück ist, wenn's kickt. Was nicht fliegt, ist nicht gut genug, nicht intensiv genug, nichts ist mehr schön genug, wird irgendwann nicht mehr fühlbar. Es erzählt dir vorher keiner der großen Befürworter, wie das ist, wenn die Endorphine aufgebraucht und alle Speicher, alle Funken selbst gemachtes Glück in deinem Körper leer sind, du dich nach echter Euphorie sehnst, aber nur noch die gekauften Möglichkeiten hast, sie zu erleben. Du nicht mehr weißt, was du fühlst, wann du fühlst, ob du fühlst oder nur reagierst. Oben oder unten, echt oder geschmissen, der Moment oder dein Leben, das Tief oder nur ein Down, nah an dir dran oder schon viel zu weit gezogen, dich noch suchen oder loslassen. Du willst so unbedingt allem entfliehen, das dich schwer machen könnte, dass du währenddessen dich selbst verpasst. Auch alles das loslässt, was dich eigentlich ausmacht, einzigartig hinterlässt. Pläne machen, um sie in ein paar Tagen in die Luft zu werfen, um irgendwas fliegen zu sehen, wenn du's schon nicht mal mehr bist. Wenn Destruktion wie Durchatmen, wie Auftauchen, tief Luftholen und dann entfesselt losrennen ist. Denn ja. Ich kenne das. Ich bin nicht so viel besser. Ich weiß, wie sich das anfühlt. Du tust es mit den Drogen. Ich tat es mit Beziehungen. Ich tue es mit dir.

Wollen wir Freunde bleiben?

`Verleugnung ist für jemanden, der sich unglücklich verliebt, der Schlüssel zum Überleben. Wir leugnen, dass wir nicht loslassen können, wir leugnen, dass wir noch hoffen, dass wir noch an diesem möglichen Gefühl festhalten, wir leugnen, dass es wehtut, wir leugnen, was wir wirklich wollen, und vor allem leugnen wir unsere Enttäuschung, unser Unverständnis.`

Und vielleicht ist das okay. Vielleicht ist das unser Schmerzmittel, die Betäubung, die wir für eine Weile brauchen. Solange wir uns nicht so lange etwas vormachen, dass uns die Lügen wie die Wahrheit vorkommen.

Warum sich auch wehtun? Warum auch etwas erfragen, was man mit Vernunft, Beobachtung und Verstand selbst herleiten und dann als Ergebnis anerkennen kann? Manche von uns, die es besonders hart getroffen hat, die längst sicher sind, dass kein Happy End vor ihnen liegt, die leugnen nicht nur, die schweigen, verdrängen und hoffen – trotzdem.

Ich gehörte zu ihnen. Ich leugnete, dass Gustav und ich vorbei waren. Unsere Nähe, das Vertrauen zwischen uns war vorbei. Wenn er jetzt an einem Sonntag im Morgengrauen vor meiner Tür stand, dann spürte ich regelrecht seine Schuldgefühle und gleichzeitig sein Bedürfnis nach Sicherheit und wenn er sie am Montag wieder hinter sich zuzog, meine Einsamkeit.

Wir hatten aufgehört, darüber zu sprechen, dass wir beide wussten, dass es keine Zukunft für uns gab, aber wir auch kein Ende ertragen wollten. Dass sich alles gedreht hatte. Vor allem für mich.

Auf einmal warf mich eine simple Absage von ihm völlig aus der Bahn, schickte mich durch ein Wechselbad zwischen Ärger und Verlustangst. Die Freundinnen, mit denen er ausging, klangen für mich auf einmal wie Bedrohungen, und der distanziertere Ton, in dem er jetzt seine Nachrichten schrieb, schnürte mir regelmäßig den Hals zu. Ich war zu lange still geblieben, hatte gehofft, dass es vorbeiginge oder einfach wieder anfangen könnte. Weil das leichter gewesen war, einfacher. Weil du manchmal einfach lieber leugnest und wartest, bis du es erst weniger und dann gar nicht mehr fühlst – als zu verlieren. Vor allem dann, wenn es nicht irgendein Typ aus irgendeiner Bar ist, der maximal dein Ego verletzen könnte, sondern jemand, den du schmerzhaft vermissen würdest, wenn er nicht mehr da wäre. Aber als ich wieder einmal einen Samstag weinend im Bett verbrachte, weil ich längst wusste, dass ich für ihn nie so aufregend wie zwei Pillen sein würde, mich so allein und isoliert von meinen Freunden fühlte, denen ich nicht erzählte, wie es wirklich um ihn, um uns stand – begriff ich, dass ich mich nicht mehr so elend fühlen konnte, nicht immer wieder. Dass ich aufhören musste zu leugnen.

Und auf einmal komme ich mir unheimlich feige vor. Gerade weil ich mir vornehme, immer mutig zu sein, weil ich die meiste Zeit stolz darauf bin, dass ich mich vor nichts fürchte, dass ich für mich einstehe und für meine Ziele kämpfe, weil ich keinem Streit, keiner Herausforderung in meinem Leben aus dem Weg gehe – und doch immer wieder dieser einen: mir meine Gefühle einzugestehen, sie anzuerkennen und laut zu sagen. Und dann zu wissen. Und dann weiterzumachen. Ohne sich vorher sicher zu sein, wo man steht. Nicht nur in mir selbst bereit zu sein, wieder zu springen, zu wagen, mich zu verlieben, denn das hab ich nie verlernt, sondern es auch meinem Gegenüber zu zeigen, Gefühle zu wagen, ja vielleicht sogar offen und verletzlich zu scheitern und nicht einfach nur vorbeigehen zu lassen.

Ich nehme mein Handy in die Hand. Ich öffne das Nachrichtenfenster, ohne lange darüber nachzudenken, wie ich es angehe, ob persönlich oder virtuell, mit einer Frage oder nur vielen Antworten meinerseits, ob besser an einem Sonntagmorgen oder noch heute Nacht. Ich folge meinem Gefühl, anstatt es zu unterdrücken, und tippe: »Ich kann nicht mehr so mit uns weitermachen.« Und dann warte ich.

»Was meinst du?«, antwortet er nicht mal zehn Minuten später.

Noch könnte ich laufen, so lange und weit genug weg, bis ich mich sicher fühle und mein Herzschlag sich beruhigt, die bekannte Angst kleiner wird und ich so lange die Distanz halte, bis ich sie los bin. Oder ich springe. Dieses Mal. »Ich meine, dass wir noch miteinander schlafen, aber kaum noch miteinander sprechen. Dass du dich von mir distanzierst. Aber trotzdem noch herkommst, wenn du runterkommen musst. Dass du mich nicht willst, aber mich auch nicht loslässt.«

»Ich dachte, wir sind Freunde. Sind wir das jetzt nicht mehr? Willst du nicht mehr mit mir befreundet sein? Willst du wirklich gar nichts mehr von mir hören?«

Willst du nicht mit mir befreundet sein? Es klingt wie ein Vorwurf. Ich würde gern schreiben, dass ich natürlich will, aber leider stimmt das nicht. Was ich fühlte, war etwas anderes. Bittere Enttäuschung, nicht nur darüber, dass ich dabei war, jemanden zu verlieren, in den ich mich verliebt hatte, sondern auch darüber, wie furchtbar leicht er es sich machte. Eigentlich wusste ich längst schon in diesem Moment, dass er das Label »Freundschaft« nur in den Raum warf, um schonend mit mir Schluss zu machen, es sollte mich entwaffnen, auf Distanz bringen. Er bot mir doch etwas an – ob ich es annahm, lag an mir. Aber diese Freundschaft, von der er sprach, deren Fronten wir nie geklärt hatten, die sich immer wieder in Sex verwandelte, wenn er ihn wollte, war nicht aufrichtig. Denn mein Freund zu sein, war für Gustav keine ehrliche Wertschätzung, sondern eine Schutzbehauptung. Freundschaft war für ihn der Trostpreis, den er ohne großen Aufwand verteilen konnte. Für ihn war sie ein Freispruch, in dem Moment, in dem wir »nur noch« Freunde waren, würde er mir nichts mehr schulden.

In dem Moment begriff ich: Ich war genauso abhängig wie Gustav. Abhängig von meiner eigenen Selbstverleugnung, von seiner Zuneigung, abhängig davon, jemanden zumindest auf Raten zu bekommen, wenn ich ihn nicht ganz haben konnte. Und irgendwie, zumindest fühlt es sich heute, wenn ich noch einmal zurückblicke, so an, als wäre ich auch verbohrt in die Vorstellung gewesen, dass es ein Zeichen von Reife, von Charakter und Persönlichkeit war, wenn ich in der Lage sein würde, meine Liebe für diesen Menschen nicht einfach wegzuwerfen, sondern in etwas anderes, etwas Ehrliches umzuwandeln.

»Nimm nicht den Sex und die Nähe einfach raus und gib unserem kaputten Mist hier dann einfach ein starkes, neues, schönes Label, mit dem du dich sicher und großzügig fühlst und mich entwaffnen kannst. Freundschaft ist nichts, dass du jemandem einfach so unterschiebst«, tippe ich wütend.

»Sag mir einfach, wenn ich aufhören soll, mich zu melden.«

»Das ist gerade einfach so verdammt feige von dir, Gustav.«

»Vielleicht hast du recht, vielleicht sollten wir wirklich keine Freunde sein.«

»Dann mach's gut, Gustav.«

Ich kann mich nicht weiter verleugnen, ich bin mir mehr wert, ich muss es sein. Wie schön wäre es, wenn wir Gefühle einfach überspringen, einfach ein neues Etikett auf eine verfahrene Geschichte pappen und so jeden Konflikt lösen könnten. Einfach nacheinander den Schmerz, die Eifersucht, die Enttäuschung oder die Sehnsucht ausradieren und gegen ein platonisch, lauwarmes Gefühl ersetzen, das nicht nur alle anderen uns, sondern wir auch selbst glauben und fühlen konnten.

Aber leider ist das Bullshit.

Es ist Wahnsinn, was wir uns antun, wie sehr wir uns belügen können, wenn es darum geht, den Menschen, den wir nicht loslassen wollen, irgendwie in unserem Leben zu behalten. Einige von uns leugnen die Wahrheit so sehr, dass sie sie manchmal erst erkennen können, wenn einer der Partner sich neu verliebt. Und sie den wahren Wert ihrer Freundschaft erkennen. Du kannst aus einer dreimonatigen Affäre, aus zwei Jahren Beziehung, aus einem gebrochenen Herzen nicht mit einem Gespräch und zwei lockernden Flaschen Bier eine Freundschaft, die dir die gleiche Nähe, die gleiche Zuneigung, die gleichen Momente, nur ohne intensive oder verletzte Gefühle gibt, machen. Du kannst Heilung und Wachstum nach einer Trennung nicht einfach so überspringen. Du musst besser zu dir selbst sein. Und ich versuche es.

Sein bester Freund

Es ist noch lange nicht okay, aber es wird besser.

Mit diesem Gefühl hatte ich heute Abend das Haus verlassen, zum ersten Mal, seit zwei Wochen. Ich war mit Leo unterwegs. Ein bisschen tanzen, für ein paar Stunden der Melancholie entfliehen, in die ich mich gewickelt hatte. Ich hatte nichts mehr von Gustav gehört, aber ich hatte umso mehr über ihn geschrieben. Meine Texte klebten vor lauter schweren Metaphern zusammen und endeten alle in dem gleichen Herz- und schließlich Weltschmerz. Ich fand sie fürchterlich schlecht, aber gut genug, um mir schließlich vor Augen zu führen, dass ich unter Leute gehen musste. Nicht, um mich zu betäuben oder mit irgendjemandem abzustürzen – sondern um mich wirklich zu amüsieren. Und nur das.

Als ich um zwei Uhr mein letztes Kleingeld in eine Jukebox auf dem Hamburger Berg werfe, greift jemand von hinten nach meiner Taille. »Linaaa!«, schallt es mir ins Ohr, und als ich mich umdrehe, schaue ich in das breit grinsende Gesicht von Johannes. Gustavs bestem Freund, den ich von all den Partys kannte, die ich gehasst hatte. Er war das dritte Rad an Gustavs Vergnügungswagen, sein Arbeitskollege in der Agentur, leider auch sein Mitbewohner, immer dabei, nie wirklich im Mittelpunkt, aber immer auf der Suche danach. Er war der Typ, der immer noch Geld für Drinks hatte, wenn du gerade gehen wolltest, der Drogen besorgte, um sie dann mit den anderen nehmen zu können, das war seine Rolle, so erkämpfte er sich seinen Platz in diesem Freundeskreis. Er küsst mich auf die Wange, legt seinen Arm um mich und stellt mich der Gruppe vor. Das müsste er eigentlich gar nicht. Zum einen, weil ich sie alle bereits getroffen habe, zum anderen, weil sie sich morgen früh nicht werden an mich erinnern können.

Trotzdem nicke ich in die Runde, lächle, scanne. Gustav ist nicht dabei. Nicht zu sehen. Schade. Nein. Gott sei Dank.

»Entspann dich – er ist nicht hier«, Johannes scheint meine Gedanken zu lesen und zieht mich von den anderen weg und zur Bar. »Wir brauchen Shots. Mit wem bist du hier?«

»Mit Leo«, ich will sie zu uns rufen, aber sie ist zu sehr in ein Gespräch vertieft, und die Bar einfach zu voll und zu laut, sie bemerkt mein Winken nicht.

Johannes reicht mir einen Wodka, stößt seinen kleinen Plastikbecher gegen meinen und sagt: »Auf neue Männer!«

Ich verziehe lachend das Gesicht, während die klare Flüssigkeit in meinem Rachen brennt. »Wie kommst du darauf, dass ich schon auf neue Männer trinken will?«

»Na weil du sie verdienst«, seine Hand legt sich auf meine Hüfte. »Weil du einen viel Besseren als Gustav verdienst ...«

»Okaaay ...«, gerade als ich aus seiner Nähe zurückweichen will, geht er von selbst auf Abstand und hebt die Hände. Er lacht – aber nicht ehrlich.

»Hey, ich sag nur die Wahrheit, aber ich weiß schon, dass ich bei dir keine Chance habe.«

»Johannes, komm schon, lass das«, ich rolle mit den Augen und schüttle den Kopf, um ihm zu signalisieren, wie falsch ich diese Unterhaltung gerade finde. Ich wollte ihn bremsen, ihm sagen, dass er eine Line oder einen Drink zu viel hatte, aber er ließ mich nicht.

»Es ist eben immer wieder das Gleiche. All die großartigen Frauen verlieben sich immer wieder in den ach so tollen Gustav. Den missverstandenen Künstlertyp, der doch so viel mehr sein könnte als ein verkokster Texter. Aber genau das ist er.«

»Das ist ja dann wahrscheinlich die Basis für eure Freundschaft«, sage ich abfällig und will mich von ihm wegdrehen, aber wieder ist er schneller.

»Meinst du echt, du warst die Einzige, Lina? Hast du ihm echt geglaubt, dass du ihm irgendwas bedeutet hast? Weißt du eigentlich, was für ein unglaubliches Arschloch dieser Typ ist?«

Alles an Johannes wirkt getriggert, sein Gesicht ist angespannt, seine Stimme vibriert vor lauter Angriff. »Offenbar immer noch nicht so ein großes Arschloch wie du, der beste Freund, der ihn hier in einer Bar in den Dreck zieht«, fauche ich mindestens genauso wütend wie er.

»Stimmt, Gustav ist kein Arschloch. Gustav ist nur der Typ, der jede Nacht eine andere vögelt. Wusstest du das? Dass er zum Beispiel noch immer mit seiner Ex schläft? Ihr immer dann Hoffnungen darauf macht, dass er zurückkommt, wenn er mal wieder Kohle braucht? Dass er von sieben Nächten vielleicht mal eine zu Hause ist und selbst in der nicht allein? Soll ich dir mal die Wahrheit über den lieben, aufmerksamen, sanften Gustav erzählen? Oder besser gesagt über ...«

»Kein Bedarf!«, fahre ich ihm über den Mund. Mein ganzer Körper pocht, mein Puls rast, ich begreife noch gar nichts, ich reagiere nur. »Ich brauche deine Wahrheiten nicht. Du und diese ganze Gang, ihr und eure beschissenen Drogen, die euch zu genau dieser Art Mensch machen, ihr ekelt mich an. Wenn es dich nicht gäbe, dann ...«

»Dann was?!«, er lacht hässlich auf, gackert fast. »Würde er sein Leben in den Griff bekommen? Endlich seinen Roman beenden, den er noch niemandem gezeigt hat? Glaubst du wirklich, die Drogen sind das Problem? Bist du wirklich so dumm? Der Typ hat dich nur benutzt. Ich hab ihm gesagt, dass er ein Idiot ist, weil er es mit dir versaut hat. Und weißt du, was er geantwortet hat? Dass ich dich gern haben kann. Ich hab einen *free pass* bekommen, dich zu vögeln. So viel bist du ihm wert.«

Ich lasse meine Jacke zurück, ich lasse Leo zurück, stürze einfach nur nach draußen und laufe die Straße entlang. Mir ist bitterkalt und der dichte Sprühregen saugt sich sofort durch meine dünne Bluse, aber das ist mir egal. Alles ist besser, als noch eine Minute länger mit ihm allein zu sein. Als noch ein weiteres Wort zu hören.

»Mensch Mädel, du zitterst ja am ganzen Körper, ich mach ma de Heizung an ...«, sagt der Taxifahrer, als ich mich auf den Rücksitz fallen lasse. Aber es ist nicht die Kälte, die mir in den Knochen sitzt. Es ist der pure Schock. Als ich mir endlich die Nacht aus dem Gesicht wasche, mir die Zähne putze und dabei in mein taubes, müdes Gesicht schaue, bin ich mir absolut sicher, dass Johannes die Wahrheit verschoben hatte. Aber auch, dass er nicht nur ein Lügner war. Dass er berauscht gewesen war von der Chance, endlich loszuwerden, endlich laut zu sagen, was er wirklich dachte, alles wusste. Dass er hoffte und schließlich auch beobachtete, dass seine Worte Wirkung zeigten, wie sie mich ins Nichts stürzen ließen. Einmal gewinnen, gegen den besten Freund, der immer bekam, was er wollte. Was auch immer stimmte, was auch immer er im Rausch erfunden oder verdreht hatte – ich würde es nie erfahren. Nicht von ihm, sobald er wieder nüchtern war, und auch nicht von Gustav. Und eigentlich machte es auch kaum einen Unterschied. Selbst, wenn nur ein winziger Teil davon wirklich wahr war.

Leere

Meine Augen brauchen noch einen Moment, um sich an das Flackern zu gewöhnen, an die Hand, die meine festhält, mich vorwärts zieht, an das Gesicht, das gerade erst wiederaufgetaucht ist, das mir so vertraut fremd geworden ist.

»Geht's dir gut?«, fragst du mich fast beiläufig durch die laute Menge hindurch, die um uns herum auf Tischen tanzt, Bierbecher fallen um, die niemand bemerkt, Menschen drängen sich, ohne dass ich wüsste wohin oder zu wem. Ich nicke, antworten kann ich nicht, kein Wort kann ich sagen, obwohl ich es versuche.

Ich habe keine Ahnung, wo wir sind, warum du da bist, warum dein Arm wieder in meinem Nacken liegt, wie lange das anhält. Ich kann dich nicht berühren, dir nicht näherkommen, aber wenn du mich zu dir ziehst, ebbt der Ton ab, dann verliert sich der Raum, dann ist da weiches Fallen, grüne Augen, braune Locken, dein Mund ganz nah, fast wieder da.

Alles schwimmt und alles, alles ist warm.

Ich zucke zusammen, als ich aus dem Fallen lande, dort wieder aufkomme, wo ich die ganze Zeit lag. Als ich den Stoff unter meinen Fingern fühle, die kühle Luft, die mit dem bisschen mehr Welt kommt. Ich habe nur geträumt. Schon wieder. 05.49 Uhr zeigt der Wecker neben mir. Halb Tag, halb Nacht, die Zeit, in der ich noch zurückfinden kann, in die angenehme Blase meines Traumes, wenn ich nur schnell genug wieder ins Dunkel loslasse. Schlafen ist gerade besser als wach sein.

Nur wenn ich schlafe, tut es nicht weh.

Den November erlebe ich, in Rückblicken betrachtet, eigentlich kaum. Viel Wein, wenig Worte, kaum Licht, kaum Energie, kein einziges Lebenszeichen, keine Antwort. Erst gebe ich ihm 24 Stunden, dann drei Tage, bis zum nächsten Wochenende, eine Woche. In der zweiten begreife ich, dass er mich ghostet. Die erste Zeit lebe ich in dem Pullover, den er bei mir vergessen hat, bilde mir ein, dass er noch immer nach ihm riecht, obwohl nur noch ein letzter Rest kalter Tabak in den Fasern hängt. Danach bleiben mir nur noch die paar Bilder, die ich auf meinem Handy finde, die leere Tabakpackung, die auf meinem Nachttisch liegt, die zeitweise zu meinem wertvollsten Besitz wird. Ich will nicht reden, ich will keine Hilfe, ich will keine Gesellschaft, mich nicht unterhalten, ich will keine Anleitung, ich will nicht verarbeiten. Für eine lange Zeit will ich einfach nur schlafen. Will mich ausruhen. Nicht nur von dieser Trennung, nicht nur von diesem Bruch, diesem Riss in meinem Herzen, sondern vielleicht auch von den letzten fünf Jahren, die sich gerade so ausgegossen und trotzdem unendlich schwer anfühlen. Kurz verstehe ich, warum so viele getrennte Paare doch wieder zueinanderfinden. Warum so viele nach drei oder vier Monaten, vielleicht sogar nach einem Jahr voller leerer Dates und gemachten Erfahrungen doch wieder zu dem zurückfinden, das vielleicht nicht erfüllend, aber zumindest haltbar war. Das letzte bisschen Beständigkeit, das sie kannten, bevor aus dem anfänglichen Funkeln und Glitzern erst ein Schweben und dann ein unkontrolliertes Schlittern wurde, bis man den Halt und einander aus den Augen verlor.

»Es wird einfach immer so weitergehen«, sage ich zu Anika, als sie an einem Mittwochabend neben mir auf meinem Bett liegt. Ich weiß, dass sie sich Sorgen macht, dass ich ihr ein bisschen Biss oder Stärke zeigen müsste, um sie zu beruhigen. Aber selbst das ist mir zu anstrengend, verlangt zu viel von mir. Statt mich aufzubäumen, lasse ich mich offen fallen.

»Es wird einfach niemals anders werden. Es ist der immer gleiche Kreislauf. Kennenlernen und aussortieren. Oder kennenlernen und dann investieren. Und nach dem Investieren dann abschöpfen, solange es geht. Solange die Balance steht, solange du keinen Verlust machst, ist es Spaß, solange sie dich immer ein bisschen mehr wollen als du sie. Solange du das kontrollieren kannst. Denn nur eine Sache steht fest: Auch dieser Typ geht wieder. Auch dieses Streichholz, egal wie stark es aufflammt, wird ausbrennen. Ich bin müde, Anika, einfach so unendlich müde. Auf viele Arten. Ich bin gelangweilt, ich bin erschöpft, ich fühle mich nicht nur einfach satt oder durchgetindert. Ich bin auserzählt.«

»Lina ...«

»Weißt du, vielleicht ist es ja Karma. Ich hab so viele Typen geghostet, so viele Konversationen im Sand verlaufen lassen. Ghosten, das ist die einfachste Lösung, um etwas aufzulösen, das gar nicht erst zum Problem werden soll.«

»Du weißt doch genau, dass du nie nur irgendein Tinder-Date für ihn warst. Und ganz ehrlich? Ich finde nicht, dass du einen karmischen Ausgleich für dein Ghosting befürchten musst. Ich glaube nicht, dass wir einander von Anfang an Antworten oder Erklärungen schulden. Das mit dir und Gustav ist nicht das Gleiche.«

»Meinst du, ich höre jemals noch mal von ihm?«

Ich drehe meinen Kopf zu ihr und sehe sie an, in ihrem Gesicht werde ich erkennen können, ob sie mir die Wahrheit sagt oder das, was mich trösten soll.

»Ich glaube nicht«, sagt sie nach einer langen Pause, und ich sehe ihr die Überwindung an, die es sie kostet, mir ehrlich zu antworten. Und während sie spricht, hoffe ich, dass sie weiß, wie dankbar ich ihr für diese echten Worte bin, die mir mehr Linderung als jedes Pflaster verschaffen.

»Gustav ist auf der Flucht. Vielleicht vor sich selbst, vielleicht vor seinen Erinnerungen, aber vor allem vor Schmerz, seinem, deinem, völlig egal.«

Ich rolle mich von ihr weg, will nicht, dass sie mir dabei zuschaut, wie ich schon wieder weine, wie ich ihn so sehr vermisse, wie mir so egal ist, dass er mir nicht gutgetan hat. Sie streichelt mir langsam über den Rücken, kuschelt sich an mich.

»Ich will nicht, dass es dir so schlecht geht. Ich will nicht, dass du jeden Tag um einen Typen weinst, der es gar nicht wert ist. Du darfst traurig darüber sein, dass er dir wehgetan hat, und du darfst traurig darüber sein, dass er dich belogen und benutzt hat. Aber nicht darüber, dass er weg ist. Das geht nicht, hörst du?«

Ich höre sie. Nur antworten kann ich ihr nicht.

»Du bist stärker als das.«

»Bin ich das?«

»Natürlich! Und das weißt du auch.«

Jetzt drehe ich mich wieder zu ihr um, sehe ihr direkt in die Augen, will sie wissen lassen, wie es wirklich in mir aussieht. »Ich wäre es gern. Ich wäre gern diese Frau, die ständig nur dazulernt, die ihre Lektionen abhakt und keine Fehler zweimal macht. Ich wäre gerne tough und abgeklärt, und ich wäre gerne auch an meinen schlechten Tagen so unabhängig wie an meinen guten. Aber das bin ich nicht. Auch wenn Hunderte Leser da draußen das glauben, weil ich ihnen kaum erzählen kann, wie ich mich wirklich fühle. Wie leer ich mich fühle. Wie mir das Herz zerspringt. Dass ich einen miesen Typ nicht einfach loslassen kann. Das soll nicht meine Message sein. Das soll nicht das sein, was ich all den Frauen, die meine Texte lesen, mitgeben will. Aber das ist das, was gerade jetzt und hier passiert. Wenn ich einen Wunsch frei hätte, würde ich ihn zurückholen. Sofort. Und das ist nicht stark. Ganz und gar nicht. Würde ich über mich selbst lesen, ich wäre so enttäuscht von mir. Ich bin es.«

»Sag nicht so was über dich. Ich glaube nicht, dass du ihn zurückwillst. Wirklich nicht. Ich glaube, du willst eher dahin zurück, wo es noch nicht so wehgetan hat wie jetzt gerade. Aber ich schwöre dir, dass dieses Gefühl vorbeigeht. Jeden Tag ein Stückchen mehr«, sie nimmt mich noch einmal fest in den Arm, bevor sie auf die Uhr schaut und beginnt, sich ihren Schal umzuwickeln. »Ich muss leider los.«

»Danke, dass du da warst«, ich ringe mir ein kleines Lächeln ab und bringe sie zur Tür. Dann gehe ich wieder ins Bett und ziehe mir die Decke über den Kopf.

Das Jahr hatte noch 44 Tage. Und während die halbe Welt versuchte, noch das Beste aus den letzten Metern herauszuwringen oder in Festtagsstimmung kam – wollte ich es einfach nur vergessen, hinter mich bringen. Mein Liebeskummer kam mir vor wie eine Ewigkeit. Ich spürte ihn nicht jeden Tag, sondern die ganze Zeit. Gustav hatte mir mein Herz gebrochen. Und ich musste es selbst wieder zusammensetzen, das war mir klar. Und am Ende auch meinen Motor, den Grund, warum ich irgendwann wieder aufstand, duschte, die Wohnung aufräumte. Wenn ich es nicht tat – tat es niemand. Ich war für mich verantwortlich. Meine Freunde oder meine Familie konnten mich aufbauen, mir Kraft geben, mich anfeuern oder auffangen. Aber überhaupt wieder aufstehen wollen – das musste ich ganz allein. Ich allein musste erkennen, dass ich eine neue Richtung, neuen Input, vielleicht sogar einen neuen Weg brauchte.

Und du – immer noch Single? / Festtage

Ich lenke das Auto in die kleine Seitenstraße, die leicht zu übersehen ist. Genauso wie der kleine Fleck, der sich Langenapel nennt. Mein Zuhause. Der kleine Ort, der nicht mehr als eine Handvoll Einwohner zählt. Hier verbringe ich die Zeit vom 23. Dezember bis 27. Dezember. Jedes Jahr. Fünf Tage Weihnachtsferien. Ich parke mein Auto, nehme die Tasche von der Rückbank und den Beutel mit den Geschenken aus dem Kofferraum. Viel Gepäck brauche ich nicht. Denn viel mehr, als gut zu essen, mit meiner Familie ein bisschen die ruhige Zeit zu genießen und alte Freunde zu treffen, habe ich auch nicht vor. Damals mit Dominik war das noch anders. Wir mussten zwei Familien und unseren beiden Freundeskreisen und Einladungen gerecht werden. Vier Festtagsessen in zwei Tagen, immer Trubel, der mir gefiel, eigentlich nie Ruhe, was ich sehr mochte. Weihnachten ist etwas anderes, wenn man in einer Beziehung ist, wenn man die drei Tage aufteilt, wenn der größte Streit der ist, bei wem man Heiligabend verbringt und bei wem den ersten Weihnachtstag.

Zum fünften Mal in Folge ist das bei mir jetzt anders. Ruhe, Zeit für mich selbst, Zeit für das, was Weihnachten eigentlich ausmachen sollte, habe ich jetzt eine Menge. Und vielleicht war das in den letzten Jahren der Grund, weshalb ich nicht selten an den Feiertagen emotional wurde. Mich ziemlich einsam fühlte, manchmal sogar ein bisschen vergessen. Sicher, da war meine Familie – aber es war, als würde ein Teil von mir fehlen. Und daran konnten auch gute Freunde wenig ändern. Die steckten ja noch in dem, was ich nicht mehr hatte. Die feierten noch immer die Festtage, die es für mich so nicht mehr gab. Und was sonst völlig normal ist, fällt auf einmal schmerzlich auf: Du bist halt allein. Für dich. Und das kann unendlich traurig machen, gerade wenn man, so wie ich, jemand ist, der die Weihnachtszeit sehr genießt, dem sie wichtig ist und der ihre magischen Momente gerne teilen würde. Vielleicht der Grund dafür, warum wir den Begriff »Cuffing Season« für die Zeit zwischen Oktober und Februar, besonders aber für die Feiertage, eingeführt haben: Jeder wird irgendwie ein bisschen rührselig, will ein bisschen Liebe finden und sucht dann vielleicht auf dem Höhepunkt der Sehnsucht in der Heimat oder auf der letzten Weihnachtsfeier nach irgendeiner Form von Liebe. Sicher, gegen einen Feiertags-*fling*, den man nach 22 Uhr und ein paar Gläsern Sekt trifft, hätte ich eigentlich auch nichts. Aber anders als meine Freunde, die in dieser Kategorie alle schon vor Jahren vorgesorgt hatten und sich in den Heiligen Nächten mit Schwips in altbekannten und immer wieder gleichen Armen finden, ist da bei mir niemand, mit dem ich einen nostalgischen Sprung über die Feiertage wagen oder genießen wollen würde. Alle meine Ex-Freunde oder ehemaligen *flings* aus der Heimat hatten mittlerweile Kinder. Oder waren bei der Stadtverwaltung angestellt. Selbst Alex (mein klavierspielender Schulschwarm).

Es ist gerade 16 Uhr, als ich mein Elternhaus aufschließe.

Die erste Person, die ich treffe, ist meine Omi. Sie steht in der Küche und backt.

»Wie schön, dass du da bist, Kind«, ruft sie und umarmt mich fest und lange. Es gibt kaum eine bessere Umarmung als die meiner Oma.

»Ich freu mich auch! Was backst du?«

»Ach, nur schnell einen Kuchen, damit wir morgen zum Kaffeetrinken nicht hungern müssen.« (In dieser Familie hat noch nie jemand hungern müssen, schon gar nicht an den Festtagen.) »Aber jetzt erzähl erst mal – wie geht es dir, mein Kind?«

Ich erzähle ihr von meiner Reise nach Mexiko. Um mich von meinem Post-Gustav-Liebeskummer abzulenken, hatte ich eine Pressereise nach Mexiko gemacht, zwei Wochen lang sowohl Zentralmexiko als auch den Golf bereist und mich lieber in andere Geschichten als meine eigene gestürzt. Natürlich merkt meine Oma mir an, dass etwas nicht stimmt. Dass ich matter wirke als sonst. Ob ich genug schlafe, fragt sie. Ja, Oma. Ob ich genug esse, vor allem geregelt und nicht immer nur Pizza. Ja, Oma. Ob ich auch mal den heißen Holunderbeersaft trinke, den sie mir beim letzten Besuch mitgegeben hatte. Wegen der Vitamine. Ja, Oma. Überhaupt viel trinken. Ja, Oma. Und wenn der Stress zu viel werde, dann helfe Lavendel auf dem Kopfkissen. Ja, Oma.

»Sag nicht nur ›Ja, Oma.‹«

»Okay, Oma.«

Wir grinsen uns kurz an, dann setze ich mich auf einen freien Stuhl, greife mir den Holzlöffel und beginne, die Teigreste zu naschen, während Oma Streusel knetet.

»Deine alte Schulkameradin Bettina ist ja jetzt auch Mama geworden.«

»Mh-hmm«, mache ich.

»Ein kleines Mädchen. Ich hab ein paar Bilder gesehen. Sehr niedlich. Und auch der Papa ist ganz stolz drauf und schiebt immer mit dem Kinderwagen bei uns am Haus vorbei.«

»Aha …«

»Vielleicht seht ihr euch ja an Weihnachten mal.«

Ich spare mir die Erklärung, dass ich von Bettina seit zehn Jahren nichts gehört habe und auch nicht wirklich plane, das zu ändern. Und was weihnachtliche Familienzusammenführung betrifft, bin ich mit meinem Ex-Freund und seiner Kleinfamilie, die mir an jedem Heiligabend über den Weg läuft, bestens bedient. Überhaupt ist ein christliches Fest eigentlich gar nicht nötig, um mich auf dem Laufenden zu halten. Dass ich der letzte übrig gebliebene Single aus dem Abschlussjahrgang 2007 der Kleinstadt Salzwedel bin, verrät mir Facebook regelmäßig. Obwohl, ein paar Rückläufer kommen schon wieder in meine Richtung. Gut die Hälfte von denen, die sich mit zwanzig gebunden haben, stecken heute schon wieder in den ersten ernsten Trennungen. Und dennoch: Für das Klassentreffen im kommenden Jahr miete ich mir aller Voraussicht nach einen Mann. Denn auch, wenn mein Beziehungsstatus für mich viertrangig ist, für den messbaren Erfolg hier in der Heimat, ist er unabdingbar. »So, so schade, dass du immer noch Single bist. Bei dir erwartet man ja immer, dass du bei deinem Job und dem, was du so machst und wie viel du unterwegs bist, mit einem Hollywoodstar um die Ecke kommst«, hatte mir neulich erst eine ehemalige Mitschülerin eröffnet, die ich bei einem kurzen Heimatbesuch vor der Bäckerei getroffen hatte. Ich hatte gelächelt, genickt und mir die Antwort verkniffen.

Was »der junge Mann« mache, von dem ich neulich so viel erzählte, will Oma jetzt wissen und reißt mich aus meinen Gedanken. Ich weiß genau, wen sie meint, denn wirklich viel von meinem Datingleben erzähle ich in weiser Voraussicht nie. Für meine Oma ist es schier unmöglich, die Namen meiner engsten Freundinnen auseinanderzuhalten, aber einen Mann, den ich erwähne? Nach dem fragt sie noch Monate später – immer wieder. Ich wiegele ab:

»Keine Ahnung, wir haben uns länger nicht gesehen.«

»Ach, das tut mir leid«, sagt sie und trifft mit ihrem Ton genau ins Schwarze.

»Wieso? Alles gut, manchmal sehen wir uns halt öfter und manchmal ... weniger. Und gerade eben weniger.«

»Kind, du klingst aber geknickt.«

»Nein, ehrlich«, sage ich beschwichtigend, gebe ein gezwungenes Lachen von mir und muss dann schlucken. Und ohne zu überlegen, sage ich laut, was ich eigentlich kaum heimlich fühlen will, weil es ein bisschen weinerlich und irgendwie sogar armselig klingt, es ist das, was der Kopf augenrollend durchstreicht und wofür er nur ein halbherziges Lachen übrighat, weil dieses Leben für ihn auch ohne Mann oder Date ausgefüllt ist, weil er mehr Träume hat als Bridget Jones und weil er stolz auf all die ist, die er schon umsetzen konnte. Aber das Herz, das Herz hat seine schwachen Momente, vor allem zu dieser Jahreszeit.

»Es fühlt sich an, als würde einmal im Jahr durchgezählt werden. Wenn die Kinder nach Hause pilgern, die Familien sich vereinen und man mit einem kurzen Blick beim jährlichen Weihnachtskonzert oder dem Kirchenbesuch abscannt, wer es wohin geschafft hat. Und die einzige Währung für einen Mittzwanziger scheint in der Kleinstadt der Beziehungsstatus. Gleich danach kommt dann das Auto. Das habe ich immerhin. Kinder spielen eine gesonderte Rolle. Mehr als zwei sind assi, Kinder vor 24 heißt, du wolltest keine Karriere, aber wenn du mit 28 noch nicht mal Aussicht auf Kinder hast, ist das auch traurig. Es ist mir die meiste Zeit des Jahres egal, ob ich nun in einer Beziehung bin oder nicht, ich fühle mich wohl als Single und bin stolz auf alles, was ich schaffe, vor allem darauf, dass ich es allein schaffe und nicht habe für mich schaffen lassen. Mein Leben fühlt sich erfüllt an, der Job und meine Freunde, ich bin von guten, lieben Menschen umgeben, ich bin in meinem Job wirklich glücklich, ich liebe das Reisen, ich liebe die Fotografie und vielleicht habe ich sogar bald einen Vertrag für mein erstes Buch. Ich bin wirklich zufrieden. Aber an Weihnachten, wenn ich die Leute höre, die hinter meinem Rücken Dinge sagen wie: ›Noch immer allein, findet ihr Glück wohl nicht in der großen Welt! Alle schon in Level vier, nur die Mallon hängt weiter in der zwei fest‹, weißt du, dann komme ich mir vor, als würde man mich betrachten, den Kopf schütteln und mich für unfertig halten, weil ich wieder und wieder im Dezember allein nach Hause komme.«

»Seit wann interessiert es dich denn, was die Leute erzählen? Das ist Neid und Missgunst. Wir kritisieren immer dann ohne

Rücksicht, wenn andere etwas tun, wofür wir selbst nicht den Mut oder die Chance gehabt hatten. Dann kommst du eben noch weitere fünf Jahre allein im Dezember nach Hause. Mich kümmert das nicht. Es sei denn, es kümmert dich?« Natürlich merkt sie, dass es nicht nur um das geht, was die anderen meinen. Dass ein Teil von mir auch von ganz allein ein kleines bisschen sehnsüchtig ist.

»Manchmal ja. Nie so sehr, dass ich verzweifeln würde oder mich unter Druck setze. Ich weiß, dass manches Zeit braucht, und ich warte lieber, als mich zu verrennen. Ich meine, ich bin froh, dass ich mich zu meinem eigenen Tempo durchgerungen habe, anstatt es so wie alle anderen aus meiner alten Klasse oder meiner Studiengruppe zu machen. Ich lasse die ganzen großen Entscheidungen, wie Ehe oder Kinder, langsamer angehen. Manchmal zerstreut, definitiv ohne Plan und mit weitem Fokus. Und es fällt mir so schwer, das, was ich jetzt gleich sage, zuzugeben, weil ich ungern eine von den Frauen sein will, die ihr Glück an einem anderen Menschen festmachen. Dafür hab ich zu viel erreicht und zu hart gearbeitet. Und dafür habe ich ein viel zu schönes Leben. Und trotzdem. Zu dieser Zeit im Jahr fühle ich mich oft verloren.«

»Unsinn! Warum denn verloren? Du brauchst doch niemanden, der dir sagt, wohin du abbiegen sollst, du würdest vermutlich sowieso widersprechen.«

Ich muss kurz lachen, aber so einfach, mit einem halbherzigen Spruch, zerstreuen sich meine Zweifel heute nicht. »Manchmal macht es mir Angst, dass ich gar nicht mehr weiß, wie das ist, wenn da jemand wäre. Ich sitze da und kann mich nicht einmal erinnern, wie es sich anfühlt, in einer Beziehung zu sein, einer ernsten, mit Plänen und Perspektiven. Ich will meinem Leben ja gar keine Richtung aufdrängen. Ich mag es, die Dinge auf mich zukommen zu lassen. Aber ja, ab und an wäre es schön, wenn sich überhaupt eine Richtung abzeichnen würde. In solchen Momenten erwische ich mich dabei, dass ich denke, wie schön es wäre, wenn Mama und

Papa auch Enkelkinder hätten. Alle werden Großeltern oder planen Hochzeiten oder vergrößern ihre Familie. Ich meine, ich habe meine Familie vergrößert, mit Freunden, die sind der Teil, den ich mir aussuchen konnte. Ich habe eine Schwester, ohne, dass wir blutsverwandt wären, ich liebe meine Rolle als Tante für die Kinder meiner Freundinnen, ich bin so gern die große Cousine und ich spüre keinen Druck, das zu verändern. Nur manchmal, ganz selten, denke ich: Aber was ist mit Mama und Papa? Mit dir? Gerade an Weihnachten denke ich manchmal, dass es schade ist, dass unsere Familie so klein ist.«

»Weißt du, was ich mir wünsche? Ein glückliches Enkelkind. Eins, das lieber mit vielen Geschichten und ohne Sorgen nach Hause kommt. Eins, das mit sich selbst im Reinen ist, das auf die eigenen Träume und die Abenteuer genauso achtet, wie auf die Menschen, die sie mit möglich machen oder stets dabei sind. Und wenn ich dir so zusehe und zuhöre, dann ist dieser Wunsch schon in Erfüllung gegangen.«

Ich wische mir die Tränen ab, die mittlerweile über meine Wangen laufen und nicke.

»Na komm. Gib mir mal den Zucker von da drüben. Wir müssen den Kuchen fertig bekommen, und dann muss ich mich um den Fisch kümmern. In einer Stunde gibt es Abendessen.«

Entscheidungen

Das Gespräch mit meiner Oma, die Festtage, überhaupt dieses komische Gefühl, dass einmal im Jahr, unter der Tanne des Rathausplatzes durchgezählt wird, die neuen Babys meiner alten Freunde, die sich dieses Jahr auch darunter fanden, all das geht mir noch mal durch den Kopf, als ich mir an der Raststätte gut neunzig Kilometer von zu Hause entfernt einen Kaffee hole, als ich mich langsam mit all den anderen frühen Heimkehrern durch den Elbtunnel schlängele, auch noch, als ich schließlich die Geschenke und meine Reisetasche aus dem Koffer lade und meine Wohnungstür aufschließe. Ich kann nichts dagegen machen, eine Frage hängt mir fest im Kopf. Eine Frage, bei der ich mich fühle, als hätte ich längst eine klare, völlig natürliche, bereits in mir verankerte Antwort haben sollen, diese Frage, für die ich noch immer nicht bereit war. Was war mit mir? Wollte ich eigentlich Kinder?

Ich hatte sie zum ersten Mal an meinem 25. Geburtstag gehört und für absolut absurd gehalten. Das Thema war beim Mittagessen aufgekommen. Meine Mutter hatte festgestellt, dass sie selbst genau 25 Jahre alt gewesen war, als sie mich an einem Dezembermorgen zur Welt gebracht hatte, und auch ihre Mutter war in exakt dem gleichen Alter gewesen, als sie geboren wurde. Die Familiengeschichte unterbrach sich mit mir, der dritten Generation. Die Vorstellung, an meiner Geburtstagstafel nicht mit einem Glas Wein, sondern mit Senkwehen zu sitzen, war mir damals vollkommen absurd vorgekommen, der Gedanke hatte nicht die geringste Form, zog nicht einmal durch meinen Kopf, sondern verflüchtigte sich schon, bevor er hätte näher kommen können.

Daran hatte sich bis heute nichts geändert. Ich hatte in den letzten Jahren unzählige Erfahrungen gesammelt, ich hatte mich beruflich von der Studentin, deren größter Traum es gewesen war, für ein Modemagazin zu schreiben, zu einer unabhängigen Fotografin und Autorin entwickelt, ich hatte drei der sieben Kontinente ausgiebig bereist und war in drei von vier Ozeanen geschwommen, ich hatte mich vom Leben in einer ständig wechselnden WG verabschiedet und eine eigene Wohnung zu meinem Zuhause gemacht, ich hatte mich getrennt, verschiedene Erfahrungen mit verschiedenen Männern gemacht und war der Frage, was ich von der Liebe eigentlich wollte, ein bedeutendes Stück näher gekommen, wenn ich sie auch noch nicht greifen konnte. Aber wenn es um Kinder ging, stand ich noch an genau der gleichen Ausgangsposition wie vor mindestens vier Jahren.

Wenn Freundinnen mir erzählten, dass sie schwanger waren, zuckte ich noch immer vor Schreck zusammen und suchte nach der richtigen Reaktion. Ich hatte mich noch immer nicht daran gewöhnt, dass diese News sich jetzt nicht nur häuften, sondern auch noch gewollt waren und gefeiert wurden. Meine Freundinnen hatten keine Angst mehr, schwanger zu sein. Sie hatten den Plan, es zu werden. Schwangerschaftstests kaufte auf einmal niemand mehr versteckt unter Milch, Brot und Geschirrspülmittel in einer abgelegenen Drogerie, sondern stolz, sichtbar und im Dreierpack in der Apotheke.

Als ich meinen letzten Schwangerschaftstest an einem Sonntagmorgen im Oktober gekauft hatte, nicht weil ich einen echten Grund, aber so ein gewisses Gefühl gehabt hatte, erwartete ich mindestens einen besorgten Blick der Apothekerin, vielleicht sogar ein paar belehrende oder beruhigende Worte. Stattdessen segnete sie mich, strahlte über das ganze Gesicht und wünschte mir viel Glück, unwissend, dass wir ganz unterschiedliche Vorstellungen vom Ergebnis hatten. Zum Glück blieb der zweite Streifen aus. Beim Brunch stieß ich mit einem Glas Sekt darauf an, dass ich genau dieses Leben und diese Freiheit weiter genießen konnte, fühlte mich von einer Last befreit.

Es war nicht der erste Schwangerschaftstest meines Lebens gewesen, aber die Erleichterung, nicht schwanger zu sein, blieb die gleiche. Ich war erleichtert – und kein bisschen enttäuscht. Ich fühlte mich viel zu jung. Und genau das war vielleicht der Punkt, der mich so nervös machte. Denn eigentlich war ich nicht mehr zu jung, ich war bei meinem letzten Test 28 gewesen und nun gerade 29 Jahre alt.

Als ich mich später mit einer alten Freundin auf unseren jährlichen After-Christmas-Coffee treffe (seit Jahren sehe ich Jenny am ersten Nachmittag nach Weihnachten, um uns in Ruhe über das vergangene Jahr, seine Highlights und Herausforderungen upzudaten. Sie lebt mittlerweile in Berlin, ist Redakteurin und beruflich mindestens genauso viel unterwegs wie ich, sodass uns viel zu oft wirklich nur dieser eine Nachmittag bleibt) und wir durch den Schneematsch meines ausgestorbenen Viertels spazieren, erzähle ich ihr von meinen Gedanken.

»Stell dir vor, ich hätte jetzt ein Kind. Ich würde mir Gedanken über Kindergärten und Vorschulen machen, ich hätte einen anderen Job, keine halbe Pizza neben meinem Bett an einem Samstagmorgen, aber dafür einen Küchenschrank voller praktischer Gläser.«

»Was sind denn praktische Gläser?«

»Solche, die Kinder einfacher greifen können und deren Glas ein bisschen dicker ist. Ich hatte mal eine Freundin mit ihrer Tochter in meiner Wohnung zu Besuch und als das Kind eines meiner Sammelgläser zerschlug, hat sie mir einen Vortrag darüber gehalten, dass man merken würde, dass in diesem Haushalt ein Single lebt, weil meine Einrichtung eine Todesfalle sei und meine Gläser zu dünn und damit viel zu empfindlich.«

»Natürlich sind deine Gläser dünn, du schenkst darin ja auch Rotwein ein und keinen warmen Kakao. Und im besten Fall sind die Menschen, die daraus trinken, volljährig!«

Ich mühe mir ein Lachen ab, tatsächlich zieht sich mir allein bei der Idee, längst Mutter zu sein, der Magen zusammen. Die Vorstellung, dass viele genau das von mir in nächster Zukunft erwarteten, dieses unwillkommene Ticken im Ohr, das mindestens fünf Jahre vorging, machte mich wahnsinnig und nahm mich auf einmal völlig ein. Ich hatte es schon öfter gehört, immer mal wieder in den letzten Jahren, wenn wieder eine Bekannte nach einer größeren Wohnung in ruhigerer Lage, gerne mit Garten, suchte, weil sie sich für eine Familie entschieden hatte und schwanger geworden war. Aber so laut wie in den letzten paar Tagen hatte ich es noch nie gehört. Nur hatte ich, anders als viele Frauen aus meinem Umfeld, nicht die Panik, dass ich etwas verpassen könnte, sondern dass ich jetzt wirklich bald anfangen müsste, obwohl ich mir nicht einmal sicher war, ob ich mitmachen wollte.

»Was mich am meisten nervt, sind die engen Zeitfenster, die Frauen ab ihrem dreißigsten Geburtstag scheinbar zur Auswahl stehen. Wer mit dreißig noch kein Kind will, der ist selbstbestimmt und tough, der hat seine eigenen Ziele. Wer mit 35 noch immer keins will, dem bleibt die Rolle der coolen Tante, mit dem aufregenden Leben, die immer mit den besten Geschenken zu Besuch kommt. Aber von dort bis zur verrückten Tante mit den blauen Ponyfransen, die sich mit ihrem Hund unterhält, ist es ein schmaler Grat, und spätestens mit 45 bist du dort für die meisten angekommen. Das ist doch ungerecht.«

»Den Hund hast du ja schon mal …«

»Mann, ich meine das ernst. Hast du nie das Gefühl, dass du den Druck auf den Schultern förmlich spüren kannst, obwohl du selbst dir nicht weniger Druck machen könntest? Dieses fiese, ziepende Gefühl, dass du vielleicht etwas Wichtiges übersiehst oder alles falsch machst, wenn du nicht willst, was alle anderen wollen?«

»Doch klar. Manchmal hab ich das Gefühl, dass mir so viele Menschen sagen, was ich mir ab jetzt wünschen werde oder was ich ab jetzt unmöglich nicht doch längst wollen kann, dass ich gar nicht mehr weiß, was ich will. Und wenn ich es dann herausfinden will ...«

»... erntest du trotzdem noch Unverständnis von der Familie, und selbst von Freunden, und schon wieder hängt man dir ein Zeitlimit an«, beende ich ihren Satz.

»Ganz genau. So nach dem Motto: Ist es für diese Suche nicht so langsam ein bisschen spät? Wie viele Umwege willst du denn noch machen? Solltest du nicht langsam mal eine Richtung festlegen? Und ich denke mir immer: Wie soll ich denn meine Richtung kennen? Bis ich 25 wurde, habe ich mir die wichtigsten Fragen doch gar nicht gestellt, weil ich ganz andere Prioritäten, Unistress und ständig kein Geld hatte. Und dann habe ich noch mal ein paar Jahre gebraucht, um überhaupt mutig genug zu sein, mir die Frage zu stellen, was ich wirklich von einem Leben will, das ich zwar angeblich selbst bestimmen kann, dessen Timing aber doch irgendwie für alle gleich zu ticken scheint. Ich hab erst mit 28 den Mut aufgebracht, mich für den Moment gegen das zu entscheiden, was man längst von mir erwartet oder was viele Freundinnen augenscheinlich so glücklich macht. Und soll ich dir was sagen? Immer wenn ein neues Baby in meinen Freundeskreis kommt, fühle ich mich fast unter Druck gesetzt, mich jetzt bloß genug zu freuen, damit bloß niemand denkt, ich würde die Lebensentscheidungen meiner Freunde nicht genug unterstützen. Denn mein mangelnder Kinderwunsch allein ist ja quasi schon ein Statement. Und dabei freue ich mich wirklich für jede Frau, die Mutter wird und sich das auch gewünscht hat. Ehrlich.

»Ich weiß, was du meinst. Ich wünsche mir manchmal einfach nur, dass man auch eine Beförderung oder die Selbstständigkeit einer Frau genauso feiern würde wie eine Verlobung oder eine Schwangerschaft. Ich meine, ich habe gerade einen Vertrag unterschrieben, dass mein Podcast, den ich erst vor einem Jahr gegründet habe, von Condé Nast gekauft wird. Das ist ein riesiger Erfolg für mich! Aber irgendwie heftet daran immer der Trostpreis, in den ich meine Energie eben gesteckt habe, weil alles andere gerade nicht erreichbar ist.«

Als Langzeitsingle ohne ausgesprochenen Kinderwunsch, als jemand, der gern Boutique-Hotels bucht, in denen nur Gäste ab 18 Jahren erlaubt sind, und nach dem Vorfall mit der Pasta (ich hatte dem dreijährigen Sohn einer Bekannten ganz unbedarft meine selbst gemachte Bolognese serviert, die ohne Knoblauch, aber nicht ohne einen gewissen Anteil Portwein auskam), hatte ich ohnehin ständig das Gefühl, beweisen zu müssen, dass ich mich über Einladungen zu Kindergeburtstagen freute.

Für eine Weile schwiegen wir, Jenny checkte ihre Nachrichten und entschuldigte sich für ein kurzes Telefonat nach draußen, ich ließ den leisen, dritten Feiertag am Fenster vorbeiziehen. Das Jahr hatte nur noch ein paar Tage. Und ich hatte noch immer nicht entschieden, was ich vom neuen wollte. In meinem Kopf spielte ich durch, wie es sich anfühlte, wenn ich mir vorstellte, dass der kommende Sommer wirklich der letzte wäre, den ich genauso frei und ungebunden entscheiden könnte, wie ich es immer getan hatte. Noch einmal alles machen, worauf ich Lust hatte, bevor ich dann bleibende Entscheidungen treffen müsste. Es dauerte nur ein paar Sekunden, dann hielt ich es in meinen Gedanken schon nicht mehr aus. Es schnürte mir den Hals zu, die Zeit, die mir vermeintlich noch blieb, die babyfreien Jahre, die ich noch hatte, an zwei Händen abzählen zu können.

Manchmal hatte ich das Gefühl, eine Frau konnte sich entweder die Zeit und die Freiheit nehmen, herauszufinden, was sie wirklich vom Leben wollte. Oder sie konnte Kinder bekommen. Es gab Tage, da fühlte es sich an, als ginge nicht beides, weil die Zeitfenster dafür sich einfach zu stark überschnitten. Oder vielleicht ging beides, aber nur, wenn man die Mindestanzahl der Umwege und Zwischenstopps nicht überschritt und sich dann mit großen Schritten auch direkt auf den Weg zum LOS machte. Wer nicht regelmäßig in die nächste

Runde kam, der ging bankrott. Und da begriff ich: Ich fühlte mich nicht panisch, den richtigen Moment für Kinder zu verpassen, ich fühlte mich von ihm verfolgt.

Ich wollte keine Entscheidungen gegen meine Freiheit, aber für ein Kind treffen, von dem ich noch nicht einmal wusste, ob ich es wollte. Freiheit, die Freiheit, die Liebe zu finden, die Freiheit, mein Leben noch überall leben zu können, noch keine Entscheidung getroffen zu haben, die ich wirklich bereute, fühlte sich für mich in diesem Moment wie der eigentliche Gewinn an, alles das, was ein Kind mir geben konnte, wie der mich liebevoll tröstende Preis für das, was ich aufgeben müsste. Ich war noch nicht bereit.

Ich wusste auf die Frage, was ich mir denn dann für mich vorstellte, keine genaue Antwort, aber tief in meinem Innersten war ich davon überzeugt, dass es etwas anderes war, als einfach nur bald in einer Beziehung mit Nachwuchspotenzial anzukommen und mich dann auf die Suche nach einer größeren Wohnung zu machen. Ich wusste, dass es noch etwas anderes für mich gab. Und ich wollte es finden.

Kapstadt – ein neues Kapitel?

»Ich glaube, du musst raus. Raus aus dieser Stadt. Raus aus der Blase um Gustav. Lina, pack den Koffer und komm einfach her. Ich glaub, das würde dir total guttun!«

Damit fing eigentlich alles an. Mit einer WhatsApp-Nachricht von Maggs. Meiner Freundin aus Kapstadt. Wir hatten uns im März des letzten Jahres auf einer meiner Reisen kennengelernt. An meinem letzten Abend in Südafrika hatte ich auf einer Dachterrasse gesessen, eigentlich schon die Rechnung bestellen wollen, als mich jemand antippte: »Bist du Lina?«, hatte mich die unbekannte Frau mit den braunen Locken gefragt, und ich hatte zögerlich genickt: »Ja ...«

»Du bist Bloggerin, oder? Ich liebe deine Kolumne!«

Die Frau hieß Sarah und war mit einer Freundin unterwegs, die an der Bar gerade Drinks holte. Da der Laden voll war, bot ich ihr den Platz an unserem Tisch an. Sie winkte ihre Freundin zu uns rüber und stellte sie als MagdaLeo vor.

Ich habe selten so schnell mit jemandem geklickt wie mit Maggs. Gut zwei Stunden saßen wir noch unter dem sommerlich warmen Nachthimmel von Kapstadt, bevor das Yours Truly schloss und ich am nächsten Tag wieder nach Deutschland flog. Aber die reichten, um aus uns erst Bekannte und schließlich Verbündete zu machen. Wir tauschten täglich stundenlang Nachrichten aus, hatten Skype-Dates und WhatsApp-Calls. Maggs wusste über mein Leben in Deutschland Bescheid und immer öfter beneidete ich ihres in Kapstadt. Während ich das Land bisher viermal bereist hatte und immer wieder sehnsüchtig die Flugpreise checkte, hatte sie den großen Sprung schon gewagt und war 2017 für ihr Studium an einer Design-Akademie nach Südafrika gegangen.

»Was hast du schon zu verlieren? Du hast keine Beziehung, keine Kinder, du kannst deine Wohnung einfach untervermieten und deinen Job von überall aus auf der Welt machen. Eigentlich müsstest du fast sauer auf dich sein, wenn du diesen Luxus nicht besser auszunutzen weißt.«

Da war was dran. Und der Zeitpunkt sogar perfekt.

Ich suchte eine neue Herausforderung und Maggs eine Mitbewohnerin. Zwei Tage suchte ich noch nach Gründen, um mich aufzuhalten. Am 5. Januar buchte ich mein Ticket. Am 7. Januar flog ich ab.

Wer in Kapstadt leben will und einen deutschen Pass hat, der steigt einfach in ein Flugzeug, bucht sich ein Apartment und tut es. Bis zu neunzig Tage, also drei Monate, geht das mit einem Stempel und kostet keinen Cent. Als ich ins Uber steige, kurble ich sofort das Fenster herunter. Die Sonne strahlt, es ist erst acht Uhr morgens, aber hat bereits 25 Grad Celsius in der *Mother City*. 9.887 Kilometer trennen mich von Hamburg, von Gustav, von gescheiterten Freundschaften und von meinem Ballast. Nur 23 Kilogramm Gepäck habe ich dabei. Gerade genug für einen Neuanfang.

***

Mein erster Monat in Kapstadt fühlt sich an wie endlich wieder Sommerferien haben. Ich beginne meine Tage mit einem langen Spaziergang an der Promenade, gönne mir einen Iced Coffee in meinem Stammcafé, arbeite am Laptop bis in den späten Mittag hinein – und klappe ihn dann zu. Ich lese am Strand, ich entspanne auf unserer kleinen Terrasse und genieße meine neue WG. Ich liebe das Gefühl, dass immer jemand da ist. Maggs, ihre Schwester, ihr Freund – oder Matt.

Den sollte ich vielleicht kurz erwähnen.

Ich kenne ihn schon länger, hatte ihn, genau wie Maggs, schon im letzten Jahr kennengelernt und eine Nacht mit ihm verbracht. Matt war SEO-Consultant für Travel-Blogs, genau wie ich Freelancer und passte genau in meine Stimmung. Ein paar Tage nach meiner Landung hatten wir uns auf ein paar Drinks getroffen. Seitdem kam er immer mal wieder bei uns vorbei. Es ist schön mit Matt. Schön, wenn wir uns sehen, unbeschwert, gleichberechtigt, offen und ausgesprochen. Er weiß, dass ich gerade über jemanden hinwegkommen will und ich weiß, dass er keine feste Beziehung sucht. Die absolute Ehrlichkeit zwischen uns ist genau das, was ich gerade brauche. Und da ich mich in einer Art Auszeit befand, auch was meine Gefühle betraf, beschlossen wir, uns auf drei gemeinsame Monate zu freuen, sie auszukosten und es nicht kompliziert zu machen. Seit ein paar Wochen sehen wir uns ein- oder zweimal in der Woche.

Als er das erste Mal absagt, stört es mich darum nicht. Und auch als er einen weiteren Abend in letzter Minute cancelt, ist es okay. Unter der Woche sind unsere Tagesrhythmen ohnehin völlig unterschiedlich. Ich stehe gern um sieben Uhr auf, er schläft gern, um mich gewickelt, bis neun Uhr aus, springt dann meistens nur in eine Jeans, bindet sich die Haare im Gehen zusammen und trinkt den Kaffee unterwegs. Ihn an diesem Donnerstag also nicht zu sehen und lieber eine frühe Fototour mit Maggs zu planen, passt mir darum genauso gut.

Als ich ihn am kommenden Wochenende zum Dinner bei mir einlade und keine Antwort bekomme, hake ich am Sonntag nach: »Hey du, nicht mal Pasta zieht dich nach Seapoint? Ist alles okay?«

»Ja, viel Stress ...«

»Viel Stress und außerdem musst du jetzt für jedes Zeichen extra bezahlen?«

»Nein, das ist nicht das Problem ...«

»Es gibt ein Problem?«, frage ich und weiß ganz genau, was jetzt kommt.

»Hör zu ...«, schreibt er und lässt sich dann viel Zeit. Und ich möchte ihm die Zeilen gerade abnehmen, ihm vorwegnehmen, dass er mir auch ohne vorherige Funkstille hätte sagen können, dass er mich nicht mehr sehen will, als er schreibt. Wie schwer kann ein bisschen Ehrlichkeit sein? *Come on!*

»Es ist alles irgendwie ziemlich kompliziert. Ich will ja nichts Festes und du ja auch nicht und darum ist es eigentlich auch so schön und so einfach mit uns. Aber ich habe eigentlich eine Beziehung ...« Nicht sein Ernst.

»Wie lange schon?«

»Seit Januar, aber ich bin mir nicht sicher, ob ich das überhaupt noch will. Ich weiß gerade gar nichts.«

Und ich wiederum weiß nicht, ob es nun eigentlich die Situation mit Matt oder eine allgemeine Wut ist, die mich wie einen Katalysator antreibt, die mich nicht zögern, nicht ach so emphatisch alles verstehen oder am besten auch noch mitfühlen lässt. Ich.habe. es.satt. »Lass es mich kurz machen, Matt. Du bist nicht unsicher. Du bist wahrscheinlich einfach nur ein Arschloch. Das ist alles.«

»Lina, mir fällt das echt alles nicht leicht. Da ist einfach so viel gleichzeitig in meinem Kopf.«

»Und was möchtest du jetzt von mir? Lob und Applaus, weil du ein Gefühl zugeordnet hast? Seit wann ist das Eingeständnis von Unsicherheit eigentlich die neue Generalentschuldigung für all den Bullshit, den man anderen Menschen vor die Füße wirft? Seit wann ist es okay, seinen Egoismus zum allgemeinen Anrecht auf Verständnis zu machen? Glaub mir, jeder ist unsicher, jeder hat irgendeinen Shit, den er noch nicht gelöst hat und mit sich herumträgt. Trotzdem auch auf andere zu achten, ehrlich und rücksichtsvoll zu sein, das ist nicht die höchste Form von Buddhismus, sondern Sozialkompetenz. Du bist doch nicht frei davon, Entscheidungen zu treffen, nur weil du sie nicht magst oder sie unbequem findest oder sie dich anstrengen!«

»Ich weiß einfach nicht, was ich will. Ich mag dich doch auch. Es ist nur alles so schwierig.«

»Es ist ehrlich gesagt sehr leicht. Triff die Person, mit der du eine Beziehung führst. Oder führ eben keine Beziehung und triff die Person, mit der du lieber sein würdest. Was uns betrifft, nehme ich dir die Entscheidung sogar ab, ich nehme mal an, das war sowieso das, was du dir insgeheim gewünscht hast.«

Es hat ewig gedauert, das, was jetzt kommt, festzustellen: Ich bin durch mit diesen Grundschullektionen in Sachen Liebe. Ich hab keine Nerven mehr dafür, ein unverstandener Insiderwitz zu sein. Ich hab keinen Bock mehr darauf, die Unsicherheiten, Entscheidungsschwächen, Sprunghaftigkeiten anderer zu tragen, nur weil ich eben meinen Shit im Griff und noch eine Hand frei habe. Ich hab keine Lust mehr, Bullshit zu romantisieren.

Es ist dieser Mangel, die Abwesenheit von irgendeiner Entscheidung, Bewegung, Absicht und Verantwortung, die mich wütend macht. Dieses ewige Unvermögen, das als umfassende Ausrede herhält, ist es, das einer Affäre für mich jede Anziehung nimmt – oder dem Mann, mit dem ich sie hatte. Entscheidungsschwäche resultiert aus Unsicherheit, aus feigen Charakterzügen, aus dem Gefühl, Verantwortung abzustreifen und andere für dich aufräumen zu lassen, aus der Erfahrung, dass das klappt, und der eigenen Legitimation, sich damit gut zu fühlen. Ich meine, du musst nicht ständig wissen, was du zum Abendessen ordern und ob du lieber ein Bier oder ein Glas Weißwein haben willst und ja, du darfst zweifeln und zaudern. Aber wenn es um Gefühle geht, wenn mehr als die Restaurantrechnung auf dem Spiel steht, andere Menschen involviert sind, deine Versprechen ihnen gegenüber, dann sitz nicht da und halte deine Schwäche wie eine Krankschreibung hoch, sondern werd erwachsen!

Für alle, die sich jetzt fragen, ob ich nicht einfach nur verletzt war, dass Matt sich nicht exklusiv für mich entschieden hatte: Nein. Ich hatte ihn nie gewollt. Ich hatte ein Pflaster aus Brausepulver gebraucht, hatte nichts riskieren, aber trotzdem kribbeln wollen. Und es hatte funktioniert. Wir waren diese ganz eigene Mischung aus gleichberechtigter Unverbindlichkeit, Neugierde am anderen, aus Ehrlichkeit und schonungsloser Offenheit, aus Sex und erfrischendem Zynismus gewesen. Ich hatte einfach wirklich eine richtig gute Zeit mit ihm. *Friends with benefits* sind selten, bei uns hatte es irgendwie geklappt. Aber seine Lüge hatte alles verändert. Hatte mir nicht nur den Spaß, sondern auch den Geschmack genommen. Auf einmal war er mir über. Auf einmal hatte ich keine Lust mehr. Auf einmal schmeckten wir schal.

In dem Moment, in dem er gelogen hatte, hatte er auch unseren Wert definiert und uns so weit gemindert, dass es mir jetzt zu wenig war, denn was ich wirklich an uns geschätzt hatte, war diese ungespielte Ehrlichkeit gewesen. Ich hatte es genossen, mit ihm um die Regeln zu spielen, solange wir uns an genau eine hielten: Spiel nicht mit Herzen oder mit denen, die es mit deinem tun. Das machte uns besonders, das machte uns echt, auch wenn wir nie etwas ganz Großes waren. Jetzt waren wir auserzählt. Punkt.

»Maggs?«, rufe ich ins Wohnzimmer und schlage meinen Laptop zu. »Wir gehen aus!«

Zu viele Männer?

»Tequila oder Champagner?«, fragt sie mich über die Karte hinweg, wartet aber meine Antwort kaum ab. »Maggs meinte, du hast dich heute getrennt. Also Tequila, um es zu vergessen, oder Champagner, um darauf anzustoßen?« Wir treffen uns zu viert im Clarke's. Als ich Maggs die Neuigkeiten um Matt, seine geheime Beziehung und meinen gesetzten Punkt überbrachte, schenkte sie uns erst wortlos einen Wodka ein (»Ganz ehrlich, Mallone? Ich war nie ein Fan von dem! Cheers!«) und kümmerte sich danach sofort um unsere Pläne für den Abend.

Die Mädels besetzten den Tisch im Clarke's schon seit dem späten Nachmittag, ich zähle eine leere Weinflasche und zwei Cocktailgläser auf dem Tisch, als Maggs und ich uns gegen Abend zu ihnen setzen. Das ist zum Beispiel so großartig an Kapstadt: Irgendjemand hat, egal an welchem Wochentag, immer einen Tisch irgendwo in der Stadt reserviert, und eingeladen, sich zu setzen, ist generell jeder, der noch einen freien Platz findet. Als Maggs ihre Mädels, die sie aus der Uni kannte, angerufen hatte, um sie nach ihren Plänen zu fragen, zögerten sie keine Sekunde, uns einzuladen, obwohl ich sie kaum kannte, bisher hatten wir erst ein paar Abende miteinander verbracht oder waren uns auf Partys über den Weg gelaufen.

»Hm, für Tequila ging es zu leicht und für Champagner fühle ich mich nicht euphorisch genug - vielleicht einfach eine Flasche Rosé?«, schlage ich vor.

»Warum habt ihr euch überhaupt getrennt?«

»Wir haben uns eigentlich gar nicht getrennt. Wir waren nie zusammen.«

»Aber Maggs meinte, ihr habt euch gedatet?«

Während meine Freundin entschuldigend die Arme hebt, zucke ich nur mit den Schultern. »Es war nicht wirklich exklusiv.«

Jessica reicht das nicht als Erklärung. Als der Wein gebracht wird, versucht sie es noch einmal. »Komm schon, Lina, du bist der einzige Single am Tisch. Du musst uns mit ein paar Datingstorys unterhalten«, sagt sie augenzwinkernd und schenkt mir ein Glas Chenin Blanc ein.

»Ich hab sonst keine«, antworte ich und nehme einen Schluck noch vor allen anderen, als müsste ich mich wappnen. »Irgendwie passt es gerade einfach nicht. Nicht mit ihm, nicht mit irgendjemandem.«

Wir stoßen an und ich höre Jessica sagen: »Vielleicht ist das ja auch mal besser so, oder? Man muss es ja nicht übertreiben.«

»Übertreiben?«

»Na ja, mit jedem Zweiten schlafen, nicht wählerisch sein. Also auch wenn man eine Dating-Kolumne hat und auf Storys kommen muss ...«

Ihr Satz klingt nach. Zum einen, weil ich nach Worten suche, und auch, weil die anderen beiden unbequem schweigen und mir unsichere Blicke zuwerfen.

»Rumgekommen?«, frage ich bemüht neutral nach, kann den Ärger in meiner Stimme aber nur schwer verbergen.

»Ja, bei den Männern. Du machst ja keinen Hehl daraus, dass du das mit dem Sex ziemlich locker nimmst. Aber das kann halt auch schnell umschwenken und billig wirken, gerade als Frau.«

»Gerade als Frau?« Spätestens jetzt war ich gereizt.

»Lasst uns das Thema wechseln«, versucht Mona fast schüchtern zu schlichten, aber ich unterbreche sie. »Nein, lass sie das doch ruhig mal erklären. Wie genau kommst du auf die Idee, dass ich für Männer eine Art billige Option bin? Das willst du damit doch sagen, oder?«

»Na ja, ich finde einfach nur, dass man als Frau nicht mit jedem Mann ins Bett gehen muss. Und wenn man deine Kolumnen liest oder den Podcast hört, in denen ständig neue Männer auftauchen, kann man ja schon das Gefühl bekommen, dass du ...«

»Dass ich was?«

»Vielleicht mit zu vielen Männern schläfst.«

»Wie viele Männer sind denn ›zu viele‹ Männer? Hast du da eine Zahl, einen Richtwert?«, ich halte ihrem Blick stand und ziehe herausfordernd die Augenbrauen nach oben. Sie steigt sofort darauf ein.

»Anders gefragt, Lina, mit wie vielen Männern hast du denn bisher geschlafen?«

»Vielleicht zähle ich ja nicht«, provoziere ich sie und lehne mich angespannt ein Stück vor.

»Aber du kannst sie noch schätzen?«

Ich lasse mir mit meiner Antwort eine ganze Weile Zeit, hole dann einen Stift heraus und schreibe auf die Papiertischdecke. »Mal sehen. Ich bin jetzt seit fünfeinhalb Jahren Single, date aktiv, bin aber in keiner längeren Beziehung gewesen. Nehmen wir rein rechnerisch an, dass ich alle zwei Monate einen neuen Mann kennenlerne, alle acht Wochen mal ein neues Date habe. Das ist nicht gerade viel, aber ein fairer Durchschnitt von vielleicht sechs Männern pro Jahr, die ich neu kennenlerne. Auf meine aktuelle Zeit als Single gerechnet, käme ich so auf 33 Männer. Wenn man jetzt überlegt, dass nicht jedes Date ein Treffer ist, du mich aber auch für nicht gerade wählerisch hältst, habe ich vielleicht mit jedem dritten von ihnen geschlafen, also mit 2,3 Männern pro Jahr, was erschreckend wenig ist, wenn du überlegst, dass es meistens 365 Tage hat. Macht also 13 Männer seit meiner letzten langen Beziehung.« Ich kreise die Zahl schwungvoll ein. »Also? Was macht mich das jetzt in deinem Wertesystem?«

»Ich wollte dich gar nicht angreifen. Es war ja nur ein Denkanstoß. Und zu deiner Rechnung, ich verstehe schon, was du mir damit sagen willst. Aber nicht jeder bleibt so lange Single wie du, du kannst dich da nicht als Maßstab nehmen.«

»Und was ist mit denen, die sogar noch länger Single sind? Die vielleicht Mitte zwanzig sind, aber bei denen es aus unterschiedlichsten Gründen noch nie mit einer festen Beziehung geklappt hat. Haben die ihr Kontingent dann deiner Meinung nach irgendwann aufgebraucht? Und müssen pausieren? Oder sich lieber schon von Anfang an vorsorglich die Dates einteilen, weil man ja nie wissen kann, wie viele Versuche man braucht? Oder klammern sie sich dann einfach nur noch an Nummer neun, um nicht in die Zweistelligkeit und damit in die Schlampenkaste zu rutschen?«, ich funkle sie triumphierend an und werfe den Kugelschreiber auf den Tisch. Slutshamerin.

»Und warum bist du also noch Single? Weil du willst oder weil du musst?« Rumms. Den Haken habe ich nicht kommen sehen. Und für einen Moment fühlte ich mich matt gesetzt. Hatte sie recht? War ich wirklich so selbstbestimmt, wie ich es dachte? Oder war ich nur so unabhängig, weil ich es musste?

Ich hatte mich nicht entschieden – jetzt und hier – Single zu sein, das stimmte, ich hatte mir ein anderes Ende für mich und Gustav gewünscht, es nur nicht in der Hand gehabt.

Aber meine Trennung von Dominik – die hatte ich entschieden und durchgezogen, ohne zu zweifeln, ohne in schwachen Momenten zurückzukehren. Und auch Finn hatte ich freiwillig losgelassen. Ich hatte mich gegen Tom behauptet und mich von ihm nicht beirren oder klein machen lassen und auf die Grenze, die ich Matt gesetzt hatte, war ich stolz. Es stimmte, man konnte nur bedingt entscheiden, welchen Beziehungsstatus man hatte. Zu einer Beziehung gehörten immer zwei Menschen, zwei Herzen. Aber zu einer guten Entscheidung, für mich, für meinen Weg, gehörte nur ich selbst.

Dass ich noch Single war und wie lange ich es bleiben würde, lag nicht nur in meiner Hand.

Aber dass ich mich gegen die Dates und Männer entschied, die mir nicht guttaten, mich aufhielten, die unentschlossen oder einfach unehrlich zu mir waren – das lag nur bei mir.

***

»Gehts dir gut?«, fragt Maggs mich, als wir später zu Fuß nach Hause spazieren. »Das mit Jessica war irgendwie – intensiver als gedacht. Tut mir leid, dass ich so still war. Ich weiß nicht, ob es daran liegt, dass sie schon seit der Schule mit ihrem Freund zusammen ist, aber sie hat diese negative Einstellung gegenüber One-Night-Stands.«

»Damit ist sie nicht allein, ich bekomme eigentlich ständig Kritik für den angeblichen Männerverschleiß, den ich in meinem Podcast ›zelebriere‹.«

»Das darfst du nicht ernst nehmen, das sind ein paar anonyme Hater.«

»Ich weiß nicht, ich glaube, der One-Night-Stand hat noch immer den Ruf, dass er ein Versehen, ein Unfall oder eine Trennungsreaktion sein sollte und besser keine Angewohnheit. Er ist für so viele noch immer etwas, das Männer haben müssen, um sich selbst zu finden, und was Frauen mal probieren sollten, bevor sie besser früh als spät herausfinden, dass es eigentlich schlecht ist.«

Zumindest, was die Qualität des Sex betraf, stimmte das ja auch irgendwie. Die romantisierte oder vielleicht auch von zwei Drinks befeuerte Erwartung, wenn man sich auf einen One-Night-Stand einließ, war: leidenschaftlicher Sex mit einem Fremden, unausgesprochene Anziehung, körperlicher Magnetismus. Die wahrscheinlichere Realität in neun von zehn Fällen? Die dauerte manchmal nur acht Minuten. Und hatte nichts mit Anziehung und einem erhöhten Serotoninlevel zu tun. In Wahrheit war ein One-Night-Stand meistens schlicht Sex mit einem Fremden – und er endete fast immer mit dem Orgasmus des Mannes. Das soll keine negative Schuldzuweisung, sondern ein schonungsloser Tatsachenbericht sein.

Laut einer Studie,[1] die ich mal in der deutschen Ausgabe der *NEON* fand, haben 78 Prozent der Männer bei einem One-Night-Stand einen Orgasmus, allerdings nur 22 Prozent der Frauen. Im Vergleich dazu haben 72 Prozent der Frauen, die in Affären oder Beziehungen, zumindest aber über einen gewissen Zeitraum mit dem gleichen Mann schlafen, regelmäßig einen Orgasmus.

Das ist eine große Lücke, die sich auf unterschiedliche Arten erklären lässt. Die naheliegendste ist die, dass viele Frauen sich wohl und vertraut fühlen müssen, um nach dem zu fragen, was sie wollen, auszusprechen, worauf sie stehen und brauchen, dass viele einen Fremden gar nicht so nah an ihre Lust oder ihre Wünsche lassen. Und dann sind da ja auch noch die Männer, die diese Wünsche erfüllen müssten – tatsächlich geben aber viele Männer zu, dass sie sich, wenn sie von Anfang an wissen, dass es sich um einen One-Night-Stand handelt, weniger bemühen, als sie könnten, und erst dann wirklich Wert auf die sexuelle Befriedigung ihrer Partnerin legen, wenn sie echtes Interesse an ihr haben. Gerade One-Night-Stands, die durch Alkoholkonsum entstanden sind, lassen kaum Raum für Konversation, sie bestehen aus Aktionen und vermeintlichen Reaktionen, die sich oft nicht finden, aneinander vorbeigehen, und meistens ist es genau dann vorbei, wenn es sich gerade findet, einspielt, wenn man gerade dabei ist, sich wirklich gut zu fühlen. Sicher, man kann es in einer Nacht auch mehrfach tun, auch noch den nächsten Morgen bis in die Mittagsstunden zusammen verbringen, aber so richtig gut? Richtig befriedigend? Besser als nur ein überstürzter Quickie? Das wird es erst, wenn man anfängt, sich ein bisschen besser zu kennen.

---

[1] https://static.shop-apotheke.com/media/pdf/DUREX-BIG-O.pdf (Zuletzt abgerufen am 13.02.2020)

Deshalb nehmen meine One-Night-Stands seit einiger Zeit auch ab. Ich habe einfach keine Lust mehr auf schlechten Sex.

Früher bedeutete guter Sex für mich, meinen Partner zufrieden zu machen. Das gab mir ein gutes Gefühl, ich dachte, das würde mich sexy und anziehend machen. Mittlerweile ist guter Sex für mich absolut gleichberechtigt – wenn ich spüre, dass dem nicht so ist, habe ich lieber keinen Sex. Der größte Benefit an Sex mit einem Fremden ist der eigentliche Thrill der Situation, manchmal das Wagnis, einfach zu springen, den Kopf auszuschalten. Und warum sollte das nur drei Mal okay und danach verwerflich sein? Es gibt kein Zuviel, es gibt keinen falschen Sex, wenn man es aus den richtigen Gründen und einvernehmlich tut – oder?

»Weißt du, was das Problem an Einsamkeit ist?«, sage ich ein paar Tage später zu Maggs, als wir einen Nachmittag am Strand verbringen. Sie zieht sich den Hut, unter dem sie bis eben noch gedöst hat, vom Gesicht und setzt sich auf. »Dass sie dich dazu verführt, deine Energie zu verschwenden. In dem Punkt hatte Jessica recht.«

»Ist das dein Ernst? Jessica war betrunken und schlecht gelaunt, ich würde ihren Worten keinen einzigen Gedanken mehr schenken.«

»Nein, ich meine damit keine One-Night-Stands. Es ist etwas ganz anderes. Was habe ich gemacht, wann immer es mit einem der Männer mies lief?«

»Mmmh – mit einem anderen geschlafen?«

»Richtig. Und was habe ich schon wieder, als ich hier ankam, und noch bevor ich gefühlt richtig ausgepackt hatte, getan?«

»Matt angerufen?«

»Genau. Ich habe in den letzten Jahren so viel über menschliche Beziehungen und ihre Facetten, über Sex, Offenheit oder Gleichberechtigung gelernt, darüber, was ich von einem Mann will, was ich von mir selbst erwarte, was für mich wirklich wichtig ist. Nur eine Sache, die kann ich immer noch nicht: mit Sehnsucht umgehen. Oder mit Einsamkeit. Wann immer ich sie fühle, wann immer ich sie nicht mehr aushalte, wann immer ich mich festgefahren oder unbedeutend fühle, verführt sie mich dazu, die Menschen zurück in mein Leben zu lassen, von denen ich mich doch eigentlich längst entfernt hatte.«

»Aber du willst mit denen ja nicht wirklich wieder zusammen sein, oder?«

»Nein, das nicht. Aber macht das wirklich den Unterschied? Ich mache doch in diesen Momenten auch keinen Platz für einen neuen Menschen, ich suche auch nicht nach neuen Chancen, sondern laufe in alte Sackgassen.« Ich zucke mit den Schultern. »Ich weiß auch nicht, irgendwie war ich mal mutiger. Ganz am Anfang. Da bin ich einfach losgezogen und hab die Cuts oder Treffer einfach weggesteckt, mich haben die emotionalen Prellungen überhaupt nicht gestört, ich hab sie abgeschüttelt, war viel zu neugierig auf alles, was noch kommen würde.«

»Vielleicht hast du aber auch einfach nicht hingeguckt«, wirft sie ein und zeigt auf ihr Knie. »Kennst du das Gefühl, dass manche Wunden erst so richtig wehtun, wenn man sie sieht? Solange du den Kratzer nicht siehst, bemerkst du ihn kaum. Aber in dem Moment, in dem du das Hosenbein hochkrempelst und ihn dir ansiehst, brennt er höllisch. Weißt du noch, als dir der Fuß beim Wandern umgeknickt ist? Als wir mit Anika auf dem Lions Head waren und du dann auf der Hälfte ins Rutschen gekommen bist?«

»Ja, ich weiß bis heute nicht, wie ich es eigentlich diesen Berg heruntergeschafft habe. Meine Bänder waren überdehnt, und ich konnte fast fünf Tage kaum auftreten.«

»Mit Adrenalin. Dein Körper wusste, dass er dich noch bis nach unten, bis hinter den Schlagbaum bringen muss, dass er ganz auf sich allein gestellt ist. Und in der Sekunde, in der du dich hingesetzt hast, in der du deinen Knöchel abgetastet hast, in der wir dich in ein Taxi setzen konnten – hat er den Schmerz zugelassen. Was, wenn das mit dem Herzen genauso funktioniert? Du warst mit so viel

Geschwindigkeit in deinem Leben unterwegs, hast so viel Neues und so viel Tempo zugelassen, nachdem du dich mit Dominik so festgefahren gefühlt hast – dass du dir gar keine Zeit genommen hast, mal kurz in dich hineinzufühlen, du wolltest gar keine Pause, du wolltest die ganze Zeit weiter mitspielen, weil es Spaß gemacht hat. Und erst jetzt, wo du wegen einer wirklich großen Verletzung tatsächlich anhalten musstest, wirklich keinen Schritt mehr gehen konntest, bemerkst du auch all die anderen Wunden, die kleineren, die aber trotzdem da sind.«

»Das klingt ganz schön schlau«, sage ich und blinzle sie grinsend gegen die Sonne an.

»Du weißt, dass ich kein Fan von Matt war. Und klar, vielleicht hättest du schon einen ganz neuen Menschen kennenlernen können, statt dich mit deinem Pflaster nur selbst aufzuhalten. Aber manchmal braucht es vielleicht genau das, die Sicherheit, dass für einen Moment nichts Schlimmeres passieren kann, außer, dass man ein bisschen Zeit verliert.«

Trotzdem ließ mich der Gedanke daran, dass ich das Gefühl von Einsamkeit vor mir selbst in letzter Zeit zu oft als Ausrede genutzt hatte, um mich zurück in Sackgassen fallen zu lassen, nicht los. Statt mich mutig auf neue Dates, auf Unbekanntes einzulassen, hatte ich lieber Abend für Abend neben Matt gelegen, hatte in ihm nie eine Chance gesehen, mir ja aber trotzdem eine neue gewünscht. Hatte ich wirklich nur einen Moment lang Zeit verloren? Oder vielleicht etwas ganz anderes?

Kryptonit

23.01.2018
Drei Anrufe in Abwesenheit: 03.32 Uhr, 03.39 Uhr, 03.42 Uhr.

31.02.2018
Zwei Anrufe in Abwesenheit: 04.41 Uhr, 05.02 Uhr.
Eine Nachricht: »Ich vermisse dich.«

02.02.2018
»Warum hast du angerufen?«

05.02.2018
»Warum meldest du dich überhaupt, wenn du dann nicht antwortest?«

19.02.2019
»Ich vermisse dich auch.«

02.03.2019
»Ich wünschte, ich könnte so kalt sein wie du. Ich wünschte, ich könnte dich genauso eiskalt ghosten wie du mich. Ich wünschte, es wäre so einfach.«

14.03.2019
Drei Anrufe in Abwesenheit.

Beim vierten Anruf wache ich auf, sehe seinen Namen auf dem Bildschirm, bin schlagartig wach. Und gehe ran.

»Gustav?«

»Hey ... was machst du?« Seine Stimme klingt müde, dunkel und schleppend, als würden die Worte aus seinem Mund schwappen, wann immer er die Balance verliert.

»Du bist betrunken. Warum rufst du immer nur an, wenn du betrunken bist?«

»Weil ich mich dann traue«, er atmet schwer in den Hörer.

»Und was willst du mir sagen, jetzt, wo du dich traust?«

»Dass du an nichts Schuld hast. Und es mir leidtut. Es tut mir so scheiße leid, Lina. Alles.«

15.03.2019

»Hast du das heute Nacht ernst gemeint? Wenn ja, was tut dir leid?«

17.03.2019

»Ich bin wirklich dumm. Und immer, wenn ich glaube, dass ich nicht noch tiefer sinken könnte, überrasche ich mich selbst. Dass ich überhaupt an mein Telefon gegangen bin. Dass ich dir überhaupt noch zuhöre, schreibe, überhaupt noch irgendetwas erwarte. Aber ich kann nicht anders. Weil du wie ein Geist bist, der mich verfolgt. Du tauchst morgens auf meinem Bildschirm auf, du hinterlässt Nachrichten, auf die ich ins Nichts antworte, du bist immer wieder, völlig unerwartet einen kleinen Moment da, aber sobald ich nach dir greifen will, löst du dich auf. Du bist wie ein Feuerwerk, zu dem ich die ganze Zeit zu spät komme, das nur noch warm, süßlich und schließlich metallisch in der Luft liegt. Du fühlst dich an wie ein Albtraum, in dem ich nie rechtzeitig bin, nicht laufen kann, nicht vorankomme. Ich kann das nicht mehr.

18.03.2019
»Was soll ich denn sagen? Ich schäme mich so. Ich hätte dir so leicht sagen können, dass Johannes gelogen hat, dass er vermutlich drauf und nicht bei sich war. Aber ich konnte nicht. Es war alles zu viel. Ich wollte dir dein Herz nicht brechen, nicht hingucken, einfach alles löschen. Ich halte es nicht aus, wenn ich schuld bin, dass du unglücklich bist.«

»Aber das bist du.«

»Darf ich trotzdem wissen, wie es dir geht? Was dein Leben macht? Bitte?«

***

Es gibt unzählige Artikel über ihn, über seine Magie und unsere Verantwortungslosigkeit daneben. Angeblich hat ihn jeder von uns, irgendwo vergraben, nie ganz vergessen und irgendwie immer in der Nähe des eigenen Selbstzerstörungsknopfes – den Kryptonit-Menschen. Jemanden, dem wir immer wieder verfallen, der unsere eine, unüberwindbare Schwachstelle ist, die Falle, die wir uns selbst stellen und nicht überwinden können, die garantierte Selbstaufgabe, quasi – jemand, den wir auf Abstand halten müssen, weil wir in seiner geringsten Nähe schon Herz, Kopf und Rückgrat verlieren, uns ihm hingeben, um uns danach wieder aufsammeln zu müssen. Das klingt unheimlich intensiv. Es ist etwas, das uns in regelmäßigen Abständen völlig gewissenlos fühlen lässt, das uns lebendig oder verletzlich macht.

Für mich klingt das bescheuert. Ich glaube nicht an Kryptonit-Menschen, ich glaube nicht an ihre Macht über uns. Und das hat in meinem Fall gar nichts mit gewinnender Vernunft oder besonderer Stärke zu tun. Im Gegenteil. Natürlich weiß ich nur zu gut, wie das ist, wenn sich dieser eine Mensch in deinem Innersten verankert, nein, sogar festgekrallt hat. Ich glaube nicht an Texte, die Abhängigkeit glorifizieren, die schwache, vielleicht sogar feige, unechte, manchmal erlogene Momente so schmücken und neu betiteln, bis sie nach tiefen Gefühlen und riesigen Emotionen klingen, nicht aber nach der tatsächlichen Selbstverleugnung, die sie eigentlich beschreiben. Stellt euch das nur mal vor, da soll es also einen Menschen geben, der uns auf ewig so in unserem Innersten schüttelt, dass wir ihm nie entkommen können? Da soll es immer jemanden geben, für den wir immer wieder alles über Bord werfen würden? Wir glauben daran, dass jemand die komplette Kontrolle über uns hat? Im Ernst? Und machen mit diesem Glauben alles andere, was wir haben, was wir lieben und was uns prägt, zu einer blassen, zweiten Wahl, die uns zugefallen ist, weil wir die erste nicht haben konnten? Tut mir leid, da bin ich raus.

Ich glaube daran, dass wir Menschen treffen, die uns unter die Haut gehen, die sich festsetzen, sich manchmal verhaken und die schmerzhaft ans uns zerren – aber wer könnte so groß sein, dass ich ihm die Kontrolle über mich geben würde, um mir wehtun zu lassen oder mich ins Chaos zu stürzen. Uneingeschränkt. Immer wieder? Meine Antwort ist: Kryptonit-Menschen sind Arschlöcher, die wir glorifizieren.

Und warum? Weil sie so viel schrecklich schöner wirken, wenn wir die intensiven, größten Momente mit ihnen so herauslösen, so konserviert und einzeln betrachten, dass sie wie ein unsteuerbares Schicksal strahlen. Das ist es, was wir sehen und fühlen wollen, nicht diese durchschaubare Flucht vor der Realität, die wir hier eigentlich leben.

Wir verschönern unsere Vergangenheit, verblenden uns an unseren Kryptonit-Menschen, weil es sich so viel besser anfühlt, wenn man sich wie eine Ronja Räubertochter vorkommen kann, die die Gefahr selbst sucht und das Risiko in Kauf nimmt, die fällt, sich verletzt und dann weitermacht, statt zuzugeben, dass man sich am Ende doch wie Rapunzel verhält, deren ganze Welt, jeder Schritt, vom Auf- und Abtauchen eines Mannes definiert wird. Es ist ein bisschen so, als würde man sich unbedingt an dem Unglück festhalten wollen, weil großes Unglück vermeintlich für eine große Liebe steht, die zu betrauern sich besser anfühlt, als sich einzugestehen, dass man einfach nur an irgendeinem Kerl hängen geblieben ist. Wir fantasieren uns dieses Kryptonit zusammen, wir beschwören es herauf, wir wünschen und bewegen uns in seine Nähe. Vielleicht, weil wir Schmerz mit Liebe verwechseln. Vielleicht, weil das, was wir haben, uns nicht genug ist.

Vielleicht, weil wir den Kick brauchen, um uns lebendig zu fühlen. Vielleicht, weil wir große Liebe spüren wollen, die wir noch nicht gefunden haben. Vielleicht, weil jemanden zu verarbeiten so viel mehr Mut und Kraft erfordert, als sich aufkeimender Schwäche hinzugeben, sich das Hinterherlaufen nur dann leidenschaftlich anfühlt, wenn wir es für etwas Großes tun, wenn wir behaupten können, wir hätten keine Wahl gehabt, wenn irgendein Kryptonit legitimieren kann, wieso wir betrogen, uns selbst verletzt, gelogen, uns kleingemacht, uns mies oder feige oder schlicht dumm verhalten haben.

Ich weiß, dass sich etwas Schlechtes auch unheimlich gut anfühlen kann. Ich weiß, dass uns etwas Falsches magisch anzieht. Das ist in unserem Innersten verankert, wir lieben es, das Falsche oder Verbotene zu begehren, weil es sich nach Regelbruch und stürmischer Freiheit anfühlt. Aber wer die will, muss auch ihre Konsequenz tragen. Wer den ersten Stein schmeißt, braucht danach nicht die Hände zu heben. Das war nicht das Kryptonit, das waren wir selbst.

Sicher, manchmal ist es nicht das Schlechte, was wir suchen, es ist nicht der Thrill um das Geheime, das Verbotene, es geht nicht um die eine Nacht oder um körperliche Anziehung. Manchmal verfallen wir, weil wir immer wieder glauben, vertrauen, hoffen – wollen. Weil wir die Erinnerung falsch geschmückt haben. Wie wir das so machen, wenn wir an etwas festhalten. Wir wollen gar nicht den Menschen, der jetzt, manchmal Jahre später vor uns steht. Wir wollen die Vorstellung, die wir von ihm haben. Wir wollen die Emotionen, die diese Vorstellung in uns auslöst. Wir wollen glorifizieren, erzählen uns, dass wir für die große Liebe leiden, die wir nicht haben können, als wären wir romantische Helden, während wir eigentlich einfach nur allein sind. Und einsam. Das ist die Realität. Mächtiges Tool, diese Wahrheit. Heftiger, härter, stärker – als jedes Kryptonit. Von Gustav würde ich nie eine Antwort bekommen, nie ein Ende, nie Klarheit. Er würde sich nie für mich entscheiden und immer so weit gegen mich, dass da trotzdem noch ein Funke blieb, den er immer wieder anzünden konnte. Daran würde vielleicht sogar ein neuer Mann oder viele neue Dates in meinem Leben nichts ändern. Meine einzige Chance war ich selbst.

Gustav, du bist nicht mein Kryptonit, das hier passiert immer wieder mit Absicht, nicht ferngesteuert, sondern von Impulsen getriggert, denen ich unvernünftig nachgebe. Nicht, weil du irgendeine Macht über mich hättest, sondern weil ein großer Teil von mir nicht aufhören kann, zu genießen, wie gut es sich anfühlt, wenn du mich wieder willst. Auch wenn es nur eine Nacht lang dauert. Ich sehne mich noch so sehr nach dir, dass ich immer wieder kleine Momente mit dir mitnehme, um sie zu etwas Großem zu glorifizieren, um damit die Wahrheit zu kaschieren, in der ich weiß, dass wir beide einfach immer wieder nie zum selben Zeitpunkt das Gleiche wollen werden. Und ich weiß, dass das aufhören muss.

Weil wir längst aufgehört haben. Weil ich gerade dabei bin, dich loszulassen.

Nathan

Er war zwischen den Matches fast untergegangen, nicht derjenige, der mir sofort ins Auge gefallen war, aber der Erste, in dessen Nachrichten viel Humor steckte – und der auch noch ein verbindliches Date vorschlug. Dienstag, 19.30 Uhr, ein Bier im Yours Truly, also in einer Stunde. Alles klingt nach einem entspannten Date, perfekt, um wieder reinzukommen. Seit Gustav hatte ich keinen neuen Mann mehr kennengelernt, Tinder hatte ich seit Monaten nicht geöffnet. Ich hatte meinen Dating-Hiatus genossen und mir kein Limit gesetzt. Für eine Weile und gerade nach der Nummer mit Matt – hatte ich es satt, musste erst meinen eigenen Frust loslassen, bevor ich wieder offen auf neue Menschen hätte zugehen können. Und das war okay. Ich fand sogar, dass es eine meiner gesündesten Entscheidungen gewesen war, die ich in den letzten Jahren getroffen hatte.

Statt mich zu zwingen, ein neues, besseres Date zu finden, um das schlechte zu vergessen, wartete ich ab, bis die Lust darauf von ganz allein wiederkam. Das würde sie. Das musste sie. Denn was wäre sonst die Alternative, wenn ich nicht doch als Hermit enden wollte? Vor ein paar Tagen, beim Frühstück in der Sonne, hatte ich Tinder wieder geöffnet, hatte ein paar Matches – und jetzt gleich ein Date.

Und irgendwie war ich sogar nervös. Aber im schlimmsten Fall würde ich nach einer halben Stunde gehen und könnte sogar noch Freunde in der Nähe zum Abendessen treffen – im besten Fall waren es nur zweihundert Meter bis zu meinem Apartment. Ich hatte noch eine Flasche Wein im Kühlschrank, ich hatte aufgeräumt und den halben Tag am Strand Sommersprossen getankt, meine Wäsche aus der Reinigung geholt und mir sogar noch eine Maniküre gegönnt und lief jetzt, fast ein bisschen überpünktlich, in Jeans und Sneakers die Kloof Street runter.

Im Yours Truly ist weniger los, als ich erwartet hatte, gerade mal vier der Tische sind besetzt – und in der Nähe des Tresens erkenne ich ihn. Die dunklen Locken, die ihm auf den Bildern bis über die Schultern gereicht hatten, hat er zu einem Dutt gedreht, er trägt eine Lederjacke, darunter ein Hemd und schließlich noch ein nervöses Lächeln, das aber so ehrlich wirkt, dass ich es schon erwidere, bevor ich am Tisch ankomme.

»Bist du schon lange hier?«, frage ich ihn, nach einer kurzen Umarmung, als ich mich setze und mein Blick auf das Bier fällt, das schon vor ihm steht.

»Nein, nicht wirklich, 15 Minuten vielleicht. Es gab auf dem Weg hierher keinen Verkehr und ich wollte einfach nicht zu spät sein.« Ein bisschen unbeholfen zuckt er mit den Schultern und fügt dann hinzu: »Na ja, du bist ja immerhin deutsch.« Während des ersten Drinks covern wir die Basics: Nate ist 28 Jahre alt, in Südafrika geboren, aber nicht in Kapstadt aufgewachsen, er hat in Johannesburg Medizin studiert und schließlich eine Weile in London gelebt, er hat einen Bruder, den er viel zu selten sieht und eine Familie am anderen Ende des Landes. Er liebt *Star Wars*, ich habe noch nie einen der Filme gesehen, er dafür alle Staffeln der *Gilmore Girls*. Er kann kochen und Gitarre spielen, im Flugzeug sitzt er am liebsten am Gang, aber generell fliegt er einfach nicht so gern, er liebt *Harry Potter*, mag keine schwarzen Oliven und wollte schon immer mal nach Griechenland. Die erste CD, die er sich jemals gekauft hat, war von Blink-182, er ist zwar nicht tätowiert, hat sich aber mit 16 ein Lippenpiercing selbst gestochen, während der Highschool, in der großen Pause. Da, wo man eigentlich noch eine Narbe sehen sollte, trägt er jetzt einen Bart. Ich mag ihn, es ist eines dieser langen Gespräche, das sich vertraut anfühlt, obwohl du es mit einem Fremden führst, und erst, als wir ganze vier Stunden später die Rechnung bestellen, fällt mir auf, dass wir uns gar nicht nähergekommen sind. Uns nur kennengelernt haben. Nur – denke ich, das klingt, als würde mir etwas fehlen, das klingt ein bisschen nach Enttäuschung.

War ein gutes Date für mich längst eines geworden, in dem die Absichten klar und der Körperkontakt gesetzt sein musste? War ich so verblendet von der »Friendzonegefahr« und meinen »Tinder-Games«, dass ich schon dann einen Abbruch vermutete, wenn ich bei einem ersten Date nicht geküsst wurde? Wenn ich allein nach Hause ging?

Nate bringt mich noch bis vor meine Haustür, umarmt mich und sagt dann: »Das hat wirklich Spaß gemacht! Schlaf gut!«

»Ja, du auch.« Ich winke ihm noch nach und lasse dann die Tür hinter mir ins Schloss fallen. Als der Fahrstuhl im Erdgeschoss angekommen ist, bin ich mir fast sicher, dass er mich nicht wiedersehen will, als ich in meinem Stockwerk ankomme, habe ich mir eingeredet, dass er nicht genug Interesse an mir hatte.

Als ich die Tür aufschließe, vibriert mein Telefon.

»Ich hatte so eine gute Zeit heute Abend, danke dafür. Hast du vielleicht Lust, am Wochenende mit mir was trinken zu gehen?«

Statt sofort zu antworten, kicke ich mir die Schuhe von den Füßen und laufe barfuß ins Bad, um mich abzuschminken. Was war los mit mir? War ich einfach nur verunsichert durch meine Durststrecke oder war ich wirklich so blind für gute Dates geworden, dass ich sie nicht einmal mehr erkannte, wenn ich sie hatte? War ich so besessen darauf, den zu jagen, der mich nicht wollte, dass ich den übersah, der sich ehrlich für mich interessierte? War ich vielleicht kurz davor, zu den Frauen zu werden, die bis heute noch an den Datingmythos glauben, die große Liebe erkenne man vor allem daran, dass sie erst aufreibend, dann schmerzhaft, irgendwann toxisch und erst am Ende wunderschön wird?

Was wollen wir? Einen Partner oder ein Projekt, an dem wir uns beweisen können? Was wollen wir sein? Gleichberechtigt, verliebt, in einer Beziehung – oder ein Therapiehund? Was geht in unseren Köpfen vor? Wenn wir jemanden treffen, der gut zu uns ist, der nicht schon das ganze Konfliktpotenzial in Form von emotionalen Fallbeilen mitbringt, sind wir dann ernüchtert, weil ja vermeintlich irgendetwas fehlt? Warum ist der Typ, der gut zu dir ist, in jeder Romanform immer nur der beste Freund, der dir am Ende seine Liebe gesteht und dafür eine dicke Umarmung und ein dünnes Dankeschön kassiert? Die einzige Antwort, die mir darauf einfällt, ist ziemlich übel: Vielleicht suchen wir manchmal gar nicht nach ehrlicher Zuneigung, sondern nach dem ultimativen Beweis dafür, dass wir besonders, dass wir atemberaubend und vor allem die große Liebe wert sind. Wenn es nämlich erst einmal richtig schwierig wird, wenn große Hürden überwunden werden müssen, wenn es zwischendurch wirklich wehtut und man dann trotzdem noch zueinanderfindet, muss das doch die ultimative Feuerprobe sein, oder?

Die Antwort ist: Nein. Nichts an einer Beziehung, die erst einmal scheitern muss, damit sie gut genug ist, ist gesund. Eine Beziehung muss nicht erkämpft werden, damit sie gut genug ist. Liebe ist nicht dann besonders, wenn sie »trotz allem« entsteht. Wer das glaubt, der verwechselt eine echte Bindung mit Bestätigung und sucht nach ihr auch noch an der völlig falschen Stelle.

Die Bestätigung, dass du großartig genug bist, dass sich jemand in dich verliebt, sollte nicht von außen, nicht von einem anderen Menschen kommen, der dich auch noch entgegen allen Zeichen und trotz aller Dramen wählt – sondern aus deinem eigenen Inneren. Die Sache ist nämlich auch die: Wenn du dich selbst nicht genug wertschätzt, nicht genug liebst, wirst du dich immer wieder in jene verlieben, die es auch nicht tun.

Ich glaube sogar, dass wir, gefüttert von all den komplizierten Liebesgeschichten, die wir uns selbst als #Goals verkaufen (Wenn ein Typ erst eine andere heiraten muss, um herauszufinden, dass er dich will, dann ist er nicht »Mr. Big«, sondern ein feiger Vollidiot. Das nur am Rande) und vielleicht sogar ausgehungert von all unserem schnellliebigen Datingalltag, Gefahr laufen, Schmerz, Lügen oder heftigen Streit mit leidenschaftlicher Liebe zu verwechseln, wir glauben ernsthaft, dass es nur dann kribbelt, wenn wir unsicher sind, wenn die Verlustangst sich meldet. Und die Schmetterlinge sind dann die Erleichterung, wenn wir zum Glück falschliegen. Wir haben uns antrainiert, dass wir die Männer sexy finden, die uns nicht »offensichtlich« wollen, denen wir hinterherjagen oder für die wir uns streiten und einander ausstechen sollen.

Aber ein bisschen spannend und nicht »zu leicht« muss es ja schon sein, ist so ein Gedanke, den viele vielleicht an dieser Stelle haben. Stimmt. Aber es kann verdammt spannend sein, jemanden ausgiebig kennenzulernen, eine Persönlichkeit voreinander zu entfalten und sich voneinander zu erzählen, anstatt den ganzen Tag unter der Anspannung zu stehen, ob man ihn überhaupt wiedersieht, was man beim letzten Date falsch gemacht hat oder ob er auch noch andere trifft. Und was das »zu leicht« betrifft: Das ist einfach nur eine völlig falsche Vorstellung von Liebe, denn wenn uns immer nur das magisch anzöge, was jede Sekunde in die Luft fliegen und uns verletzen oder wieder vorbei sein könnte, ginge es nicht mehr darum, den Moment zu genießen, sondern fast schon um Selbstsabotage. Carpe diem, *my ass*.

Sind wir ehrlich: Wir haben uns toxische Beziehungen durch unsere fehlgeleiteten Vorstellungen von der wirklich besonderen Beziehung vielleicht über Jahrzehnte selbst designt.

Streicht euch das folgende Zitat in Neonfarben an, lest es euch jeden Tag mindestens einmal durch, bis ihr es verstanden habt:

»People always talk about having a ›crazy connection‹ with someone. As if this is what it needs to be in love. Why would you go for crazy? Why wouldn't you go for honest or loving? What is wrong with your ideal of real love?« - Amber Khan

***

»Kannst du eigentlich Billard spielen?«, hatte er gefragt, weil wir zwar später längst verabredet waren, uns aber noch auf keine Bar geeinigt hatten.

»Ich tue gern so und drücke mich dann meistens davor, den Beweis zu erbringen«, hatte ich wahrheitsgemäß geantwortet, dann aber trotzdem zugestimmt, ihn im Surfas Downtown auf eine Runde Billard zu treffen.

»Du hast Glück«, sagt er in mein Ohr, als ich ihn an der Bar finde und er mich zur Begrüßung umarmt.

»Weil du mit mir ausgehst?«

»Eher weil alle Pooltische besetzt sind.« Ich mag, dass er ein bisschen rot wird, während er über meinen Kommentar grinst und dann hektisch eine Getränkekarte sucht, die wir eigentlich gar nicht brauchen. Mit zwei Gläsern Bier in der Hand steuert er eine der kleineren Sitzecken am Ende der Bar an. Wir setzen uns, stoßen an, nehmen einen Schluck und ich muss lachen, weil wir es so still, aber so synchron tun, dass unsere Anspannung nicht mehr zu ignorieren ist.

»Tut mir leid, ich weiß auch nicht, warum ich überhaupt nervös bin«, sage ich und stütze mein Gesicht kopfschüttelnd in meine Handfläche.

»Du bist nervös? Ich hatte schon zwei Tequilas, bevor du hier warst.«

»Ich hatte zwei Gläser Wein, bevor ich überhaupt ins Taxi gestiegen bin.«

»Weil du nicht mehr wusstest, ob du mich überhaupt wiedersehen willst?«

»Nein, ich glaube, weil ich es ziemlich schön finde, dass wir uns wiedersehen.« Als ich ihn wieder verlegen mache, lege ich meine Hand instinktiv auf seine. »Tut mir leid, ich bin normalerweise besser darin, wirklich! Ich kann erste, zweite und sogar dritte Dates prima, die Bewertungen flachen erst danach ab.«

Er lacht, schaut auf meine Hand, die immer noch auf seiner liegt, greift sie dann und sieht mich an. »Ich nicht, ich bin total eingerostet.«

Bevor ich antworten kann, stolpert eine Frau an unseren Tisch. »Sorry«, sagt sie, als sie ihren Weißwein schwappend auf die Holzplatte stellt, sich zu uns setzt, ihre Freundin Carol ruft und auf unseren Tisch deutet. Binnen Minuten hat sie uns in ein intensives Gespräch über ihren Ex-Freund verwickelt, der, und das ist eine der ersten Informationen, die wir bekommen, noch letzte Nacht sieben Mal Sex mit ihr hatte, bevor sie sich heute Morgen so sehr gestritten haben, dass es zur »Impulstrennung« gekommen war. Genau gegen diese trinke sie nun an und sie sei froh, uns gefunden zu haben. Ohne auf unsere Reaktionen zu warten, stößt sie Nathan in die Seite und verlangt, dass er mich vorstellt.

»Das ist Lina, sie ist ...«

»Wunderschöööööön!«, fällt sie ihm ins Wort und grinst ihn wissend an. »Lucky Bastard!«

»Ist sie eine Freundin von dir?«, frage ich Nate lachend und schaue ihr hinterher.

»Ich hab sie noch nie zuvor gesehen.«

Das Mädchen mit Pony und ihre Freundin Carol werden zu unserem Eisbrecher und gleichzeitig sind sie immer wieder im Weg, wenn wir einander näherkommen wollen. Sei es, weil Carol mich in ein Gespräch über ihren Job als Lehrerin verwickelt, weil Nathan Fragen zu männlicher Bindungsangst beantworten soll, weil eine der beiden neue Shots an den Tisch ordert oder weil plötzlich Neil vor uns steht, im Hawaiihemd, in Tränen aufgelöst.

Von Neil erfahre ich immerhin in den ersten zwei Sätzen, dass er 35 Jahre alt, britischer Flugbegleiter, schwul, Single und gerade verzweifelt ist. Nicht über seinen Beziehungsstatus, sondern über den Verlust seiner Freunde und des Ecstasy (das er offenkundig längst genommen hat). Sie hätten sich natürlich nicht gestritten, nur in der Menge verloren, aber das allein sei schon kein schönes Gefühl. Wir bieten Neil einen der Shots auf unserem Tisch und einen Platz an. Mittlerweile könnten Nate und ich nicht weiter voneinander entfernt sitzen. Immer wieder werfe ich ihm Blicke zu, die er auch erwidert, aber zwischen uns sitzt Neil und uns gegenüber zwei Frauen, die jeweils unsere volle Aufmerksamkeit verlangen. Irgendwann greift Nate über die Lehne nach meiner Hand – und lässt sie nicht mehr los. Das ist der Moment, in dem Neil glaubt, uns zu erkennen.

»Wartet mal ... habe ich euch nicht heute Morgen schon kennengelernt?«

»Ehmmm«, mache ich, kann ihn damit aber nicht beirren.

»Ja! Klar! Ihr seid doch dieses frisch verliebte Paar, ihr habt euch doch in London kennengelernt!« Ich will gerade protestieren, als Nate zu nicken beginnt.

»Stimmt, ich hab schon die ganze Zeit gedacht, dass ich dich irgendwoher kenne!«

»*Oh my God,* was für ein Zufall!«, ruft Neil begeistert und klatscht in die Hände.

»Ihr beide seid ein Paar?«, fragt der Pony und schaut verwirrt zwischen uns hin und her.

»Nicht nur ein Paar! Sie sind verlobt!«, prustet Neil und umarmt uns beide überschwänglich. »Und sie kennen sich erst seit einer Woche!« Immerhin das stimmte.

»Wenn sie verlobt wären, wo sind denn dann die Ringe, hm?«

»Vielleicht brauchen sie keine!«, schlägt Neil vor.

»Lina – wollte keinen Ring. Und mir geht es genauso. Ich will ihr keinen Besitz an den Finger stecken, um dann sie zu besitzen, versteht ihr?«, sagt Nate. Der Flugbegleiter seufzt, die Lehrerin nickt und selbst der Pony beginnt, ihm zu glauben.

»Und wann heiratet ihr?«

»Ich weiß nicht, was meinst du, Lina?« Nate geht in diesem Spiel vollkommen auf. »Sollen wir es ihnen sagen?«

»Jetzt kennen sie unsere Geschichte ja sowieso schon.«

»Wir heiraten am Montag.«

Der Rest des Abends geht in den Feierlichkeiten anlässlich unserer bevorstehenden Hochzeit unter. Neil will Champagner für die ganze Bar, bekommt immerhin vier Gläser und wir malen unserer Runde eine Liebesgeschichte aus, die vor einer Woche begann und nie wieder ein Ende kennen sollte. Wir schmücken unsere Rollen so leidenschaftlich aus, dass ich am Ende, als die Bar schließt und wir zu den letzten Gästen gehören, nicht nur rote Wangen vom Alkohol, sondern auch vor lauter Euphorie habe. Während wir auf unsere Taxis warten, zieht Nate mich ein Stück von den anderen weg und an sich.

»Das war schön heute«, sage ich und lehne mich in seinen Arm.

»Ein bisschen anders, als ich geplant hatte.«

»Ja, heute Morgen hätte ich niemals erwartet, dass ich 14 Stunden später verlobt sein würde, aber ...«, ich hebe meinen Kopf und sehe ihn an. »Es gefällt mir irgendwie.«

»Nur schade, dass wir spätestens auffliegen, wenn unsere Taxis kommen.«

»Oder ...«

»Oder?«

»Oder du steigst mit in meins. Wir können Neil nicht so enttäuschen.«

»Hmm, ja, wahrscheinlich ist es dann besser, wenn ich wirklich mit zu dir komme.«

»Oh, du kommst mit zu mir? Ich dachte, wir teilen uns das Taxi ...« Für einen Moment zuckt er zusammen, dann sieht er meinen Gesichtsausdruck und grinst.

»Wir können natürlich auch bis Montag warten, bis wir ...«

Wieder sind es nur noch Zentimeter zwischen uns, wieder braucht es nur noch einen Impuls. Dieses Mal springe ich, ziehe seinen Kopf noch ein bisschen näher zu mir, stelle mich auf Zehenspitzen und küsse ihn. Dann hält neben uns das Taxi.

Als ich die Tür zu meinem Apartment aufschließe, hält er noch vorsichtigen Abstand, zieht hinter mir die Tür zu und sieht sich vorsichtig um, erst als er meine Gänsehaut sieht, kommt er näher und umarmt mich.

»Ist dir so kalt?«

»Mh-hm«, sage ich gegen seine Brust und ziehe die Ärmel meines Pullis über meine Hände.

»Dann komm her.«

Er greift nach meiner Hand, drückt sie in die Kissen und küsst mich wieder, dieses Mal länger, mit mehr Nähe und mehr Drängen als noch vor ein paar Minuten. Ich ziehe mir das Shirt über den Kopf, werfe es achtlos zur Seite und schlinge meinen Arm wieder um seinen Nacken. Nichts daran ist für ihn oder mich neu, da bin ich sicher. Was jetzt passiert, das ist kein Automatismus, aber trotzdem nicht ungewohnt. Ich weiß, dass er jetzt nicht aufhört, weiß, dass er gleich in seine Jeans greift. Wir machen das beide nicht zum ersten Mal. Nur zum ersten Mal miteinander.

Der erste Sex mit jemandem ist nie perfekt, er ist manchmal innig, manchmal leidenschaftlich, manchmal betrunken, ein Stolpern oder zu oft auch einfach hastig. Zum ersten Mal mit jemandem schlafen gleicht sich immer. Hat so einen Ablauf. Der erste Sex mit jemandem, dem du noch nie zuvor nahegekommen bist, ist oft höflich, oft einfach ein gewähltes Mittel. Kein schlechtes, das will ich nicht sagen.

Es ist eher so: Man hält sich an die Regeln und vor allem hält man sich zurück, geht das Offensichtliche ein. Es ist so ein bisschen wie die Suche nach dem kleinsten gemeinsamen Nenner. In den meisten Fällen weißt du ungefähr, wo der liegt. Das ist okay. Und trotzdem ist dieser Sex nie schon der, den du wirklich mit diesem anderen Menschen haben kannst. Er kommt nie so nah, er ist nie so intensiv, geht nie so tief. Er geht selten bis ins Mark. Ich glaube, er verliert immer gegen all das, was noch sein kann, wenn man noch ein bisschen länger bleibt.

Das hier ist kein One-Night-Stand, das spüre ich. Dafür haben wir zu lange gebraucht, um in diesem Bett zu landen, dafür sind wir zu vorsichtig, aber trotzdem elektrisch miteinander, dafür hängt jetzt schon zu viel Gutes dran. Dafür kenne ich jetzt schon zu viel von ihm, obwohl ich das meiste noch gar nicht weiß. Und auf einmal zögere ich – vielleicht weil er mich so ansieht, mir in die Augen schaut –, aber ich bleibe hängen. Ich will nach seinem Gürtel greifen, meine Beine um ihn schlingen und ihn zu mir ziehen, will zurück in diese Routine zum kleinsten gemeinsamen Nenner mit einem Unbekannten, in die *comfort zone* des ersten Sex. Aber irgendwie geht das gerade nicht. Irgendwas lässt mich scheu werden. Hoffen, dass er weiß, wo wir weitermachen, weil ich noch immer stillstehe.

»Alles okay?«, fragt er, sucht meinen Blick und ich traue mich kaum, ihn anzuschauen, nicke, mache die Augen zu und küsse ihn. Ja, denke ich und will es damit sagen. Denn was ich nicht über die Lippen bringe, weil es mich selbst so überrascht, mein Herz so klopfen lässt, ist das hier: Ich bin auf einmal aufgeregt. Wirklich aufgeregt. Nicht aufgeregt, weil ich gleich Sex haben werde, nicht weil ich gleich Sex mit jemandem haben werde, mit dem ich noch nie Sex hatte, sondern weil ich ihn mit Nate haben werde. Mit einem Mann, der mich auf einmal wieder nervös macht.

***

Als ich aufwache, liegt Nathan neben mir, streicht mir eine Strähne aus dem Gesicht und küsst mich. »Guten Morgen«, sagt er und lächelt fast ein bisschen schüchtern.

»Hast du Lust, frühstücken zu gehen?«

Er rollt sich über mich und greift nach seinem Handy.

»Es ist jetzt zehn Uhr, und ich bin gleich mit ein paar Freunden verabredet ...«

Hm? Was? Ich mache die Augen wieder zu und sortiere meine Gedanken. Er war mit Freunden verabredet. Und wollte mich mitnehmen? Zum Brunch? Am Morgen, nachdem wir zum ersten Mal miteinander geschlafen hatten? Ging das nicht ein bisschen schnell? War das nicht ein bisschen zu ...

Ich biss mir auf die Lippe und grinste.

»Was ist?«

»Nichts«, ich öffne die Augen und lege meine Arme um seinen Hals. »Ich hab mich nur kurz selbst sabotiert ...«

»Und das heißt ...?«

»Dass ich sehr gerne mit zum Brunch komme.«

Nathans Freunde waren großartig. Bis in den späten Nachmittag hinein sitzen wir zusammen, teilen einen riesigen Brunch im Garten einer seiner Kumpels, liegen am Pool, sonnen uns und als ein paar der Gruppe den Sonnenuntergang am Strand ansehen wollen, schließen wir uns an. Es ist einer der schönsten Tage, die ich je in Kapstadt erlebt habe. Als ich mich von der Gruppe verabschiede und in mein Uber steigen will, hält Kate, eines der Mädels, mich auf: »Lina, wir gehen morgen früh zusammen auf den Lion's Head – hast du Lust mitzukommen?« Ich hatte.

Binnen weniger Tage fühle ich mich fast schon seltsam inkludiert, als würde ich diese Menschen schon ewig kennen. Mit Kate treffe ich mich immer mal wieder zum Frühstück oder am Strand. Sie studiert Fotografie, sodass unsere Interessen sich schnell überschneiden – außerdem hat sie einen großartigen Humor. An jedem zweiten Abend holt Nathan mich ab, zeigt mir seine Lieblingsrestaurants, fährt mit mir an kleine, unbekanntere *sunset spots*, an denen wir zum Feierabend noch ein bisschen Vitamin D tanken und Backgammon spielen, bis es dunkel wird. Er kocht sogar für mich in meinem viel zu kleinen Apartment südafrikanische Traditionsgerichte, die ich seiner Meinung nach unbedingt probieren muss. Während er an meinem Herd steht, sitze ich im offenen Fenster auf dem Sims und schaue ihm zu. So, wie wir gerade sind, pures, stilles, unaufgeregtes Glück, will ich uns immer erinnern, denke ich.

Ich hatte schon so lange keine Routine mehr mit einem Menschen. Bei Tageslicht. Draußen. Und darum sauge ich jeden einzelnen Freitag auf, an dem wir uns im Hunks, dem Stammplatz der Clique treffen, uns über UNO-Regeln streiten und Schüsseln voller Nachos teilen. Samstags sind wir den ganzen Vormittag auf den Märkten der Stadt unterwegs, an Sonntagen gehen wir rund um den Tafelberg wandern oder saugen die Wärme am Glen Beach auf. Und als wir eines Abends alle auf den großen Steinen der Bucht liegen, seilen Kate und ich uns ab. Ich will dichter an die Surfer heran und ein paar Aufnahmen machen, die ich vielleicht für das Magazin verwenden kann, das ich über meine Zeit in Kapstadt entwerfen will. Während mein Podcast boomte und ein fester Bestandteil in der *Glamour* wurde, meine Fotos nicht nur auf meinen Profilen, sondern auch bei meinen Kunden immer mehr Aufmerksamkeit bekamen und die Pläne für mein erstes Buch sich immer konkreter entwickelten, aber trotzdem noch nicht final waren, hatte ich irgendwie Lust bekommen, mal wieder etwas zu schaffen, etwas eigenes, völlig frei, ohne Briefing und vor allem: analog. Ich wollte ein Magazin machen, das man am Ende in der Hand halten konnte. Wollte meine Geschichte aufschreiben und sie mit all den Motiven bebildern, die ich hier in Südafrika fand.

Während ich das Objektiv wechsle und nach dem richtigen Winkel suche, streckt sie sich neben mir aus und nimmt einen Schluck Wein aus der Flasche.

»Ich bin froh, dass Nathan dich gefunden hat.«

»Du bist ja süß …«

»Nein, ehrlich. Also zum einen, weil ich dich so kennenlernen konnte. Aber auch, weil du ihn so ein bisschen vorm Untergehen gerettet hast. Du weißt schon – wegen Tansy.«

»Tansy?«

»Seiner Ex-Freundin. Oder Verlobten. Wer weiß das schon genau. Jedenfalls – hab ich ihn monatelang nicht mehr lächeln sehen, er hat sich so zurückgezogen, von uns allen, ist irgendwie immer stiller und immer unglücklicher geworden. Wir dachten schon, dass er niemals über sie hinwegkommt oder es Jahre dauern würde, dass sie sein Herz einfach zu sehr gebrochen hat. Aber seit du da bist, seit du bei diesem Brunch aufgetaucht bist … ist er kaum wiederzuerkennen. Und er hat es so verdient, endlich wieder glücklich zu sein. Nach allem …«

***

Es ist weit nach Mitternacht, und ich spüre, wie seine Atemzüge immer flacher, immer gleichmäßiger werden.

»Wer ist Tansy …«, frage ich in die Dunkelheit, aus einem Bauchgefühl heraus, ohne mir wirklich klar zu sein, ob ich die Antwort hören oder kennen will. Sein Atem setzt aus. Ich kann fühlen, wie jeder Muskel seines Körpers sich anspannt.

»Wie – kommst du auf sie?«

»Kate hat mir heute von ihr erzählt …«, ich stütze mich auf meinen Unterarm und versuche, irgendwie sein Gesicht auszumachen, irgendeinen Ausdruck darin zu erkennen.

»Sie hat gesagt, sie hätte dir das Herz gebrochen …«

»Das kann sein …«, seine Stimme klingt fremd, irgendwie heiser. Und dann fragt er: »Willst du wirklich darüber reden?«

»Ich weiß es nicht. Aber ich glaube … wir sollten, oder?«

»Okay … also die ganze, hässliche Wahrheit.« Er dreht sich zu mir, küsst meine Stirn und lehnt dann seine daran. Ich lächle ihn an und lasse meine Hand auf seiner Wange ruhen, will ihm zeigen, dass er mich nicht erschrecken kann, dass er mir vertrauen kann.

»Tansy ist meine Ex-Freundin. Wir waren sieben Jahre zusammen. Wir sind zusammen nach Kapstadt gezogen. Haben hier in der Nähe zusammengewohnt. Und – vor fast einem Jahr habe ich ihr dann einen Heiratsantrag gemacht.« Er greift nach meiner Hand und hält sie fest. Ich spüre seine Lider flattern – und dann den Tropfen auf meinem Handrücken.

»Und was ist dann passiert?«

»Sie hat Nein gesagt. Sie hat mir gesagt, dass ich der richtige Mann für sie bin. Zum falschen Zeitpunkt. Dass sie noch nicht bereit ist, um mit mir anzukommen.« Er lacht schwach auf und schüttelt den Kopf. »Seitdem bin ich ein *mess*. Völlig verloren. Auch wenn ich das gut verstecken kann.«

Ich weiß, dass es nur eine Frage gibt, die ich ihm jetzt noch stellen muss, die, vor der ich am meisten Angst habe. Die, von der es kein Zurück mehr gibt, wenn ich sie erst einmal laut ausgesprochen habe. Als ich den Mund aufmache, kommt kaum ein Ton heraus.

»Liebst du sie noch?«

»Ich wünschte so sehr, ich würde es nicht.« Er küsst mich fest, drückt mich an sich, als könnte er so verhindern, wie wir gerade zwischen unseren Fingern zerrinnen. »Du kannst dir nicht vorstellen, wie sehr ich mir wünsche, dass ich sie nicht mehr lieben würde.«

Für eine Weile liegen wir einfach still da. So als könnte es so lange ein böser Traum bleiben, bis einer von uns beiden sich bewegt, die Umarmung löst, die erste Silbe spricht. Es war absurd. Ich hatte ihn eigentlich heute Abend fragen wollen, ob ich mein Visum verlängern, noch ein paar Monate länger im Land bleiben sollte, ob wir einen richtigen Anfang, als richtiges Paar wagen wollten. Stattdessen war es das Ende.

»Was bin ich für dich, Nathan?«

»Du …«, er schluckt schwer und sucht nach den richtigen Worten. »Du warst wie Auftauchen, wenn man kurz vorm Ertrinken ist. Du hast mich gerettet.«

Es ist die letzte Nacht, in der wir nebeneinander schlafen, uns fast schon aneinanderklammern. Als ich aufwache, zieht er sich gerade seine Jacke an. Ich gebe keinen Laut von mir, stelle mich schlafend und lasse ihn die Tür hinter sich zuziehen. Als ich sicher bin, dass er im Fahrstuhl steht, greife ich zu meinem Handy. Sie geht beim ersten Klingeln ran. Ich rufe sie nie an. Schon gar nicht um diese Uhrzeit.

»Mallone? Alles okay?«

Gar nichts war okay.

***

Meine letzten Wochen in Kapstadt versuche ich zu genießen. Maggs versucht, mich mit Ausflügen, mit faulen Nachmittagen an unseren Lieblingsplätzen, mit Touren über die Weinländer und an die Westküsten aufzumuntern. Und irgendwie klappt das sogar. Ich genieße die Zeit mit ihr, weil wir nur noch wenig davon übrig haben. Mit meinem Auszug würde auch unsere WG enden. Maggs zog mit ihrem Freund zusammen in ein Apartment in der City. Natürlich würde ich wiederkommen, allein schon, um die Recherche für das Magazin zu beenden, aber so zusammenwohnen wie jetzt gerade, würden wir vermutlich nie wieder.

An meinem letzten Abend schreibe ich einen Brief an Nathan. Ich sitze mit einem Bier und einem Tequila im Hunks, habe vor mir das Briefpapier ausgebreitet – und schreibe drauf los, knülle immer wieder die verschiedenen Entwürfe zusammen und vergrabe mich stundenlang in meinen Gefühlen. Ich hatte nichts mehr von ihm gehört. Laut Kate vermisste er mich sehr – aber offenbar nicht genug, um mich anzurufen, um sie und nicht mich gehenzulassen. Gerade als ich aufgeben will, stellt jemand ein neues Bier vor mich und schaut mir über die Schulter.

»Sieht wie ein Liebesbrief aus«, sagt er. Liam ist Kellner im Hunks, wir kennen uns flüchtig von all den Abenden, die ich hier verbracht habe.

Ich nicke. »Ja ... so was in der Art. Aber ich glaub, es ist eine miese Idee.«

»Warum?«, er sammelt mein leeres Glas ein und wischt einmal über den Tisch, auf dem ich all meine Gedanken ausgebreitet habe. »Ich finde es irgendwie schön. Niemand schreibt mehr Briefe.«

»Hm ... aktuell habe ich zwölf Seiten verbraucht und nur noch drei übrig. Ich glaub, das ist ein verlorenes Projekt.«

»Oder genau richtig. Ab jetzt zählt jedes Wort. Keine Fehler mehr. Nur noch die Wahrheit. Nur noch, was du wirklich fühlst.« Er zwinkert mir zu. »Sag Bescheid, wenn du dafür was Stärkeres als ein Bier brauchst ...«

Ich nicke ihm lachend zu und sehe ihm hinterher. Dann nehme ich ein neues Blatt. Liam hatte recht. Letzter Versuch. Nur noch das, was ich wirklich fühlte ...

***

Als ich zum letzten Mal die Tür unseres Apartments in Seapoint hinter mir zuziehe und mit Maggs zum Flughafen fahre, der Uber-Driver die Simple Minds aufdreht, während wir mit Dosenbier unsere

Gefühle betäuben, fühle ich alles auf einmal. Liebe, Glück. Dankbarkeit, Verlust, Schmerz, Leere – aber ich fühle es nicht allein. Ich fühle mich nicht allein. Zu Hause warteten meine Freunde, meine Familie. Und hier in Kapstadt würde immer ein Stück meines Herzens bleiben. Ich war vielleicht nie wieder ganz komplett. Aber ich war von jetzt an in mehr als in einem Ort auf der Welt – zu Hause.

Während ich mit verquollenen Augen, noch immer schluchzend, durch die Sicherheitskontrolle gehe, fragt mich einer der Beamten, wen ich zurücklasse. »Meine Schwester«, sage ich. Und meine es so.

Als ich in Hamburg lande und mein Handy wieder anschalte, habe ich eine ungelesene Nachricht von Nathan. Ich hatte Kate beauftragt, ihm den Brief persönlich zu geben, eigentlich erst ein paar Tage nach meinem Abflug. Aber es schien, als hätte sie nicht warten können. Er schrieb, dass ihm die Worte fehlten, dass er nicht wisse, was er fühle. Dass er nicht wisse, was er sagen, schreiben oder antworten solle. Dass er sich Zeit nehmen müsse, um sich wirklich klar zu werden, was er wolle.

Und das tat er.

***

Die ungerade Zahl am Tisch

»Weißt du, vielleicht ist es gut, dass du diesen Nathan da drüben in Afrika lassen konntest. Ist doch 'n guter Abschluss. Was hätte das denn auch werden sollen? Fernbeziehungen sind so oder so zum Scheitern verurteilt ...«

»Mh-mm ...«, mache ich und proste Albrecht halbherzig zu.

Es ist mein Willkommensdinner, das ich für meine Freunde in meiner Wohnung gebe. Meine Küche ist unter dem Druck zusammengebrochen, in ihr stapeln sich Töpfe und Pfannen und ein improvisiertes Risotto für den Hauptgang, aber hier sitzen wir: sieben Leute an meinem Esstisch. Die ungerade Zahl bin natürlich ich.

Während alle anderen Suppe löffeln, bestreitet Albrecht den Großteil des Gesprächs und vertieft sich in seine Theorie, die wie eine Annonce klingt: Seelenverwandter fußläufig erreichbar gesucht. Für die ganz große Liebe würde er offenbar maximal bis Kiel fahren. Aber auch nur für eine Weile.

»Du willst doch auch einfach mal auf dem Fahrrad rüberradeln oder spontan an einem Sonntag etwas unternehmen. Das macht so eine neue Beziehung einfach schön und lässt sie wachsen. Dass man die gleichen Dinge mag und auch Gelegenheit hat, das zusammen ohne großen Aufwand zu genießen. Und das geht natürlich nicht, wenn du dir immer die komplizierten Fälle aussuchst, von daher – hast du ja eigentlich Glück gehabt.«

Ich weiß, dass er es gut meint, ich weiß, dass er keine bösen Absichten hat und sich für mich endlich mal eine einfache Geschichte wünscht. Aber seine Glückwünsche sind zu viel für mich.

Bevor ich mit zynischem Unterton erwidern könnte, dass für manche von uns Liebe dann doch ein bisschen mehr ist als geografische Gelegenheit oder sozio-demografische Übereinstimmung in der verfügbaren Altersgruppe, dass ich nicht vorhabe, mir meinen Partner am Eimsbütteler Tauschtisch zu suchen, um Albrechts Kommentar auszuhebeln und alle anderen zum Lachen zu bringen, entschuldige ich mich und verschwinde in die Küche, ohne dass ich dort etwas zu tun hätte. Ich stehe einfach nur da und warte ab, dass ich weniger genervt, weniger angespannt werde.

»Alles okay?«, fragt eine Stimme hinter mir. Als ich mich umdrehe, sehe ich Ines, die mir ein paar Teller reicht.

»Ja, ich bin nur …«

»Ich weiß.«

»Tut mir leid. Ich weiß selber nicht, warum ich so dünnhäutig bin. Ich hab mich wirklich auf heute Abend gefreut. Und es ist so schön, euch alle wieder gemeinsam an einem Tisch zu haben … es ist nur, keine Ahnung, ich fühl mich irgendwie wie ein exotischer Außenseiter …«

»Das ist nicht dein Ernst? Warum das denn?«

»Es ist irgendwie – als würde mir jetzt zum ersten Mal auffallen, dass es seit Jahren das Gleiche ist, wenn ich an großen Tafeln sitze. Um mich herum warten alle auf eine neue spannende Datinggeschichte, dabei geht bei mir ja jede gleich aus. Ich bin die, der man zutiefst persönliche Fragen einfach so stellen kann, meine Lebensentscheidungen stehen an einem Tisch gern zur Diskussion oder dienen zur Unterhaltung. Erst hört man mir angenehm belustigt zu, wie ich mit Humor und Eigenironie von meinem letzten Fail erzähle – und dann gibt man mir Ratschläge. Ich bin Alleinunterhalter und Gruppenprojekt in einem.« Ich nehme einen großen Schluck Wein und atme tief durch. »Tut mir leid, ehrlich. Ich klinge wie ein undankbares Miststück, das auf seinen Freunden herumhackt. Dabei bin ich so froh, dass ich euch hab.«

»Ist schon okay – ich wusste nur nicht, dass du so fühlst.« Ines wirkt irgendwie hilflos, zuckt nur mit den Schultern.

»Ich fühl mich ja nicht so mit dir. Wirklich nicht, nur – wenn die Gruppe zusammenkommt, egal welche, ob ich mich mit euch oder einfach nur Bekannten treffe, egal wie die Konstellation ist, meine Zahl ist immer ungerade. Ich bin immer die fünf, die sieben oder die neun am Tisch. Und ich glaube, ich hab noch nie realisiert, dass mich das nervt, dass ich es satthabe, für die Unterhaltung am Tisch zu sorgen, dass mein Liebesleben entweder unterhaltsam vorgetragen wird oder dann doch lieber bemitleidend vermieden.«

»Das verstehe ich sogar ...«

»Als ich im Flugzeug saß und wir gerade wieder in den europäischen Kontinent eingeflogen sind, weißt du, was ich da gedacht habe? ›Na toll, jetzt komme ich nach Monaten in Afrika nach Hause und habe doch nur wieder zu erzählen, dass ich mal wieder einen Mann vergessen muss. Und natürlich erzähle ich es lieber, als wäre ich ein Stand-up-Comedian, als in stille Gesichter zu schauen, die sich nicht so richtig trauen, mich darauf anzusprechen und es dann aber spätestens beim letzten Glas Wein doch tu ...‹«, meine letzten Worte ersticken fast, weil meine Kehle sich zuschnürt.

»Ehrlich gesagt, kannst du stolz darauf sein, dass du sieben Jahre gebraucht hast, um dich zum ersten Mal so zu fühlen – ich finde, das spricht dafür, dass du kein verzweifelter Single, sondern gerade einfach offen traurig bist, weil du dir etwas anderes gewünscht hattest, als wieder neu anzufangen.«

Ich will gar nicht weinen, ich will gar nicht der depressive Single unter all den glücklichen Freunden sein, mir dieses Label gar nicht selber geben, weil ich es so armselig finde. Und ich war mir dessen bewusst, dass meine jetzigen Gefühle nur ein Symptom für den eigentlichen Schmerz waren, den ich zu verarbeiten hatte: Das mit Nathan war schiefgegangen. Und ich vermisste ihn schrecklich.

Dass es schon wieder schiefgegangen war. Dass ich wieder jemanden gehen lassen musste. Dass ich noch immer Single war, war nur die Kirsche auf meinem ganz persönlichen *crap cake*.

Meine Freunde hatten nichts falsch gemacht, mich nie in diese Rolle gedrängt, die ich ja vor einigen Jahren sogar noch genossen hatte. Ich hatte es geliebt, auf Dinnerpartys von Dates zu erzählen, ich hatte eine ganze Kolumne daraus gemacht. Es lag nicht an den anderen, dass ich mich auf einmal gefangen in einer Halbzeit-Show fühlte, die ich anfangs noch gern und mit Spaß und irgendwann abgeklärt ausgefüllt hatte, wie jemand, der nur seinen Job macht – und dabei dem Klischee ausweicht. Ich hatte nicht die arme Lina, die unglücklich verliebte Nuss, die sich immer den Falschen aussuchte, sein wollen. Nicht der unglückliche Langzeitsingle, der jetzt endlich mal ein bisschen Glück verdiente. So sah ich mich nicht. Nie. Und bevor mich jemand bemitleiden oder auf diesen singulären Beziehungsstatus reduzieren konnte, kam ich ihm mit Zynismus zuvor, lachte über mich selbst, entwaffnete mein Gegenüber. Es war über die Jahre zu einer Routine geworden – und erst jetzt verstand ich: Mein Zynismus beschützte mich – aber er kapselte mich auch ab. Er beschützte mich vor übergriffigen Kommentaren, aber machte es gleichzeitig auch den Menschen, die mir nahestanden, schwer, wirklich an mich heranzukommen, zu bemerken, wann ich mich noch wohl und wann wieder wie ein leerer Entertainer fühlte. Ich musste ihn balancieren, wissen, wann er mir half und wann er mich zu einer einsamen Pointe an einem Dinnertisch machte.

Fragen, die man einem Single bei einem Dinner stellen könnte:

- Wie geht es dir?
- Wie war deine Reise nach Vietnam?
- Wie ist der Pitch am Montag gelaufen?
- Hast du schon die neue Staffel von *The Crown* gesehen?

Fragen, die man einem Single bei einem Dinner tatsächlich stellt:

- Und - hast du wieder jemanden?
- Wie laufen die Dates? Jemand Spannendes getroffen?
- Willst du eigentlich auch mal Kinder?
- Träumst du trotzdem noch davon, irgendwann mal zu heiraten?
- Sag mal, was ist eigentlich mit Tom und dir passiert?

Closure

»Ich kann mir vorstellen, wie weh das gerade tut. Aber ich wollte es dir sagen, bevor du es online oder nebenbei erfährst.« Damit endet die Stimme an meinem Ohr, damit fällt unsere Tür ins Schloss, meine Finger und mein Herz noch dazwischen.

Seit seiner letzten kurzen Nachricht hatte ich nichts mehr von Nate gehört. Er war aus den sozialen Medien verschwunden und auch in Kapstadt hatte ihn schon seit ein paar Wochen niemand unserer gemeinsamen Freunde mehr gesehen. Als er sich schließlich meldete, war es viel zu spät. Er schrieb, es ginge ihm gut, er wäre nur ein paar Wochen nicht im Land gewesen, hätte sein Handy nicht angemacht. Und dann, dass wir ja vielleicht heute Abend mal reden könnten. Über die Stille der letzten Zeit. Dass er sie und sich erklären wolle und ihm unsere Verbindung zueinander noch immer viel bedeuten würde.

»Du brauchst dich nicht melden und auch nichts erklären. Bestimmt keine gute Idee, mit dem Rebound aus Deutschland in irgendeiner Verbindung zu bleiben, wenn du längst wieder mit Tansy zusammen bist.« Zwei Haken, zugestellt.

»Lina, du warst nie nur ein Rebound! Aber ich verstehe, wenn du jetzt gerade nicht mit mir befreundet sein oder von mir hören magst.«

Ich hatte es zwei Stunden zuvor von Kate erfahren. Dass er drei Wochen in Kenia gewesen war. Ohne Handynetz, aber dafür mit Tansy. »Sie haben es noch nicht offiziell gesagt, aber natürlich hat es sich schon rumgesprochen. Ich habe es gestern Abend erfahren. Es tut mir wirklich leid, Lina ...«

»Ist schon o. k.«, tippte ich als Antwort. Obwohl das gelogen war. Nichts war okay und je öfter ich mir Nates Nachricht durchlas, desto schneller klopfte mein Herz. Vielleicht ist Wut wie ein Wimmeln der Erythrozyten, die durch das systematisch pochende Herz in unsere immer wärmer werdenden Blutbahnen geschossen werden. Ich fühle sie nicht nur in meiner Brust, ich fühle sie in meinem Nacken, in den Händen, in beiden Beinen. Es ist, als würde mein Innerstes gegen die Wände treten, die es gerade so noch zusammenhalten. Als ich es nicht mehr aushalte, greife ich zum Hörer.

»Du verstehst also, dass ich gerade nicht mir dir befreundet sein kann? Vielen Dank für dein Verständnis, Nate, das ist beruhigend.«

»Lina ... es tut mir leid. Ich wollte nicht ...«

»Was? Dass ich es so erfahre? Dass mir eine gemeinsame Freundin in einer zweiminütigen *voice note* an einem Samstagmorgen erzählt, dass du gerade mit Tansy aus dem Liebesurlaub zurückgekommen bist? Dass ihr wieder zusammen seid? Dass ihr eure aufgewärmte Beziehung mit einem Roadtrip gefeiert habt, während ich Idiotin hier sitze und glaube, dass du wirklich noch nach den Worten, die dir fehlen, suchst? Kannst du dir überhaupt vorstellen, wie ich mich fühle?«

»Lina, du weißt, dass ich dir nie wehtun wollte und wie viel du mir bedeutest.«

»Ich bedeute dir gar nichts. Du hast mich erst gehen und dann trotzdem noch an dir festhalten lassen. An ein paar unklaren, unausgesprochenen Signalen, zu schwach, um mir sicher zu sein, dass wir noch eine Chance haben, aber trotzdem laut genug, um an deinem Nein zu zweifeln, um dir diesen Brief zu schreiben und ihn dir auch noch zu geben. Und dann hast du mich geghostet, solange es irgendwie ging, um dich nicht mit mir auseinandersetzen zu müssen, sondern lieber schwerelos eure gemeinsame Zeit genießen zu können. In der Sekunde, in der du meinen Brief gelesen hast, hättest du mich freigeben können, hättest du mir sagen müssen, dass ich alles falsch verstanden habe, die Funken, deine Blicke, jede Umarmung. Stattdessen hast du mir die Geschichte von unsicheren Gefühlen und so dringend gebrauchter Zeit oder Distanz, der Suche nach dir selbst erzählt. Während du eigentlich nicht klarer hättest sein können. Während du dich längst für Tansy entschieden hattest. Also verzeih, dass ich mich wie ein Rebound fühle, dessen Verfallsdatum vermutlich schon im April abgelaufen war.«

Damit lege ich auf. Wenn ich jemals angerufen hätte.

Wenn ich dem Drang nach Selbstzerstörung nachgegeben hätte. Und früher hätte ich das, früher hätte ich jedes noch so kleine Gefühl aussprechen, ihm entgegenschleudern müssen, um es irgendwie loslassen, um vor lauter Zorn wieder atmen zu können. Bis ich irgendwann begriffen hatte, wie viel ich damit manchmal zerschlug, wie sinnlos es war und dass ich mich nach einem Ausbruch selten wirklich besser fühlte.

»Hurt people, hurt people« – ist vielleicht einer der wichtigsten Sätze, die ich gelernt habe. Wenn die ersten 48 Stunden Liebeskummer deinen Körper und jede Faser übernehmen, triffst du keine guten Entscheidungen. Wenn du der Wut oder der Enttäuschung in dir nachgibst und so lange verbal und emotional um dich schlägst, bis du irgendwann erschöpft einschläfst, wachst du am nächsten Morgen nicht auf und fühlst dich erleichtert, sondern eher verkatert vor lauter Destruktion. Und nicht selten geht bei so einem Rundumschlag vielleicht auch noch etwas oder jemand zu Bruch, der einfach nur im Weg stand. Musste ich ihm überhaupt noch antworten? Gab es überhaupt noch irgendetwas zu sagen? Irgendeinen Satz, der es wirklich besser gemacht hätte? Früher hatte ich geglaubt, dass *closure*, also das endgültige Abschließen, immer eine letzte große Rede brauchte. Aber das ist in den meisten Fällen riesiger Unsinn und vielleicht nur eine schwache Ausrede vor uns selbst, mit der wir immer wieder rechtfertigen, warum wir uns doch noch einmal, doch schon wieder melden – um doch noch einmal auf eine Reaktion, statt auf den finalen Abschied zu hoffen. (Und ich weiß, wie schwer es fällt, das zuzugeben.)

Jeder kennt diese Szene, die zum Sinnbild von *closure* wurde. Und die auch heute, zwanzig Jahre später, noch passt. Als Rachel Ross betrunken aus einem Restaurant anruft, um ihm zu seiner Katze und seiner Julie zu gratulieren, tut sie es auch nicht einfach nur, um ihn endlich loszulassen. Sie wirft nicht ihre Gefühle auf seinen Anrufbeantworter, weil sie nicht mehr zählen oder nicht mehr wichtig sind. Der einzige Grund, warum sie sie unbedingt sagen muss, ist der, dass sie sich entweder erhofft, ihn damit irgendwie zu treffen oder aber aufzurütteln. Die letzten Worte sind meistens der letzte verbleibende Trumpf, um entweder mit Schmerz oder mit Liebe doch noch das Ruder herumzureißen. Eigentlich ist es nämlich so: Wer nicht über dich hinweg ist, der sagt dir, dass er es ist. Wer es wirklich ist – muss es nicht mehr.

***

Dass ich noch lange nicht gleichgültig sein konnte oder über Nathan hinweg war, war kaum zu übersehen, als ich ein paar Monate später wieder beruflich nach Kapstadt flog. Mein Magazin stand nach Wochen voller intensiver Arbeit kurz vor der Fertigstellung, und ein Fotojob an der Küste von Hermanus ließ sich perfekt mit ein paar weiteren Wochen in Kapstadt verbinden. Ich freute mich wahnsinnig darauf, Maggs nach so vielen Wochen der Trennung wieder in die Arme zu nehmen, und – auch wenn ich mir das Gegenteil einredete – ich hoffte auch, Nathan wiederzusehen.

So sehr, dass ich in jeder Bar, in der wir landeten, den Raum nach ihm abscannte, dass ich jedes Mal, wenn ich am Hunk vorbeiging, langsamer wurde, um ihn vielleicht auf der Terrasse zu entdecken, dass jedes Mal mein Herz stolperte, wenn ich einen Mann mit dunklen Locken und Karohemd sah – und mich doch immer irrte. So sehr, dass ich es irgendwann nicht mehr dem Zufall überlassen wollte.

»Was ist denn der Plan, wenn du ihn treffen solltest?«, hatte Maggs mich gefragt, als wir das Striped Horse angesteuert hatten, es war mein letzter Abend in Kapstadt. »Was erwartest du? Dass du ihn siehst und bemerkst, dass du nichts mehr fühlst? Oder dass er dich sieht und bemerkt, dass er noch etwas fühlt?«

»Ich weiß es nicht. Ich weiß nur, dass ich ihn sehen will, damit er mich sieht, wenn er mich am wenigsten erwartet. Ich kann einfach diese Stadt nicht verlassen, ohne ihm wenigstens einmal über den Weg zu laufen, ich brauch das, verstehst du? Ich brauch das einfach, um abzuschließen!« Die Wahrheit war, dass ich ihn genau so schocken wollte, wie er mich geschockt hatte, dass auch ich immer noch letzte Worte hatte, dass ich immer noch nach einem Abschluss suchte. Mein letzter Trumpf, um eine ehrliche Reaktion in seinem Gesicht zu sehen, sollte die Überraschung sein.

Aber dazu kam es nicht. Nach Mitternacht drückte ich die Nummer sechs im Aufzug und lehnte mich schweigend an die Wand. Er war nicht dort gewesen – und auch nirgends sonst. Nach zwei Drinks waren wir sensationslüstern genug gewesen, die halbe Kloof Street nach ihm abzusuchen, nach dem fünften in vier verschiedenen Bars hatte ich aufgegeben.

»Ich glaub, es war besser so«, sagte Maggs, als wir vor meiner Tür stehen und uns verabschieden wollen.

»Mhhh«, mache ich und zucke mit den Schultern. Ich stimme ihr nicht zu, aber es fühlt sich auch zu armselig an, jetzt zu protestieren. Ich hatte gerade Stunden damit verbracht, einen Mann zu suchen, der gar nicht gefunden werden wollte. Um ihm eine Antwort zu entlocken, die ich längst hatte. »Ich hätte ihn einfach nur gern … wiedergesehen«, gebe ich trotzdem zu.

»Und dann was? Was, wenn ihr euch seht? Was, wenn das wirklich irgendetwas in ihm auslöst? Was, wenn er sich meldet? Wäre das nicht ...«

»... eigentlich noch schlimmer«, beende ich ihren Satz und lasse mich müde auf den Boden sinken.

»Dann wäre er nur noch einer von vielen, der auch mit dem Feuer spielt, wenn es nur nah genug kommt«, sagt sie und setzt sich zu mir.

»Ich kann nur verlieren, oder?«, frage ich in die Dunkelheit hinein und mache die Augen zu. So wie immer, wenn ich nach der Wahrheit frage, aber noch Angst vor ihr habe.

»Das kommt darauf an. Hast du gehofft, dass er sich so vielleicht entzaubert und du ihn dann leichter loslassen kannst?«

»Kann ich lügen?«

»Würde das helfen?«

***

Bei meinem letzten Brunch zwei Tage später bekomme ich keinen Bissen herunter. So ist das immer, wenn ich wieder nach Deutschland fliege, wenn wir noch ein paar Stunden haben, bis wir uns umarmen und ich ins Taxi steige. Am liebsten würde man die Heimreise verschieben, am liebsten aber auch die Zeit vorspulen, damit man das wiederkehrende Verabschieden hinter sich hat. Nur ist es dieses Mal nicht der Trennungsschmerz, der mir auf den Magen schlägt, sondern auch das Gefühl, unfertig abzureisen, nicht unbedingt ohne ein Ende, aber ohne eines, das ich annehmen wollte. Ich fühlte mich wie ein Süchtiger, der seine letzte Zigarette geraucht hatte, ohne es zu wissen. Ich hätte an jenem Morgen nie gedacht, dass es unser letzter Kuss sein würde, dass er nie wieder seine Vans in meinem Flur zubinden und mich, bevor er die Tür hinter sich zuzog, noch einmal in den Arm nehmen würde, dass wir nie wieder im Shack sitzen und im Morgengrauen über das Leben philosophieren würden, dass er nie wieder vor meiner Wohnung parken und mich an einem Mittwoch zu einer Pizza nach der Arbeit abholen würde. Dabei hätte ich es besser wissen müssen, so viel routinierter sein sollen, so viel klüger aus meinen eigenen Erfahrungen heraus. Aber in dem Moment, in dem wir die magischen drei Wochenenden überdauerten, als wir aus der antrainierten Dateroutine ausbrachen, in der ich mich sonst so sicher bewegt hatte, ich seine Freunde kennenlernte und wir irgendwann jede dritte Nacht zusammen in meinem Apartment verbrachten, egal an welchem Wochentag, hatte ich meinen Selbstschutz vergessen, hatte nicht mehr an zu erwartende Abbrüche oder Enden, sondern auf einmal wieder ohne Grenzen gedacht – und es nicht bereut. Nicht einmal jetzt.

»Nehmen wir noch einen?«, fragt Maggs mich und zeigt auf mein leeres Glas. Ich nicke und krame in meiner Tasche nach Bargeld. Es hat Tradition, dass ich sie gegen ihren Willen auf diesen Markt schleppe, der im Sommer mit seinem Brunch, der Musik, ein paar provisorischen Bars und lokalen Designern Hunderte Touristen anzieht, dass wir hier mit einer Maracuja Mule anstießen, dass ich jedes Mal behauptete, einen neuen der über dreißig Stände zu probieren und dann doch immer wieder mit einem Flammkuchen zurück zum kleinen Stehtisch unter dem Sonnensegel kam. Während der Nebensaison zieht es dann sogar wieder ein paar *locals* her, wer Besuch von der Familie oder aus anderen Teilen des Landes bekommt, geht hierher, entspannt in der Sonne und genießt den leichten Schwips an einem Samstagmittag. Und genau den brauche ich, um in ein paar Stunden in das Flugzeug zu steigen, das mich für mindestens vier Monate und vielleicht sogar auf unbestimmte Zeit aus Kapstadt wegtragen würde.

Vor mir liegen ein paar Flyer, deren Ecken ich achtlos umknicke, während neben mir die Jazzband eine Pause macht und die Stimmen der Besucher wieder zu einer summenden, vibrierenden Wolke anschwellen, in der ich mit meinen Gedanken verschwinden kann. »So much can happen in a year«, steht als Slogan auf dem blauen Papier, mit dem eine Sprachschule für ein Auslandsjahr in Kapstadt wirbt. Schon verrückt, wie sehr das auf mein Jahr zutraf. Wie viel passiert war. Als ich meine Koffer im Januar gepackt hatte, hatte ich eigentlich nur Abstand gewollt. Und ihn bekommen. Und Antworten gefunden. Und Überraschungen erlebt. Nichts war so gekommen, wie ich es hätte am Anfang des Jahres planen können. Und trotzdem – und das machte es irgendwie bittersüß – war alles beim Alten. Ich war dabei, einen Mann loszulassen. Und war zwischen den Welten, den Kontinenten, nirgends final.

***

Es ist nur eine Silbe, die ich unterbewusst aufschnappe, ein leises I, das warme N, dieses charismatische A. Mein Körper erkennt die Stimme, noch bevor meine Augen sich an das Gegenlicht gewöhnen, und schießt mir die Informationen in hundertfachen Vibrationen das Rückenmark entlang.

»Lina ...?« Das konnte nicht sein.

»Hey«, sage ich tonlos, ohne mein Gesicht zu bewegen, ohne auch nur einen Moment zu blinzeln, als könnte er sich so schnell wieder in Luft auflösen, wie er in mein Sichtfeld gekommen war, als könnte ich mir selbst nicht trauen.

»Ich wollte dir eigentlich schreiben«, sagt er und spricht damit als Erster.

»Also wusstest du, dass ich wieder da bin?«

»Ich wusste nicht, ob du mich sehen willst. Weil ...«

»Ja.« Pause. Klebrige Luft, keine Luft, kein Platz in meiner Brust.

»Mit wem bist du hier?«

»Maggs.«

»Hab ich mir gedacht. Ihr zwei seid vermutlich die letzten Wochen unzertrennlich gewesen.«

»Ja, so ziemlich.«

Für einen Moment huscht ein Grinsen über sein Gesicht und fast eine Sekunde lang fühlen wir uns wieder vertraut an. »Ich hab sie vor ein paar Wochen im Clarke gesehen, aber ich habe sie nicht angesprochen. Wegen ... du weißt schon.«

»Du kannst es nicht einmal aussprechen, oder?«

»Was meinst du?«

»Das ›uns‹?«

Er steckt verlegen seine Hände in die Jeanstaschen und weicht meinem Blick aus. Für ein paar Sekunden herrscht diese Stille zwischen uns, und einen Moment lang glaube ich, dass er sich schon vorsichtig verabschieden will, als ich meine Worte wiederfinde. Nicht die, die ich mir ausgemalt habe, so oft, nicht die starken, nicht die finalen – aber dafür die ehrlichen.

»Ich bin nicht mehr sauer auf dich, Nate. Ich meine, ich war es, so sehr, ich war so wütend auf dein Schweigen, auf die fehlenden Antworten. Aber das ist irgendwie vorbei.«

»Ich wollte dich nie verletzen. Niemals.«

»Ich weiß.« Ich mache eine Pause, bevor ich weiterspreche, merke, wie meine Kehle enger wird, wie mein Zwerchfell sich anspannt und kaum noch meine Stimme, nur noch Töne freigibt. »Aber das hast du«, bringe ich schließlich heraus. »Du warst der eine, vielleicht der einzige gute Mann, den ich jemals gedatet habe. Und selbst du hast mich am Ende belogen ...«

»Ich hab einfach nicht gewusst, wie ich ... was ich sagen ...«

»Ich versteh schon«, unterbreche ich ihn, bevor er mir eine seichte Rechtfertigung als Erklärung abgeben kann. Nicht weil ich sie nicht hören wollte, aber weil sie nichts geändert hätte. »Es ist schwer, unbequem. Und nicht leicht. Ich vermute, du wolltest eine Zeit lang nichts als Leichtigkeit genießen.«

Er nickt stumm und atmet tief durch, ringt genauso nach Worten, wie ich es eben getan habe. »Ich will nicht, dass du mich hasst, Lina.«

»Nate. Ich hasse dich nicht.«

»Okay ... das ist gut zu hören.« Erst jetzt sieht er mir zum ersten Mal in die Augen. »Ich bin mit Freunden da. Ich glaub, ich sollte mal sehen, wo die sind.«

»Ja.«

»Wie lange bleibst du noch in der Stadt?«

»Ich reise heute Abend ab. Das hier ist sozusagen mein Abschiedsbrunch.«

»Oh ... dann hab eine gute Heimreise.«

»Danke.«

Er lehnt sich halb zu mir, als würde er mich umarmen wollen, unterbricht sich dann aber, klopft stattdessen mit der Hand kurz auf den Tisch und verzieht den Mund noch einmal zu diesem schiefen Lächeln, das ich schon so oft an ihm gesehen hatte, immer dann, wenn ich ihn bei einer Lüge ertappte, wenn ich eine Frage stellte, deren Antwort ihn verlegen machte – oder als er mich zum ersten Mal küssen wollte.

»Nate!«, rufe ich ihm hinterher, als er schon ein paar Schritte in Richtung der Menschenmenge, hinein in die Mitte des Marktes, unterwegs ist. Als er sich umdreht, zögere ich nicht, denke nicht nach, wäge keine Trümpfe ab, sage kein einziges, richtiges letztes Wort – nur alles, was noch übrig ist. »Ich hoffe, dass du glücklich bist. Du verdienst nicht weniger, als von Herzen glücklich zu sein. Und ich bin mir sicher, dass sie wunderbar ist. Es ist nur ... ich hoffe, dass sie zurückgekommen ist, weil ihr klar wurde, dass es die ganze Zeit du warst, den sie da draußen gesucht hat, dass es immer noch du bist. Die ganze Zeit. Und nicht, dass einfach die Einsamkeit angekrochen kam.«

The stars, the moon, they have all been blown out
You left me in the dark
No dawn, no day, I'm always in this twilight
In the shadow of your heart
Say something ...

***

»Hey, sie hatten keinen Maracujasaft mehr, ich hab jetzt einfach zwei Mimosas geholt«, ich drehe mich erschrocken zu ihr um, nehme ihr die zwei Gläser ab und stelle sie auf unseren Tisch. Sie braucht eine Sekunde, bis sie meinen Gesichtsausdruck begreift und meinem Blick folgt. Dann erkennt sie ihn. »Ohh ...«, mehr sagt sie nicht.

»Hey Maggs«, er hebt den Arm und ich bin nicht sicher, ob er sie grüßen oder mich abwehren will. Dann geht er, dreht sich nicht noch einmal um, verschwindet immer weiter in der Menge, bis ich ihn schließlich nicht mehr ausmachen kann und nur noch mein Herz klopfen spüre.

Ich weiß nicht, ob das die perfekten letzten Worte waren, aber zumindest waren sie alles, was ich noch hatte sagen wollen. Ich wusste, dass ich es versucht hatte, ich wusste, dass ich um ihn gekämpft hatte und ich wusste, dass ich akzeptieren musste, dass es vorbei war. Dass ich durch meine letzten Worte nicht magisch geheilt war – aber dass ich jetzt damit beginnen konnte.

Was ich heute über die Liebe weiß

Wenn du dich bemühen musst, um für einen Mann »interessant genug zu bleiben«, wenn du dich ihm ständig entziehen, dich betrinken und vor seinen Augen mit anderen Männern flirten musst, damit er dich spannend genug findet oder es aufregend zwischen euch bleibt, stimmt etwas in eurer Beziehung nicht.

Liebe gibt es in unterschiedlichsten Formen, Stärken und Intensitäten. Nicht jede Liebe ist die große Liebe – aber das macht sie nicht weniger wertvoll.

Alles, was du brauchst, ohne das du nicht leben kannst, ist keine Liebe, sondern Abhängigkeit. Liebe verlangt das nicht.

Die Wahrscheinlichkeit, endlich in einer Beziehung zu landen, steigt nicht mit der Anzahl deiner Dates.

Und dein Beziehungsstatus definiert dich nicht.

Es ist nicht wichtig, dass du eine verzehrend intensive Verbindung zu jemandem hast. Such stattdessen nach einer guten, einer starken, einer ehrlichen.

Die Liebe, die du suchst, gibt dir fast immer ein Spiegelbild von der Liebe, die du für dich selbst empfindest.

Du musst nicht aus jeder Beziehung etwas lernen. Nicht jedes Date, nicht jeder Mann, ist eine Lektion. Manche sind auch einfach nur ein Fehler, und es ist ein viel größeres Wachstum, sich diese Fehler einzugestehen und abzuhaken, statt sie unbedingt als *lesson* verkleiden zu müssen, damit sie sich besser anfühlen.

Bridget Jones ist Witwe, Carrie Bradshaw mittlerweile 54 Jahre alt, und wir hängen noch immer ihren Datingmythen hinterher. Und das ist Blödsinn. Ein toller Mann ist nicht reich und so lange bindungsgestört, bis er endlich dich trifft, die wild genug ist, um es mit ihm aufzunehmen. Eine Gewichtsabnahme von drei Kilo ändert nicht magisch deinen Beziehungsstatus und dein Beziehungsstatus auch nicht dein ganzes Lebensgefühl.

Wahrscheinlich wirst du nicht jeden Mann im Leben deiner Freundinnen mögen. Vielleicht sogar den am wenigsten, für den sie sich entscheidet. Das ist okay. Du musst sie nicht retten und auch nicht belehren. Freundschaft heißt nicht, den anderen zu fixen, sondern Seite an Seite füreinander da zu sein, während jeder seine eigenen Erfahrungen macht.

Es ist okay, eine Freundin mal aus den Augen zu verlieren – wenn du sie wiederfindest, weißt du, was eure Freundschaft wirklich wert ist.

Es gibt nicht nur eine große Liebe. Und es gibt nicht nur einen Seelenverwandten. Es gibt eine Menge

Menschen auf der Welt, die dich lieben können, die dich besonders lieben können und wollen, ohne dass sie einander übertrumpfen müssen.

Und jetzt noch das Wichtigste:

Herzen heilen wieder. Auch, wenn es ein Jahr oder sogar noch länger dauert: Du kommst darüber hinweg. Über jeden Schmerz. Es wird immer wieder besser - irgendwann. Und es geht immer wieder weiter - irgendwie.

Vielleicht kannst du einige Songs für eine lange Zeit nicht mehr hören, meidest Orte, Filme oder sogar eine Peperoni-Pizza, weil sie dich zu sehr an euch erinnert. Aber auch das wird irgendwann weniger. Irgendwann kannst du wieder an seiner Straße oder alten Wohnung vorbeifahren, ohne dass dein Herz krampft.

Und ja, ein kleiner Teil von dir, tief in deinem Inneren, wird sich immer an den Mann erinnern, der vielleicht für einen Moment, eine Woche, einen Monat, wie lange auch immer - alles für dich war. Aber der größere Teil von dir, du selbst, wirst wissen und wieder fühlen, dass er nicht deine Sonne, nicht dein Universum war. Denn das bist du selbst.

Eine neue Trennungsroutine

Es tut weh, an sich zu wachsen. Jeder, der sagt, dass es nicht so ist, der lügt. Vielleicht verändern wir uns deswegen lieber einfach in irgendeine Richtung, als aus uns zu lernen, erfinden uns vermeintlich neu, statt den Schmerz der Veränderung zu fühlen. Aber hier kommt die Wahrheit: Je mehr sich die Dinge oberflächlich immer wieder ändern, desto mehr bleiben sie gleich.

Ich nahm aus Südafrika ein gebrochenes, aber ebenso aufgerütteltes Herz mit nach Hause. Es hatte wehgetan zu begreifen, dass wir, Nathan und ich, keine Zukunft hatten. Aber das Gefühl, jemanden nicht nur verdrängen oder vergessen zu müssen – sondern loslassen zu können, hatte mir Erleichterung und auch Kraft mitgegeben. Dank Nathan wusste ich jetzt nicht nur, was ich wollte, sondern auch, dass ich das, was ich nicht haben konnte, beenden musste, um weiterzukommen. Nathan und ich hatten wirklich Schluss gemacht, ich jagte keinen letzten Worten hinterher und auch keinem Geist. Es gab einen Cut. Und der würde heilen.

Und irgendwie hatte sich das so viel besser angefühlt als die aktuelle Trennungsroutine, die sich viele Singles in den letzten Jahren angeeignet haben: Am Anfang meldet man sich erst mal nicht mehr so oft von allein. Das führt dazu, dass man generell weniger voneinander hört. Danach vergisst man langsam, auf Fragen zu antworten oder selber eine Nachfrage zu stellen, irgendwann hört man dann auf, sich für das ganze Nicht-Antworten oder die späten, vielleicht sogar nur noch wöchentlichen Antworten zu entschuldigen, und irgendwann antwortet man dann gar nicht mehr und hofft, dass der andere einfach so verstanden hat, dass es vorbei ist.

Wir machen nicht mehr Schluss. Wir hören einfach auf, voneinander zu hören. Wir trennen uns nicht mehr, wir hatten nur mal irgendwann was, und was wir hatten, das haben wir nie definiert, und was man nie definiert hat, das braucht ja auch kein ausgesprochenes Ende, weil es nie einen konkreten Anfang, sondern nur eine gewisse, hoffentlich gute Zeit, gegeben hatte. Ich bin mir irgendwie ziemlich sicher, dass jeder von uns schon einmal genau so still »beendet« wurde, und ich würde sogar die Theorie wagen, dass vielleicht jeder von uns auch schon mal so oder so ähnlich etwas selbst aufgehört hat. Und dabei spreche ich nicht vom Ghosting, sondern von einem halbleisen Davonschleichen, von einem ungesagten »Okay«, das im Raum hängt, wenn man aufhört, miteinander zu schlafen, aufhört, sich zu sehen, aufhört, sich voneinander zu erzählen. Sendet man dieses Ende, hofft man darauf, dass es akzeptiert wird. Empfängt man dieses Ende, fühlt es sich mies an, allein schon deshalb, weil die Tatsache, dass jemand einfach so für dich entscheidet, eine so fremdbestimmte ist.

Da ist es wieder, das kleine Nein, nur geht es in diesem Kapitel nicht darum, wieso oder warum wir es so gern überhören, sondern warum es so wichtig wird, es laut zu sagen.

Wer gute, neue Anfänge will, der braucht zuerst einmal ein Ende. Oder sogar ein paar mehr. Und zwar nicht solche, nach denen man fragt oder die man vom anderen einfordert, sondern für die man sich entscheidet.

Meine gute Freundin Nori zum Beispiel tappt immer wieder in die gleiche Falle, in ein Verhaltensmuster, das doch eigentlich, auf den ersten Blick, sehr selbstbestimmt aussieht: Wann immer etwas »einfach endet«, verlangt sie eine Erklärung – allerdings vor allem, um dann sich selbst zu erklären. Wenn ein Mann ihr vorsichtig und natürlich auf Nachfrage zu verstehen gibt, dass der Funken nicht ausreiche, argumentiert sie, dass man sich vielleicht nur mehr Zeit geben müsse. Wenn sie die Aufmerksamkeit eines anderen nach dem zweiten Date verliert, jagt sie seinen letzten Worten hinterher, auch wenn völlig klar ist, dass nicht einmal mehr dafür sein Interesse reichen würde. Ich habe das Gefühl, dass sie die Männer beinahe dazu zwingen will, das Ende nicht nur laut auszusprechen, sondern es zu rechtfertigen, damit sie es überhaupt glauben und annehmen kann.

Es ist nur so: Ein Ende wird nicht endgültig, nur weil es uns jemand noch einmal in Einzelteile zerlegt, es erklärt und für jedes Aber einen weiteren guten Grund findet. Ich will damit nicht sagen, dass es falsch wäre, ab und zu, für die eigene *closure,* für den Strich und den Schluss unter der Sache, noch einmal ein Gespräch zu suchen, um Ehrlichkeit zu bitten. Die eigentliche Frage ist: Worum geht es uns wirklich, wenn wir um Erklärung bitten? Haben wir den anderen wirklich nicht verstanden? Oder wollen wir ihm nur eine Chance geben, sich doch noch einmal umzuentscheiden?

Wer das leise Nein so lange ignoriert, bis es so laut und schlüssig vorgetragen wird, dass man es akzeptieren kann, der verschafft sich keinen Aufschub vom Aus miteinander – der hängt fest. Vor allem in sich selbst.

Fest hing ich auch, aber irgendwie anders. Mein angehäufter Ballast, der mich jetzt, zurück in Hamburg, konfrontierte, waren gar nicht so sehr die unausgesprochenen Enden, die mich verletzt oder festgehalten hätten, sondern vielmehr all die Männer selbst, mit denen ich einfach unausgesprochen aufgehört hatte, irgendetwas zu werden – nur damit wir es von Zeit zu Zeit noch einmal sein konnten.

In meinem Chatverlauf gab es keinen einzigen Mann, der mich wirklich gewollt hatte, aber auch keinen einzigen, der sich wirklich aktiv, ehrlich und aufrichtig gegen mich entschieden hatte. Und genauso gab es keinen, den ich wirklich noch wollte, nur ausgesprochen hatte ich das nie. Am Anfang dieser Geschichte habe ich von der Handvoll halber Exe erzählt, mit der man nach dem Ende einer Beziehung gern mal das Ego rettet oder sich die Zeit vertreibt. Aus meiner Handvoll war jetzt, sieben Jahre später, ein Schrank geworden, übervoll mit Männern, die längst keine Rolle mehr spielten, aber die ich trotzdem nie aussortiert hatte. In meinem Handy stapelten sich die Nummern von alten Tinder-Dates, von One-Night-Stands oder Flirts, aus denen nie etwas geworden war, aber die ich »für den Fall«, dann doch noch aufgespart hatte. Nur für welchen eigentlich? Man könnte sagen, mein Schrank war vollgestopft mit Optionen und Erinnerungen. Aber keine einzige passte mir. Keine einzige hätte mich wirklich glücklich gemacht.

Als ich den Koffer, den ich mit nach Kapstadt genommen hatte, auspackte und vor meinem riesigen Kleiderschrank in Hamburg, mit all den Pullovern, Mänteln, mit den Unmengen an Zeug, das ich nicht vermisst hatte, stand, wurde mir klar, dass die Leichtigkeit, die ich weit weg empfand, auch der ständig mögliche Neuanfang war. In Kapstadt reiste ich immer mit wenig Gepäck und vor allem – ohne Männer – an. Ich lebte in einer kleinen, ausgewählten *capsule collection,* die ich gern trug und schätzte, und ich datete zuletzt einen Mann, der mir wirklich gefallen hatte. Ich hatte den Überblick über mein Zeug und meine Emotionen, ich hatte den Raum, mich zu entfalten, ich hatte einfach Platz, mich neu einzulassen. Ich entschied auszumisten, alles aufs Bett zu werfen, neu zu sortieren und kistenweise all die Dinge zu spenden, die ich nicht sofort wieder anziehen und mich wohl darin fühlen würde. Und ich beschloss, das Gleiche mit den Männern zu tun.

***

Das Aufräumprinzip von Marie Kondo füllt Bücher, eine ganze Netflix-Serie und stundenlange Podcast-Episoden. Dabei kann man es nicht nur auf die zwei Stapel Übergangsjacken, sondern auch auf all die Zwischenlösungen im eigenen Datingleben beziehen, die man sich über die Jahre angehäuft hat. Ich erkläre in fünf Schritten, was ich aus der Serie gelernt habe:

1. Dort anfangen, wo es leichtfällt!

Marie Kondo schwört auf eine durchdachte Organisation, idealerweise startet das Aufräumen in einem Bereich, in dem das Wegwerfen nicht allzu schwerfällt und emotional belastend ist. Also: Tinder, Bumble und all die anderen Datingplattformen (zumindest für einige Zeit) rigoros löschen! Wer sich tatsächlich an ein Match erinnern kann, das er noch diese Woche treffen möchte (!), kann ihm seine Telefonnummer hinterlassen.

2. Komono loswerden

Für Marie Kondo ist »Komono« der Kleinkram, der sich in jedem Haushalt befindet, in unserem Beispiel sind es die vielen toten Chats und Nummern, die wir (z. B. unter »Max Tinder« und »Max Tinder 2« gespeichert haben) einfach nicht mehr brauchen. Schublade aufziehen, umdrehen und ausleeren.

3. »Sparking Joy«

»Bringen wir mir Freude, wenn ich an uns denke?«

Der dritte Schritt der Kondo-Methode ist schwieriger, denn jetzt setzen wir uns mit einzelnen Dates auseinander.

Die Frage, ob uns dieser eine Mensch, oder das, was wir mit ihm haben, glücklich macht, muss wahrheitsgemäß beantwortet werden. Nicht könnte es das irgendwann, sondern tut es das genau jetzt? Das ist eine der Lektionen, die für mich noch immer am härtesten zu lernen ist, einen Menschen genau so zu nehmen, wie er ist. Nicht wie er sein könnte, wenn er endlich ankommen, mich oder uns wirklich wollen würde, wenn er in einem Jahr genug Freiheit genossen oder wenn er die Drogen oder seine letzte Trennung hinter sich gebracht hätte. Ich strich die halben Exe kompromisslos heraus, löschte Konversationen und Kontaktdetails und erlaubte mir auch keinen weiteren Fuß in der Tür, falls einige von ihnen sich wieder melden sollten.

4. Erinnerungen

Marie Kondo räumt uns in diesem Teil des Prozesses zumindest ein paar sentimentale Momente ein. Wir bekommen Zeit, uns von den ausgemisteten Beziehungen zu verabschieden, ihnen in Ruhe Lebewohl zu sagen und ein paar Erinnerungen zu behalten. Vielleicht klingt es für einige kitschig, aber ich lebe das Prinzip, mindestens eine gute Erinnerung an jeden Mann zu behalten und zu schätzen, der mir mal etwas bedeutet hat. Das tut mir gut, das ist ein schönes Gefühl, um die eigene Vergangenheit ehrlich wertzuschätzen, statt über sie zu grollen und sie ausradieren zu wollen. Die Sache beim Ausmisten ist aber: Die meisten Chatverläufe oder aufgenommenen Bilder wollen wir nicht löschen, weil wir Angst haben, uns sonst nicht mehr an die schönen Momente erinnern zu können. In Wahrheit lesen und durchscrollen wir sie aber nur dann, wenn wir uns einsam oder verletzlich fühlen, glorifizieren dann, wie wir mal waren oder was wir uns einmal bedeutet haben und schwelgen schon wieder außerhalb der Realität, machen uns nur sehnsüchtig, aber nicht selbst glücklich. Also: tapfer sein, löschen.

Ich lösche alles, bis auf jeweils drei kleine Dinge, die mir am wichtigsten sind und die ich in eine Box oder einen Ordner packe. Marie Kondo sagt, das können Flugtickets einer Reise, die Quittung eines Abends in einer Bar oder ein gemeinsames Polaroid sein.

Es fällt mir schwer, Nathan endgültig loszulassen, unsere gemeinsamen Fotos in einer Kiste verschwinden zu lassen, die kleine, liebevolle Notiz mit der Erinnerung, dass er mich abends zum Dinner abholen würde, die er mal an meinen Badezimmerspiegel klebte, als er eines Morgens früh losmusste und ich zu verschlafen war, um ihm richtig zuzuhören. Aber ich hatte angefangen, meinen Frieden mit uns zu machen – irgendwie.

Schwieriger fühlte es sich tatsächlich – bei Gustav an. Die Briefe, die Postkarten, seine alte Tabakbox, die ich erst Monate später in meinem Auto fand oder den Pullover, in dem ich immer wieder geschlafen hatte. Ich hatte, in der hintersten Ecke meines Herzens, immer gehofft, dass er der eine Mann gewesen war, den ich am Ende freigegeben hatte, damit er irgendwann, vielleicht sogar erst nach ein paar Jahren, zu mir zurückkehrte, so wie Antoine de Saint-Exupéry es mir mal versprochen hatte, als ich von ihm über die wahre Liebe lernte. Jetzt, fast zwei Jahre später, floh Gustav noch immer vor sich selbst und der Gegenwart, wenn auch nicht mehr als Single. Er war jetzt vergeben und immer noch im gleichen Freundeskreis, zumindest behauptete das sein Instagram-Feed. Und für mich war es an der Zeit, nicht nur uns, sondern auch das letzte Stück Hoffnung, auszuräumen.

5. Ordnung halten

Der schwierigste Schritt. Wer alles auf einen Haufen geworfen hat, der kann nicht mittendrin aufhören, der muss sich nicht nur die Arbeit machen, alles was übrig bleibt, endlich sauber einzusortieren, z. B. die Wünsche, die eigenen Bedürfnisse und Entscheidungen – sondern muss von jetzt an auch auf sie achtgeben. Das heißt, auch das gesamte Konsum- und Datingverhalten neu zu überdenken. Es nützt rein gar nichts, die App für drei Tage zu deinstallieren, alle Chats an einem Samstag zu löschen, um sie am nächsten Freitag wieder erneut herunterzuladen und zwölf neue Matches anzuhäufen oder fieberhaft zu versuchen, wieder an eine Nummer zu kommen, die man vor ein paar Tagen aus den absolut richtigen Gründen aussortiert hatte. Wir misten nicht aus, um genau den gleichen Krempel danach wieder an unseren freigewordenen Platz zu stellen. Ist doch ganz einfach, oder?

»Das Leben beginnt nach dem Aufräumen« – ist eines der Marie-Kondo-Zitate, das bei mir hängen geblieben ist. Sie hat damit auf so vielen Ebenen, die weit mehr als ein ordentliches Zuhause betreffen, absolut recht! Das echte Dating, aus einer inneren Ruhe und Zufriedenheit heraus, beginnt vielleicht wirklich erst, wenn man seine Erfahrungen gemacht, sie dann bewertet und schließlich aussortiert hat. In den ersten Wochen nach meinem *purge* fühlte ich mich großartig, ich schwebte förmlich meinen neuen, guten Entscheidungen entgegen, die ich überzeugt war, von jetzt an zu treffen. Keine miesen Dates hieß für mich vorerst sogar: gar keine Männer mehr. Ich datete nicht, ich tinderte nicht, ich ging nach den ersten zwei Gläsern Wein nach Hause, weil ich wusste, dass ich nach dem dritten, stärkeren Drink vielleicht dem aufkommenden Wunsch nach Nähe erliegen könnte, ich sah mich nicht um und ich fragte mich auch nicht, warum ich mich nicht umsehen wollte. Ich war überzeugt davon, dass ich mit meiner neuen, inneren Zufriedenheit und all den Lektionen, die ich Punkt für Punkt abgearbeitet hatte, von ganz allein und genau zum richtigen Zeitpunkt die Männer anziehen würde, die mir guttun würden.

***

In einer der letzten Oktobernächte, die noch lau genug war, um bis kurz nach Mitternacht auf dem eigenen Balkon zu sitzen und unter Lampions eine Flasche Grauburgunder und frische Pasta mit Freunden zu teilen, stolperte ich dann über mein Schicksal. Gerade als ich mich von den anderen verabschiedet hatte, die Teller und Gläser in die Spülmaschine sortiert hatte und mich schließlich unter die Dusche stellte, um den Abend mit Gesichtsöl und vielleicht noch einer halben Stunde Netflix ausklingen zu lassen – klingelte mein Handy. Im ersten Moment glaube ich, dass einer meiner Freunde etwas vergessen hat. Dann erkenne ich die Stimme.

»Wann kommst du?«

»Ich bin gleich da …«

»Wo bist du gerade?«

»Friedensallee.«

»Das dauert ja noch ewig.«

»Du hast ja auch ewig gebraucht …«

»Stimmt …«

Als das Taxi hält, zahle ich die 16 Euro in bar und verzichte auf mein Rückgeld. Jeder Moment, in dem der Fahrer nach seinem Portemonnaie greifen oder eine Quittung schreiben könnte, ist einer, in dem ich meinen Mut an mein klopfendes Herz verlieren, zu viel überlegen und dann doch nicht mehr aussteigen könnte. Und genau das will ich. Ich will ihn nicht verpassen. Ich bin überzeugt, dass das hier Schicksal sein muss. Egal, was jetzt gleich passiert.

Als ich auf dem Bürgersteig stehe, streiche ich mir die noch nassen Haare hinters Ohr und tippe: »Ich bin da.« Als ich nach drei Minuten immer noch keine Antwort bekomme, setze ich mich kopfschüttelnd auf die kleine Bank, die im Innenhof neben dem großen Springbrunnen steht, an dem wir uns verabredet haben. Obwohl es weit nach Mitternacht ist, wird das Wasser in blauen Tönen beleuchtet, bewegt sich surrend, im Rhythmus der Umwälzpumpe, die es gerade so in Bewegung hält. Es ist vom Staub und Dreck der Stadt zu stumpf geworden, als dass es noch glitzern könnte.

Was hatte ich erwartet? Dass er hier wirklich auftauchen würde? Dass er nicht auf halber Strecke umkehren und wieder verschwinden, sich auflösen würde? Warum hatte ich ohne jedes Zögern dem Wahnsinn getraut und gedacht, diesmal könnte es anders sein? Als ich darüber nachdenke, in was für einen Rausch ich geraten war, als ich seine Stimme gehört hatte, mit der er mich schließlich überredete, ein Taxi zu nehmen und ihn mitten in der Stadt sofort zu treffen, muss ich lachen.

»Denk nicht nach, komm einfach her! Ich muss dich unbedingt sehen«, hatte er leise gesagt.

»Jetzt spring doch!«, hatte mein Herz mir fast schon entgegengeschrien. »Dieses Mal wird es anders! Lass es uns beweisen, dieses Mal kriegen wir es hin.« Es stimmte, was er mir über das Schachspielen beigebracht hatte, ich machte es meinem Gegner beinahe grausam leicht, mich matt zu setzen, weil ich so besessen davon war, alles in dieser Runde ganz anders zu machen, endlich zu gewinnen. Und gerade als ich die dünne Strickjacke vor meinem Körper zuziehen und aufstehen will, höre ich Schritte hinter mir und dann ein:

»Oh, hi, na ...«

Da steht er, mit einer Weinflasche in der Hand, grinsend, mit mehr Locken und mehr Bart als beim letzten Mal. Der Rest ist sofort vertraut, genauso falsch und so gut wie immer. Er geht auf mich zu, wirft seine Zigarette auf den Boden, die er bis eben noch geraucht hat, er zögert nicht, greift in meinen Nacken, zieht mich zu sich und küsst mich. Ist mit einem Schlag und ohne jede Erklärung zurück. Gustav.

Es ist, als würde mein Kopf mit der Geschwindigkeit von mehr als fünfhundert Tagen fest aufschlagen, als sich Rotwein und Tabak ineinander mischen, wie alte, letzte Erinnerungen, die mit der nächsten Bewegung zu lauter Staub zerfallen und um uns schwirren werden. Ich mache die Augen zu, ziehe ihn genauso fest an mich, wie meine feine Gänsehaut diese schwere, tiefe Unvernunft. Ich sehe ihn nicht an, kann ihm unmöglich noch näher kommen, als mein Körper, meine Arme, meine Hände, meine Lippen es gerade sind. Aber das hier passiert vielleicht nicht mehr lange. Also will ich es. Alles, was ich davon haben kann, als könnte ich damit auffüllen, was nicht zu haben war, als wir uns noch haben konnten. In diesem Moment glaube ich sogar, dass alles einen Grund gehabt hatte. Dass ich genau hier, ausgeräumt und aussortiert, hatte landen müssen. Jede Faser der hoffnungslosen Romantikerin in mir kickte, machte mich atemlos, und versuchte, mich zu zwingen, wenigstens fünf Sekunden lang zuzugeben, dass hier, zwischen zerwühlten, verrutschten Klamotten und auf einer Parkbank um vier Uhr morgens – das perfekte Ende einer richtig guten Geschichte anfangen könnte. Aber je mehr der Rausch, der mich gerade noch umgeben hatte, sich legte, desto klarer begann ich zu verstehen.

Ein paar Minuten sitzen wir stumm nebeneinander, er knöpft sein Hemd zu, ich greife über ihn hinweg nach der Weinflasche, die unbeschadet am Rücken der Bank lehnt. Süß und schwer schmeckt er, nach Schraubverschluss, Zucker und Kioskregal, also genau richtig.

»Und wie gehts dir sonst so?«, frage ich nach einem zweiten Schluck und wage es jetzt erst, ihn wieder anzuschauen.

»Gut. Und dir?«

»Mh-hm.«

»Bleibst du?«

»Was meinst du?«

»Bleibst du jetzt erst mal in Deutschland ...«

»Ja, zumindest für ein paar Monate.« Jetzt wäre ich dran, all meine Fragen zu stellen. Zumindest die wichtigsten. Warum sind wir hier? Warum heute? Bist du nicht in einer Beziehung? Hast du wieder angefangen oder gar nicht aufgehört, an mich zu denken? Willst du es dieses Mal hinkriegen?

Aber ich sage nichts. Es ist nicht mehr wichtig. Ich schaue nur in seine Pupillen, erinnere mich an den warmen Schweißfilm auf seiner Haut, an den sich überschlagenden Puls, der nicht nur mir oder dem überstürzten Sex gegolten haben konnte.

»Ich hätte nicht gedacht, dass ich dich jemals wiedersehe«, sage ich stattdessen und nehme ihm die Zigarette, die er sich gerade anzündet, aus der Hand, um selber daran zu ziehen.

»Aber warum das denn nicht?« – da war sie wieder, diese unbedarfte Naivität in seinen Emotionen, die er immer mal wieder zugelassen hatte und die jetzt zumindest ein kleines, echtes Stück Gustav zurückbrachte.

»Stimmt eigentlich. Wenn ich eines über dich weiß, dann, dass bei dir nichts endgültig, dass nichts für immer ist. Nicht mal dein Schweigen«, antworte ich und lasse meine Stimme absichtlich in festen, überheblichen Zynismus rutschen.

Er nimmt mir schief grinsend die Weinflasche ab und trinkt sie fast leer. »Oha, klingt, als müsste ich doch noch Angst vor dir haben.«

»Das musstest du nie. Dafür war ich viel zu verliebt in dich.« Dann muss ich unwillkürlich grinsen, über mich selbst, über alles, was gerade hochkommt, über den Fakt, dass ich ohne Unterwäsche, mit nassem Haar, im zerknitterten Kleid und mit kaum Bargeld in der Tasche, ohne zu zögern in ein Taxi gestiegen war, um einen Mann wiederzusehen, der mir vor mehr als einem Jahr das Herz gebrochen hatte und nicht zögern würde, es wieder zu tun. Je länger er schweigt, desto mehr lache ich. Weil Anspannung, aber auch Wahnsinn von mir abfällt, schlage ich mir irgendwann entschuldigend die Hand vor den Mund und schüttle den Kopf.

»O Gott, ich war so schrecklich verliebt in dich. Oder besser gesagt in die Vorstellung davon, was oder wie wir hätten sein können. Ich hab uns auf diesem Weinberg vor deiner Haustür gesehen, wie wir in der Sonne darauf warten, dass der Muskateller und der Honig reifen, wie wir die Manuskripte des jeweils anderen auf der Terrasse Korrektur lesen, bis zum Morgengrauen in deinem alten Bett auf dem Dachboden Backgammon spielen und wir keine Zeit und irgendwann auch keine Geheimnisse mehr kennen. In meinem Kopf waren wir das kleine Happy End, das *500 Days of Summer* nie bekommen hat.« Als er stumm bleibt, nicht antwortet, streiche ich ihm liebevoll durchs Gesicht und küsse ihn noch einmal auf den Mund. »Das hab ich dir natürlich nie gesagt, ich wollte ja nicht, dass du mich für verrückt, sondern nur für aufregend hältst.«

»Und jetzt?«

»Ist es mir irgendwie egal, was du denkst.«

»Ach, ist das so?«

»Gustav, guck uns an. Mein Kleid ist falsch geknöpft, und du hast noch nicht mal deinen Gürtel zugemacht, wir sitzen hier auf einer Parkbank, mitten in Ottensen, im Morgengrauen, rauchen billigen Tabak und ignorieren mal wieder die Realität, in der du irgendwie ja sogar noch eine Beziehung hast. Glaubst du wirklich, wir beide kommen noch miteinander an?«

»Es wäre auf jeden Fall eine gute Geschichte. Du und ich und das alles«, sagt er und macht die Augen zu. »Also, ich kann mir das so schon ganz gut ausmalen«, er nimmt einen tiefen Zug von seiner Zigarette, reicht sie dann wieder mir.

Es dauert eine Weile, bis ich ihm antworten, bis ich meinen kann, was ich da sage: »Ja, aber ich will keine Geschichten mehr. Ich hab genug erlebt, ich hab mehr zu erzählen, als in ein Buch passt. Ich will ein Leben, eines, das wirklich passiert.«

»Warum bist du hergekommen?«

»Weil ich dich wiedersehen wollte, weil ich wissen wollte, wie sich das anfühlt. Und weil ich diese Schwäche für dich habe, von der du natürlich ganz genau weißt.«

Er grinst mich an. »Ich wusste nicht, ob die noch da ist …«

»Ist sie – aber ich glaube, sie wird gerade immer weniger gefährlich. So langsam kann ich ihr trauen.«

Und das war die Wahrheit. Alles, was ich sagte, bevor ich es zu Ende dachte, war die reine Wahrheit. Hier saßen nicht wir, nicht Gustav und Lina, sondern nur noch zwei Geister, die sich einen Moment lang hatten erinnern wollen. Er, der vielleicht für eine Stunde die Mischung aus Nostalgie und Risiko genoss und ich, die nach all der Arbeit, all den vernünftigen, bewussten und durchdachten Entscheidungen, nach all der Geduld – die Kollision gebraucht hatte.

Ich hatte nicht nur in den letzten zwei Tagen, sondern in den letzten Monaten so viel loslassen, hinter mir lassen müssen, dass sich meine Gegenwart, vielleicht sogar die Zukunft, die ich mir vorstellen konnte, wie der erarbeitete Trostpreis für die Vergangenheit angefühlt hatte, die so unfair gescheitert war. Einen kurzen Moment lang hatte ich geglaubt, dass der verdiente Preis für meine Mühe der war, dass endlich von allein ganz richtig wurde, was einmal so falsch gelaufen war. Doch es ging genau so weiter. Und erst jetzt wurde mir klar, dass ich gerade schon wieder verweigerte, die wichtigste Lektion endlich zu lernen. Die Lektion, die auf keinem Fünf-Punkte-Plan stand, den ich einfach abhaken konnte. Genau hier und jetzt würde sich zeigen, wie weit ich wirklich war. Du entscheidest dich nicht gegen dein vermeintliches Kryptonit, indem du eine Nachricht nicht mehr beantwortest oder einen alten Chatverlauf löschst. Loslassen geht tiefer, braucht mehr Arbeit, mehr Mut, und das hier – war vielleicht so etwas wie der finale Test, der mich aus dem Nichts einholte, um mich auf die Probe zu stellen.

Als ich seine Stimme durch das Telefon gehört hatte, hatte ich keine Sekunde gedacht, dass er der finale Test war. Ich hatte gedacht, er sei endlich das verdiente Ergebnis. Ich war gefährlich nah dran gewesen, den entscheidenden Schritt wieder in die falsche Richtung zu machen, für manche hatte ich ihn vielleicht sogar schon getan. Und so gut es sich für einen Moment angefühlt hatte, ihn wieder zu küssen, so viel besser fühlte es sich jetzt an, mich neben ihm zum ersten Mal nicht sehnsüchtig nach noch mehr, sondern mich sicher mit mir selbst zu fühlen. Gustav und ich, wir konnten in meiner Vorstellung immer noch wunderbar sein. Aber zum ersten Mal erkannte ich auch an, dass wir in der Realität immer nur eine Nacht haben würden, in der wir ineinander knallten. Ich wäre immer der sichere Hafen für ihn, in den er einkehren konnte, der ihn ankerte, wenn er genug geflogen war und in dem er große Pläne schmiedete, die sich warm und schön genug anfühlen, um sich an ihnen auszuruhen. Und er, er würde immer der eine Mann sein, der sich nie ganz für mich entscheiden konnte, der untreu und ungreifbar blieb, der Nähe und Liebe suchte, aber Angst vor ihr bekam, sobald er sie annehmen könnte – vor allem vielleicht, weil er sie nicht genau so zurückgeben könnte.

Wir gehen noch ein Stück zusammen, bevor ich in den Nachtbus steige. Als der hält, umarmen wir uns lange. »Mach's gut«, sagen wir, stehen noch kurz nebeneinander. Die Funken, die gerade noch flogen, sind weg. Eins ist klar: Unsere letzten zwei Streichhölzer sind abgebrannt. Und ich bin vielleicht endlich dabei, mein eigenes Muster zu durchbrechen.

Einen Plan zu haben, egal aus welchem Ratgeber der kommt, ist ein Start, vielleicht sogar ein guter – aber noch lange nicht der ganze Weg. Es reicht nicht, sich selbst immer ein neues Projekt oder eine neue Challenge aufzuerlegen, die man dann bestehen könnte. Die wirkliche Arbeit ist, sich selbst zu verstehen. Nichts verändert sich wirklich, solange wir nur die Spielregeln, Mitspieler, Schauplätze und To-dos um uns herum verschieben, austauschen oder eben abhaken. Aber vieles bewegt sich, wenn wir uns selbst endlich verändern.

Ich konnte so oft aufräumen und ausreisen, Kontinente zwischen mich und meine Entscheidungen bringen, wie ich wollte, aber ich würde immer wieder in der gleichen Sackgasse enden, wenn ich nicht begriff, dass ich nicht nur Telefonnummern, Männernamen oder alte Erinnerungen ausmisten musste – sondern vor allem meine eigenen Angewohnheiten, die Muster, die ich mir angeeignet hatte, mit denen ich die immer gleichen Fehler machte. Die Männer, die ich angehäuft hatte, waren am Ende nur Etiketten für eine Angewohnheit oder ein schiefes Bedürfnis, über das ich mir klar werden musste.

Finn und all die anderen gelegentlichen Affären zum Beispiel standen nicht nur für die ewige Unverbindlichkeit, von der ich genug hatte, sondern auch für mein starkes Bedürfnis nach gefühlter Nähe, die ich immer wieder sofort annahm, wenn ich sie nur irgendwie bekommen konnte. Nathan, der Fakt, dass ich ihn nicht einfach hatte loslassen können, stand, so anders und so viel besser unsere Geschichte auch gewesen war, trotzdem für diese antrainierte, toxische Idee, dass nach großem Schmerz oder einer Trennung ja immer noch die große Liebe zwischen uns kommen würde, wenn man nur noch ein bisschen länger festhielt, genug dafür kämpfte. Und Gustav – der stand für den Glauben, dass guter Sex vielleicht reichen konnte, um doch noch eine Verbindung aufzubauen, vielleicht sogar eine, die stärker war als alles, was zwischen uns stand. Mir das einzugestehen, war schwer, bitter – aber so wichtig.

Große Erwartungen

Einige Menschen glauben, dass es besser ist, ohne jede Erwartung zu leben.

Ein paar hoffen immer noch, dass ihre Erwartungen von anderen erfüllt werden.

Und wieder andere bleiben in ihren Erwartungen so lange stehen, bis sie müde werden.

Was war mit mir? Was erwartete ich?

Wann immer ich bisher in meinem Leben stillgestanden hatte, dann oftmals ungeduldig, aber immer voller Erwartungen auf das, was von jetzt an passieren würde. Die neuen Wege, die ich gehen würde, die Menschen, die ich dabei treffen würde, die Liebe, die ich dabei finden wollte, das Leben, das mit diesem Menschen möglich wäre. Und wann immer meine Erwartungen nicht erfüllt wurden, baute ich einfach neue auf ihnen auf, hielt trotzdem noch auf gewisse Weise an ihnen fest, ich verschob sie einfach nur auf später, statt sie loszulassen. Wir sagen dann oft, dass wir vielleicht noch gar nicht so genau wissen, was wir wollen – aber eigentlich stimmt das nicht. Mal ehrlich, niemand von uns glaubt wirklich, dass sein Leben nach einer Trennung, nach ein paar Dates oder nach ein paar Monaten oder Jahren als Single nur noch irgendwie ganz okay werden wird. Wir alle glauben, dass es ab jetzt oder ab irgendwann, ganz großartig wird, dass eine neue Liebe oder ein neuer Mensch, den wir noch nicht kennen, aber kennenlernen wollen – einen entscheidenden

Unterschied in unserem Leben machen wird, statt sich einfach nur anzureihen. Und auch wenn wir keinen genauen Plan haben, was wir damit genau meinen oder wie wir dahin kommen, ist da doch genau diese Erwartung.

Vielleicht – und das ist bis hierher nur eine Theorie – ist der Grund dafür, warum wir unsere eigenen Erwartungen oder Wünsche in der Realität dann aber trotzdem so oft klein halten oder ihre Erfüllung verschieben – dass wir Angst davor haben, an ihnen zu scheitern. Angst davor, sie trotz all der Zeit doch noch gar nicht genau genug zu kennen, um sie erfüllen zu können, Angst davor, deswegen auf halbem Weg abzustürzen und tief zu fallen – um dann keinen weiteren Versuch mehr zu haben oder zu wagen. Also schieben wir uns auf. Bleiben unverbindlich und trotzdem sehnsüchtig. Und vielleicht macht uns das so schnellliebig?

***

Ich hatte eine Zeit lang, vielleicht mit 19 oder 20, erwartet, dass ich mit 25 mit dem perfekten Mann, in der perfekten Wohnung, vielleicht in London, vielleicht in New York, auf jeden Fall aber mit Backsteinwänden und Anschluss an eine Dachterrasse, unser Leben planen würde. Als ich mich dann zum ersten Mal trennte, erwartete ich, dass die nächste Wohnung ein bisschen kleiner ausfallen würde, hatte aus dem geteilten Loft in meinem Kopf eine stylishe Singlewohnung gemacht (und eindeutig zu viel *Sex and the City* geguckt), die ich mit einem Mix aus Designerstücken und Flohmarktfunden einrichten wollte.

Ich hatte erwartet, nach einem perfekten Jahr als Single genau den richtigen Mann zu finden, dessen festen Plan vom Leben ich bunt und wild ausschmücken konnte. Ich hatte irgendwann erwartet, dass der richtige Mann, wer auch immer er war, mich finden würde, wenn ich mich selbst gefunden hätte. Ich hatte erwartet, mit diesem einen Mann die Welt zu sehen, über die Kontinente zu taumeln und ohne konkrete oder konservative Pläne trotzdem immer auf die Füße zu fallen.

Ich hatte mal erwartet, dass das Gustav sein würde, gegen oder vor allem wegen aller Widerstände. Zuletzt hatte ich erwartet anzukommen, ich hatte gedacht, ihn ganz allein gefunden zu haben, ganz woanders, als ich dachte, viel später, als ich es geplant hatte, aber nicht weniger richtig. Ich hatte erwartet, einen Mann für ein Leben gefunden zu haben, das wir gemeinsam herausfinden würden. Ich hatte erwartet, dass Nathan sich für mich entscheiden würde. Und jetzt? Was erwartete ich noch?

***

Als es wieder Winter in Hamburg wird, selbst der letzte Rest Herbst sich nur noch in kleinen Ecken zusammenfegt und die Temperaturen langsam wieder einstellig werden, habe ich mein erstes Dinnerdate – nach allem. Nach Nathan. Nach Marie Kondo. Nach dem letzten Funken Gustav. Nach fast drei Monaten totalem Entzug, den ich nicht entschieden oder gewollt, aber offenbar einfach gebraucht hatte.

Ich schrieb tagsüber, arbeitete an Texten und Podcasts, ich fotografierte wieder viel mehr, war stundenlang mit dem Hund draußen, begrüßte neue Babys in meinem Freundeskreis, nahm einen Job als Trauzeugin an – und drückte wie nebenbei auf Pause. Ich wollte niemanden ersetzen, niemanden schneller vergessen, niemandem meine Geschichte bei einem ersten Date erzählen. Aber ich wollte auch nicht vorspulen. Ich wollte nichts betäuben oder leugnen, ich wollte nichts noch besser verstehen, nicht analysieren, ich wollte keinen Anlauf nehmen und auch nicht springen. Ich hatte für einen Moment genug getan, genug verändert und genug gelernt. Ich wollte einfach sein.

In der letzten Novemberwoche landete dann die Einladung in der Post. Eine Dating-App lud mich zu Drinks und einem Abendessen ein. Die Einladung klang entspannt, wie eine gute Möglichkeit, ein paar neue Leute kennenzulernen, und weckte damit mein Interesse: »Unsere Idee ist einfach: Ihr kommt allein, und wir bringen eure Dates mit!« An vier Tischen sollten sich in entspannter Atmosphäre verschiedene Singles gegenübersitzen und kennenlernen können, da die Tischgruppen aus acht Leuten bestanden, gab es keinen Druck und eine Vielzahl von Gesprächsmöglichkeiten. Zwischen den Gängen traf man sich an der Bar, wechselte mal den Tisch oder rauchte eine Zigarette auf der Terrasse. An meinem Tisch saßen zwei Projektmanager, ein Texter, ein IT-Spezialist, ein Modedesigner, eine Heilpraktikerin, eine Studentin und ich.

Nach dem ersten Glas Crémant zum Aperitif, den viele an unserem Tisch ausließen (der Modedesigner, der sich als Lutz vorstellte, und ich teilten uns sozusagen die Flasche), und den üblichen ersten Gesprächsrunden, kamen wir auf unsere Jobs zu sprechen. Und während ich früher, vor allem bei ersten Dates, immer den sicheren Weg gewählt hatte (»Ich bin Fotografin«), erzählte ich jetzt, dass ich Podcasterin war und an meinem ersten Buch schrieb, und ich erzählte, wovon beides handelte.

»Also schreibst du über die Suche nach der Liebe?«, fragte mich Lutz.

»Vielleicht gar nicht so sehr über die Suche danach, eher über alles, was währenddessen passiert …«, begann ich und noch während ich überlegte, klinkte sich auch Patricia, mit der ich bisher nur über den perfekten Manuka-Honig und ihr Yogastudio in Ottensen gesprochen hatte, in die Unterhaltung ein:

»Genau so findet man ja auch den Richtigen. Wenn man nicht sucht.«

Da war er, einer der goldenen Sätze im Single-Bullshit-Bingo, angekommen selbst in der Mitte der Millennials. Mein Gedanke musste sich in meinem Gesicht gespiegelt haben, denn noch bevor ich meinen Löffel Suppe heruntergeschluckt hatte, hakte Patricia nach:

»Meinst du nicht? Ich glaube, wenn man aufhört, eine gewisse Vorstellung zu haben und nach ihr zu suchen, ist man offen genug, um die Liebe zu sehen, die längst da ist. In dem Moment, in dem du niemanden mehr finden willst – steht er einfach vor dir!«

Ich legte den Löffel zurück auf die Serviette und nahm einen Schluck aus meinem Glas. »Ich bin seit sieben Jahren Single. Und ich glaube, ich habe sicher fünf davon gar nichts gesucht, zumindest nicht aktiv. Ich hatte natürlich immer so eine gewisse Vorstellung davon im Bauch, wie es sich anfühlen sollte – aber ich war so offen für jede Form der Liebe, für neue Erfahrungen, für ganz neue Lebensentwürfe, die ich noch nicht einmal umrissen hatte.«

»Was ist mit den anderen zwei Jahren?«

»Im ersten Jahr wollte ich meine vergangene Beziehung durch eine bessere ersetzen. Und jetzt gerade – werde ich mir darüber klar, wonach ich suchen würde, wenn ich wieder wollte.«

»Aber findest du nicht, dass du damit deinen Horizont total einschränkst? Wenn du vorher schon so feste Erwartungen hast?«

»Ich glaube, wenn wir nicht definieren, wer wir sind oder was wir wollen – werden es andere tun. Zwischen der wahllosen Suche nach irgendeiner Beziehung und der selbstbestimmten Suche nach einer Liebe, die uns glücklich machen kann, liegen für mich Welten.«

»Aber woher weißt du, was dich glücklich macht, wenn du nicht von deinen vorgefertigten Erwartungen Abstand nimmst? Wenn du niemand Konkreten mehr suchst, kannst du von jemandem gefunden werden, an den du nie gedacht hättest.«

»Und wenn ich nicht gefunden werde? Wenn mir nicht der perfekte Mann über den Weg läuft in diesem undefinierten Zeitraum der ›Nicht-Suche‹? Und was heißt überhaupt ›nicht suchen‹? One-Night-Stands haben? Unverbindlich bleiben? Oder vielleicht sogar

gar nicht ausgehen, um bloß keinen suchenden Blick zu riskieren? Und wer sagt am Ende, dass meine Erwartungen noch immer die gleichen wie von vor sieben Jahren sind?« Ich wusste selbst nicht, warum mich dieser Satz von Patricia an diesem Abend so triggerte. Ich hatte ihn Hunderte Male ungewollt und unaufgefordert gehört, ich hatte ihn sogar schon von Frauen gehört, die ihn irgendwann selbst hatten hören müssen. Wann immer eine Bekannte durch den absoluten Zufall in eine Beziehung fiel, behauptete sie danach, es sei doch tatsächlich passiert, als sie aufgehört hatte zu suchen.

Es ist ein moderner Datingmythos, fast schon eine Rettungsfantasie, zu glauben, dass wir immer dann gefunden werden, wenn wir die eigene Suche aufgeben. Natürlich verstehe ich den positiven Gedanken dahinter: Sobald wir den Fokus auf einen ganz bestimmten Mann oder auf einen ganz bestimmten Lifestyle mit dieser ganz bestimmten Beziehung aufgeben, uns entspannen und für neue Erfahrungen öffnen, entwickeln wir uns, haben wieder Platz zum Atmen, Platz, wir selbst zu sein oder zu werden. Und natürlich zieht eine entspannte Aura, ein Mensch mit einer offenen Persönlichkeit, mehr ehrliches Interesse auf sich als jemand mit Klemmbrett, erarbeiteter Datingroutine und Beziehungsplan. Was mich so an diesem Satz oder vielmehr dieser passiven Durchhalteparole stört, ist vielleicht, dass er uns fast schon dazu auffordert, uns fremdbestimmen zu lassen.

»Also meine Erwartungen sind ganz bestimmt nicht mehr dieselben!«, warf Lutz ein und zuckte mit den Schultern.

»Ich will jetzt einfach nur jemanden kennenlernen, der ein Auto hat. Geschlecht, Alter, Treue, Kinderwunsch, was weiß ich. Das ist mir alles egal. Ein Auto ist solide, an ein Auto kommst du nicht so leicht, aber wenn du es hast, überall hin. Und ich fahr gern mal ans Meer.« Am Ende seines Satzes hebt er sein Glas, prostet uns zu und trinkt auf halb leere Suppenteller und unsere ungläubigen Gesichter.

»Wäre es nicht schlauer, jemanden mit einer guten Wohnung zu suchen, statt mit einem Auto? Ich meine rein wirtschaftlich, auch mit Hinblick aufs Carsharing«, wirft einer der Projektmanager ein.

»Könnte man denken, klar! Aber meine Wohnung ist Eigentum, hab geerbt, in der Hinsicht hab ich ausgesorgt.«

»Okay und warum mietest du dir das Auto nicht einfach, wenn du es brauchst?«, frage ich. »Du würdest ja nun auch ohne Partner ans Meer kommen, wenn es nur darum geht.«

»Eben genau das ist es ja!«, ruft Lutz aus und legt dann lachend seine Hand auf meine. »Ich will ja jemanden. Ich freu mich auf jemanden. Aber mittlerweile weiß ich, dass zumindest im Jahr 2019 nichts ewig und das wenigste überhaupt länger als ein paar Monate hält. Niemand ist mehr wirklich für immer treu, die wenigsten sind es ein paar Monate, Männer wie Frauen, ich hab das recherchiert. Und dabei ist es auch egal, ob du von Anfang an mit ernsten Absichten oder nur locker auf Bumble, Tinder oder unter Freunden datest, ob du dir jemand jüngeren oder älteren suchst. Alle wollen alles, und darum bekommt niemand irgendwas – außer vielleicht sich selbst. Liebe ist ein einziger Vertrauensvorschuss, in die Absichten oder Eigenschaften oder Träume, selbst in das nächste Wochenende, das dir jemand verspricht. Du kannst nur glauben und abwarten. Aber absolut nichts planen. Und während ich nichts plane, kann ich mit so einem Auto wenigstens an die Küste fahren und es schön haben!«

»Vielleicht kommt daher ja der Hype für VW Bullis. Wenn keiner ein Ziel hat und keiner weiß, wie lange diese Reise dauert, hat man es während der Fahrt wenigstens schön. Und außerdem kann man jederzeit anhalten. Oder umdrehen«, überlege ich laut und muss lachen. Ich schenke uns Crémant nach und grinse Lutz an, dankbar, dass er die Stimmung am Tisch aufgelockert und damit auch meine Laune verbessert hat.

Später, lange nach dem Dessert, als alle nach ihren Jacken suchen und sich unverbindlich voneinander verabschieden, kommt Patricia noch einmal auf mich zu.

»Du Lina, ich hab da noch was für dich, vielleicht passt das ja …«, sie reicht mir einen beidseitig bedruckten Flyer und lächelt mich nachsichtig an. »Ich glaube, wenn Menschen suchen, dann fehlt ihnen etwas. Eine ihrer Seelen. Und wenn du möchtest, können wir ja probieren, sie gemeinsam zu finden …«. Sie streicht mir über die Schulter, drückt sie aufmunternd und lässt mich sprachlos im Foyer stehen.

»Zeig mal her!«, sagt Lutz und nimmt mir den Flyer aus der Hand. »Patricia Burmeister, Seelenheilung und Blockadenlösung. Finde mit mir deine verlorene Seele, um in dir selbst genug sein zu können …«, liest er vor.

»Ich denke, sie sucht nach nichts?«, ist das Erste, was mir einfällt.

»Für 89 Euro pro Stunde sucht sie zumindest nach dem Grund dafür, dass dich noch immer niemand gefunden hat, Lina.« Er fängt schallend an zu lachen. »Gehst zu einem Dinnerdate und kommst mit einem Flyer zur Seelenrettung zurück nach Hause. Besser kann es nicht mehr werden!«

Ich steige eine Station früher aus, um noch ein bisschen durch die kalte Abendluft zu spazieren. Als ich an einem Mülleimer vorbeikomme, will ich den Flyer hineinschmeißen, dann beschließe ich, ihn als Souvenir zu behalten. Vielleicht auch als ironischen Abschluss meines Jahres.

Vielleicht hatte Patricia in einem Punkt doch recht: Wir sollten uns fragen, warum wir an unseren Erwartungen festhalten, denn das Erwartete ist genau das, was uns stabil macht, aber auch steifhält, was uns unbeweglich macht. Ich kenne viele Frauen, die (auch wenn sie es nur schwer zugeben würden) eine imaginäre Checkliste führen, mit

Kriterien, die sie in einer Beziehung brauchen, um glücklich zu sein. Auf dieser Liste gibt es Punkte, auf die leicht verzichtet werden kann, es gibt Punkte, die nur im gleichwertigen Austausch mit anderen erfüllten Punkten verziehen werden können, und es gibt die Punkte, deren Erfüllung ein Muss ist. Je mehr Haken diese Frauen setzen können, desto schneller bewegen sie sich auf den vermeintlichen neuen Partner zu – oder von ihm weg, wenn der Score nicht ausreicht. Ich glaube, dass sie nicht selten auf diese Weise verpassen, was sie noch gar nicht kennen können – und sehr oft nach immer gleichem Muster das finden, was sie schon einmal nicht glücklich genug gemacht hat.

Lutz war das andere Extrem, er hatte irgendwann begonnen, seine Erwartungen an die Liebe oder das Leben so zu führen, wie viele Suchenden ihre Erwartungen an den Hamburger Wohnungsmarkt. Er und sie schränkten ihre Träume so lange ein, bis sie sich mit dem zufriedengaben, was sie sich im Moment leisten konnten (oder wollten!). Das machte man sich dann so schön wie möglich, bis man vielleicht irgendwann etwas Besseres fand. Es konnte ja sein, dass man doch irgendwann noch mal so richtig Glück hatte. Es gab sie ja noch, die Geschichten von Menschen, die in der Schanze eine Altbauwohnung mit neuen Fenstern und 120 Quadratmetern für tausend Euro warm gefunden hatten!

Ich für meinen Teil zahlte und investierte in den Augen anderer vermutlich viel zu viel für meine kleine Wohnung nahe der Osterstraße, ich hatte ewig nach ihr gesucht, beinahe drei Jahre lang Anzeigen gewälzt, aber nie aufgegeben.

Und jetzt, wo ich unter diesem Dach lebe, sie mir mit einem Dackel und vielen Büchern, schweren Möbeln und vielen kleinen Funden, die ich von meinen Reisen mitgebracht habe, teile, morgens in einem lichtdurchfluteten Schlafzimmer aufwache, mich in meinem riesigen Bett ausstrecke und mich darauf freue, in der Küche Kaffee aufzusetzen und ihn auf dem Balkon in aller Ruhe zu trinken oder mir schnell eine Jacke überzuziehen und in drei Schritten bei meinem Lieblingsfranzosen zu frühstücken – bin ich unendlich dankbar. Auch wenn es länger gedauert hatte und ganz anders aussah, als ich es mir mal ausgemalt hatte, auch wenn es keine Backsteinwand gab und Hamburg kein richtiges London war: Ich war hier richtig. Vielleicht nicht final angekommen, aber richtig.

Hatte ich also unrecht mit meiner Theorie, dass wir unsere Erwartungen oftmals einfach aufschoben, bis wir irgendwann genug über sie wussten, genug Mut hatten, sie zu verwirklichen? War es nicht vielleicht so, dass wir sie, statt sie nur aufzuschieben, überhaupt erst dann wachsen ließen, wenn wir ihnen ein bisschen mehr Zeit und Raum gaben? Wenn wir begannen zu verstehen, woher sie eigentlich kamen?

***

Erst jetzt, während ich diese letzten Seiten schreibe, fällt mir auf, dass einige meiner Erwartungen sich erst entwickelt hatten, als ich die Männer, die eine Rolle darin spielten, überhaupt kennengelernt hatte, dass manche Möglichkeiten für mich erst in dem Moment zu einer Erwartung wurden, als das Unerwartete eingetroffen war. Erst als Gustav da war – erwartete, wünschte ich, dass er bleiben würde.

Und erst als ich Nathan traf, hatte ich eine Idee davon, wie es sich anfühlen könnte, mit ihm in Südafrika anzukommen – und wollte es so sehr.

Es gibt Menschen, die triffst du, und dann schubsen sie dich und deine Pläne, ohne dass du danach gefragt hast, in eine völlig neue Richtung, die du noch gar nicht kanntest, aber vielleicht brauchtest. Nathan war so einer.

Vielleicht müssen wir, wenn wir uns wirklich über unsere Erwartungen klar werden wollen, also fragen: Was ist ein Wunschtraum, was ist eine fremde Vorstellung, die wir irgendwann mal angenommen haben, was ist einfach nur ein schöner Gedanke – und was ist es, auf das ich wirklich nicht verzichten will, was ist der Kern dessen, was mich wirklich glücklich macht? Welche Erwartung – ist mein Kompass?

Ich habe diese eine, tief verankerte Erwartung nie aufgegeben, aber ich habe zugelassen, dass sie sich neu entwickeln konnte. Ich habe sie nie einfach leichter oder kleiner machen müssen, um mich wieder in Bewegung setzen zu können, sie war nie zu schwer oder zu steif, sie war immer einfach mit mir unterwegs.

Meine Erwartung konnte ich schon immer einfach ganz nah bei mir tragen, sie zusammenfalten und überall mit hinnehmen, so vermeintlich einfach scheint sie, aber so wichtig ist sie mir: Ich will Liebe finden. Die Liebe, in der ich richtig bin. Und genau das habe ich noch immer vor.

Als ich Dominik verließ, da wusste ich nicht, was ich wollte, ich wusste nur, dass es etwas anderes, etwas Größeres war, dass ich ein anderes Leben, eine andere Form von Liebe suchte als die, die ich bisher kennengelernt hatte. In den letzten sieben Jahren bin ich immer mal wieder daran entlanggestreift, habe sie fast zu fassen bekommen und dann doch noch nicht ganz greifen können. Eine ganze Zeit lang hatte ich vor allem gewusst – und immer noch mehr über das gelernt, was ich nicht wollte. Ich schaue nicht mit hängenden Schultern auf diese Zeit zurück, die ich vermeintlich verloren habe. Ich glaube nicht daran, dass das Leben ein Zeitstrahl ist, auf dem man Strecke macht, indem man gewisse Meilensteine abhakt.

Es gibt Menschen, die stehen nach zehn Jahren, einem schweren Ring und dem ersten Kind in einer Beziehung zwar vermeintlich näher am gesellschaftlichen Ziel – aber vielleicht noch nicht ansatzweise in der Nähe von sich selbst, von ihren eigenen, völlig unergründeten, tiefen Wünschen. Es gibt Menschen, die brechen erst mit Mitte dreißig dazu auf, sich überhaupt zu finden. Es gibt Menschen, die finden sich nie. Ich glaube, es stimmt, dass Menschen, die zu lange still in ihren noch (immer) leeren Erwartungen stehen, müde werden. Und wer müde wird, der wird vielleicht auch genügsam. Ganz unabhängig vom Beziehungsstatus.

Aber wann immer sich diese gewisse Erschöpfung angeschlichen hatte, hatte ich sie schlicht wieder weggeschickt. Statt genügsam zu werden, hatte ich entschieden, mir selbst genug und vor allem gut genug zu sein, um nicht nach weniger zu suchen, als ich mir für mich wünschte. Und vielleicht, aber das ist nur so ein Gedanke, fiel es mir leicht, meine Erwartungen an die Liebe zu beschützen und nicht einfach einzutauschen, weil ich Teile von der Liebe, die ich suchte, unterwegs immer wieder fand. Sie war in jeder Umarmung, die meine Freunde oder meine Familie mir gaben, wenn ich von einer Reise zurückkam oder wieder zu einer aufbrach, sie war in jedem langen oder kurzen Gespräch, das ich mit meinen Freundinnen führte, die immer für mich da waren, sie war in so vielen Nachrichten von Lesern und Hörern, die mich über die Jahre begleiteten und mir mein Leben überhaupt erst ermöglichten. Sie war in dem Päckchen Kaffee oder in der Packung frischer Eier, die meine Omi mir immer wieder ungefragt zusteckte, wenn ich meine Tasche kurz unbeaufsichtigt ließ. Sie war in jeder Tasse Kaffee und jedem guten Gespräch, das ich mit einem unbekannten Menschen führte, ohne dass es ein Date oder ein Mann mit Potenzial zu einer Beziehung sein musste. Sie war morgens in meinem Spiegelbild, wenn ich stolz darauf war, einen guten Artikel abgegeben zu haben, und schon neue Ideen in meinem Kopf fand. Ich fand sie in den Postkarten und Bildern, die an meinem Kühlschrank hingen. In meinem leeren Bett, in dem unter dem Kopfkissen immer Notizbücher und Romane lagen.

Und selbst an Tagen, an denen ich sie nicht sehen konnte, sorgten vier Pfoten und zwei lange Ohren dafür, dass ich mich schnell wieder an sie erinnerte. Liebe war nie unerreichbar. Auch wenn diese eine Liebe sich manchmal so weit weg anfühlte. Und so wusste ich immer, auf dem richtigen Weg zu sein. Ich hatte nie das Gefühl, mich völlig verlaufen oder keinen Motor mehr in mir zu haben. Ich wurde immer von viel Liebe begleitet, hatte immer Vertrauen darin, dass ich sie in irgendeiner Form auch an unbekannten Orten finden würde und ich wusste, dass sich die Suche danach lohnte.

Mein Herz allein ist schon ganz – und vollständig. Es konnte nicht auslaufen, nicht irgendwann leer sein. Es ging nie darum, jemanden zu finden, der es auffüllte. Es war genug. Ich war genug. Ich brauchte keinen Mann, um es glücklich zu machen. Das war nicht der Punkt. Der Punkt war: Ich hatte mich entschieden, jemanden hineinlassen zu wollen. Und ich habe mich entschieden, nach allem, was ich jetzt über die Liebe glaube zu wissen – weiter nach diesem Menschen zu suchen. Ich weiß noch nicht, wohin mich diese Suche tragen wird, oder wo ich überhaupt ankommen werde, wenn ich ihn wirklich finde.

Wir brauchen unsere Erwartungen, sie sind der Motor, sie sind das, was uns antreibt, das, was uns irgendeine Richtung gibt, damit wir uns in Bewegung setzen können, damit wir loslaufen.

Und dann, wenn wir längst unterwegs sind – können uns all die Funken und Chancen begegnen –, die wir noch gar nicht erwarten konnten, die unseren Weg länger oder kürzer, stürmischer, manchmal anstrengender, aber auch so viel bunter machen. Und wenn wir wissen, was wir wollen, dann fliegen sie nicht mehr einfach so, völlig wahllos, auf uns zu – sondern wir greifen nach ihnen.

Danke

Es ist ein komisches Gefühl. Jetzt sitze ich hier, vor einem fertigen Manuskript und habe nur noch ein paar letzte Zeilen zu schreiben, bevor ich es abgebe, bevor es gedruckt wird, bevor ich es am Ende in den Händen halte, meinen Namen auf dem Cover lese und schließlich diese, meine Geschichte mit euch teile, in der so viele Menschen stecken, die so viele Menschen und Momente geprägt haben, ganz egal ob in einer Zeile gedruckt oder aber dazwischen.

Danke an meine Familie, die mich immer unterstützt, ohne die ich niemals die Freiheiten hätte, zu werden, wer ich sein möchte.

Danke Mama, dass du nie aufgehört hast, zu sagen: »Schreib jetzt endlich dieses Buch!«

Danke Anika, für alles, du Lieblingsmensch, vor allem aber dafür, dass du immer mein Zuhause bleibst, egal wohin ich mal gehe. Und dass du nicht aufhörst, an mich zu glauben, wenn ich es mal ganz kurz tue.

Danke Maggie, du bist mein Zuhause am anderen Ende der Welt. Du bist mein Partner *in crime and desaster,* immer für mich da, egal ob du neben mir sitzt oder 9987 km entfernt bist. Unsere Freundschaft kennt keine Kilometer. Und ich hoffe, du weißt: Ohne dich wäre Kapstadt nicht, was es für mich ist.

Danke Leo, mein *fellow capricorn* mit dem größten Herzen der Welt und unschlagbaren UNO-Skills. Ich hab so viele Geschichten in diesem Buch und Teile der Welt mit dir entdeckt.

Danke Ines, für deine Ehrlichkeit, für deine Freundschaft und für die immer neuen Richtungen und die Liebe, die du in mein Leben bringst

Danke Francinees, thank you Jorge, danke Nori mein Herz, thanks Yana, Nandi, Dean, Elena, Chris, Caro, Michi, Michaela und der ganzen Gang für immer wieder neuen Input und all die *pep talks*! Ich hab euch lieb!

Danke an jeden einzelnen Leser, der in den letzten Jahren meine Kolumne verfolgt hat, mich unterstützt hat, sich für mich gefreut hat, mein Buch bestellt, meinen Podcast gehört und meine Kolumnen geklickt hat. Ich hab diese Chance auch und vor allem wegen euch bekommen.

Danke an all die Dates, an all die Enden, an all die Männer, die Teil dieses Buches sind, die entweder einfach nur zu einer guten Geschichte, einer wichtigen Lektion oder aber zu einer Erinnerung, die sich hier verewigt, wurden. Thank you, next.